# 新手开网店一本就够

## （全新升级版）

张发凌　姜楠　韦余靖　编著

人民邮电出版社
北　京

图书在版编目（CIP）数据

新手开网店一本就够 ：全新升级版 / 张发凌，姜楠，韦余靖编著. -- 北京 ：人民邮电出版社，2017.10
ISBN 978-7-115-47038-6

Ⅰ. ①新… Ⅱ. ①张… ②姜… ③韦… Ⅲ. ①电子商务－商业经营 Ⅳ. ①F713.36

中国版本图书馆CIP数据核字(2017)第245090号

## 内容提要

目前，对资金并不充裕的创业者来说，网上开店仍然是一个不错的选择。那么，开店之前需要做好哪些准备工作呢？开店的基本流程是怎样的？经营哪些品类更容易赚到钱呢？

《新手开网店一本就够（全新升级版）》是一本指导新手开网店的实用手册。全书共分为十章，详细介绍了怎样用千牛和淘宝助理管理店铺、优化宝贝的技巧、视觉营销的基础知识和技能、简单实用的店铺装修方法、淘宝搜索规则、为店铺引流的方法、提高无线端转化率的方法、通过阿里妈妈引流、店铺的售后服务等内容。通过阅读本书，读者不仅能了解网上开店的整体流程，还可以掌握很多的实操技巧，让自己在开店和运营店铺的过程中更加得心应手。

本书适合想要开淘宝网店的准店主和刚开了网店的新店主阅读，也可作为职业院校相关专业、淘宝网店培训班的参考用书。

◆编　　著　张发凌　姜　楠　韦余靖
　责任编辑　陈　宏
　责任印制　焦志炜
◆人民邮电出版社出版发行　　北京市丰台区成寿寺路 11 号
　邮编 100164　　电子邮件 315@ptpress.com.cn
　网址 http://www.ptpress.com.cn
　北京天宇星印刷厂印刷
◆开本：787×1092　1/16
　印张：11.5　　2017 年 10 月第 1 版
　字数：100 千字　　2025 年 10 月北京第 26 次印刷

定　价：39.00 元

读者服务热线：（010）81055656　印装质量热线：（010）81055316
反盗版热线：（010）81055315

# 前 言

在编写本书的过程中，我们一直在思考一个问题：在淘宝网上开店创业已经不再是什么新鲜事情，很多人都已经尝试过，开店的基础操作也并不复杂，很多人都可以根据淘宝网提供的开店向导完成。那么，这次升级应该写些什么内容才能更贴近读者的需求呢？

现在很多网店店主天天都在叫苦，说生意越来越惨淡，这是为什么呢？我们认为，导致这个问题的原因主要有以下三点：一是淘宝网的整体环境发生了变化，淘宝网的一些优势渐渐被天猫蚕食，新店铺要想短期内产生订单、获得客源非常不容易；二是网店的运营方式发生了巨大变化，即使你经营的商品质量好、价格低，也不一定能被更多顾客看到；三是现在很多顾客的消费行为变得更理性、更有针对性了，他们有时候就是在“双十一”“双十二”“618”以及店庆这类有特别活动的日子才集中进行网上消费，而大部分新店铺、小店铺是无力参与这些活动的。

为了更好地对本书进行升级，我们与从事电商的朋友进行了多次交流。我们讨论了很多话题：怎样寻找优质的货源？经营哪些商品更容易赚到钱？如何及时回复大量顾客的咨询？怎样才能设计出吸引人的店铺页面？怎样使用美图秀秀这类工具优化宝贝图片？

您现在看到的这本《新手开网店一本就够（全新升级版）》就是我们的成果。全书共分为十章，详细介绍了开店前的准备工作、怎样利用千牛和淘宝助理轻松管理店铺、优化宝贝的技巧、怎样用光影魔术手优化宝贝主图、简单实用的店铺装修技巧、淘宝搜索规则、店铺引流的方法、提高无线端转化率的方法、通过阿里妈妈引流、售后服务等内容。

我们希望您能带着下面这六个问题阅读本书，相信您一定会找到答案的。

- 您是否做好了网上开店的准备？
- 您是否知道从哪里可以找到可靠的货源？
- 您是否对店铺的低转化率一筹莫展？
- 您是否对店铺装修感到力不从心？
- 您是否知道如何利用装修素材设计店铺页面？
- 您是否知道如何利用付费和免费的营销工具为店铺引流？

本书由张发凌负责策划与组织编写，姜楠参与编写了本书的第 1 章，薛莹参与编写了本书的第 2 章，杨红会和徐冬冬参与编写了本书的第 3 章，陈媛参与编写了本书的第 4 章，汪洋慧参与编写了本书的第 5 章，吴祖珍参与编写了本书的第 6 章，沈燕参与编写了本书的第 7 章，彭志霞参与编写了本书的第 8 章，韦余靖参与编写了本书的第 9 章，张铁军参与编写了本书的第 10 章，全书由张发凌统撰定稿。

尽管我们希望做到精益求精，但疏漏之处在所难免。如果您在阅读本书的过程中发现了问题，或者有一些好的建议，请发邮件到 witren@sohu.com 与我们交流。

非常感谢您的支持！祝您阅读愉快！

# 目 录

## 第 1 章 做好开店之前的准备



## 第 2 章 千牛、淘宝助理助你轻松管理店铺

## 第3章　优化宝贝的技巧



## 第4章　视觉营销的基础知识和技能



## 第5章　简单实用的店铺装修方法

## 第 6 章 淘宝搜索规则



## 第 7 章 为店铺引流的方法



## 第 8 章 提高无线端转化率的方法

## 第 9 章 阿里妈妈助你引流



## 第 10 章 通过售后服务维护店铺信誉

# 第 1 章

# 做好开店之前的准备

本章将具体介绍新手卖家开店之前要做的准备工作，以及如何由买家升级为卖家。

网上开店的人越来越多，竞争越来越激烈，新手卖家如何才能在茫茫网店中占有一席之地呢？新手卖家除了要分析自身是否具备开店的优势和条件之外，还需要了解消费者心理、投入资金的数量，以及分析哪些商品可以让自己赚到钱。

# 1.1 开店前的准备工作

开店之前，首先要了解淘宝网上店铺的类型。其次是准备启动资金，卖家也可以选择淘宝贷款。最后要根据消费者心理，在店铺内推出合适的促销活动。下面具体介绍网上开店之前的准备工作。

## 1.1.1 淘宝网上店铺的类型

淘宝网上店铺的类型主要有商城店铺（天猫店）和个人店铺（集市店或淘宝店）两种（见图 1-1），不同的店铺对卖家的要求也不同。

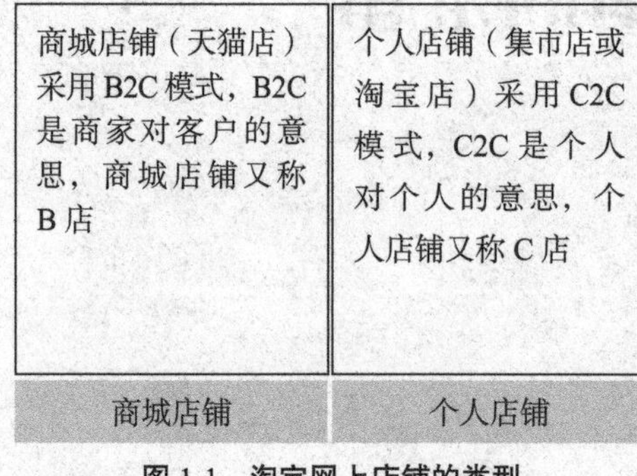


图 1-1 淘宝网上店铺的类型

**提示**

商城店铺对卖家的资金和资质要求较高，不同类目的保证金远高于个人店铺。

## 1.1.2 网上开店的方式

网上开店的方式主要有三种，即全职、兼职，以及实体店和网店结合（见图 1-2）。不同的开店方式对卖家的要求也不同。卖家应根据自身的实际情况选择合适的开店方式。

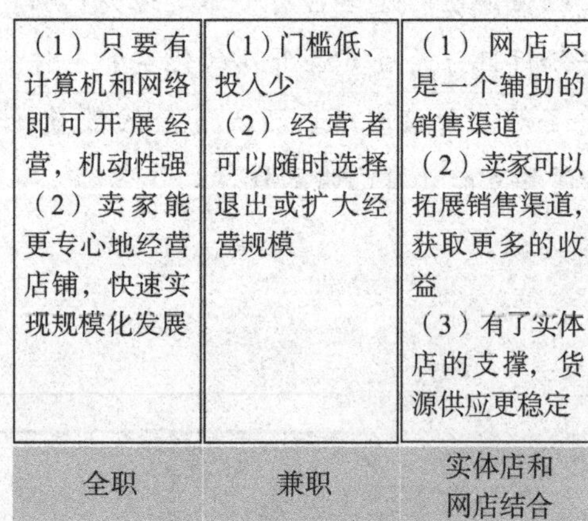


图 1-2 网上开店的方式

**提示**

现在很多大学生在校读书时就已经通过网络开设了个人淘宝店铺。大学毕业后，他们已经具备一定的网上开店经验。

### 1.1.3　通过贷款获得开店资金

只要你有一部智能手机，就可以随时随地贷款。淘宝网为符合要求的卖家提供了“网商银行”，卖家下载并登录网商银行 App 即可贷款。申请网商银行的步骤如图 1-3 所示。

图 1-3　申请网商银行的步骤

具体操作步骤如下。

❶ 打开手机支付宝，先点触“我的”按钮，再点触“网商银行”图标（见图 1-4），进入“网商银行”页面。

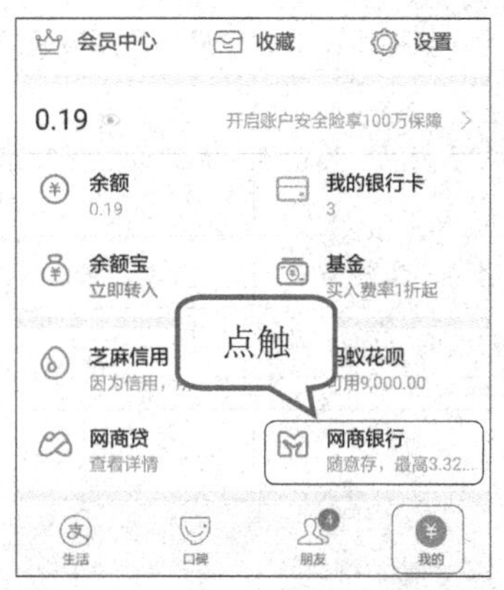


图 1-4　点触“网商贷”图标

❷ 点触“查看”按钮（见图 1-5），进入下载页面。点触“立即下载”按钮（见图 1-6），即可开始下载。

图 1-5　点触“查看”按钮　　图 1-6　点触“立即下载”按钮

❸ 点触“支付宝账户登录”按钮（见图 1-7），进入“支付宝账户登录”页面。

图 1-7　点触“支付宝账户登录”按钮

❹ 输入支付宝账户名和密码后，点触“同意协议并登录”按钮（见图 1-8），进入网商银行首页（见图 1-9）。如果卖家符合贷款条件，就可以直接进行贷款。

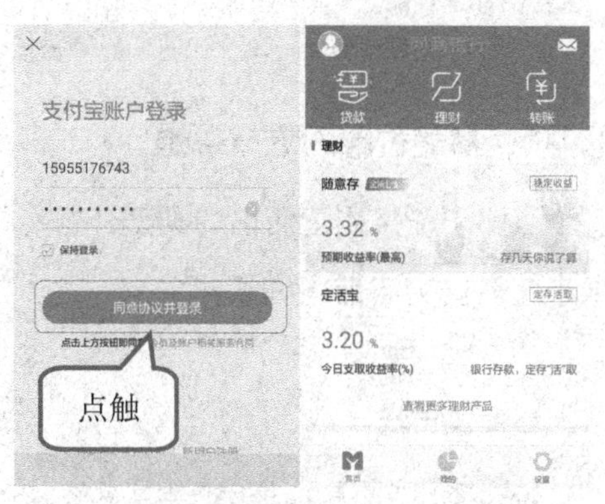


图 1-8　点触“同意协议并登录”按钮　　图 1-9　网商银行首页

### 1.1.4 搜寻更容易赚到钱的商品

网店开张之前，卖家需要搜寻目前淘宝网上销路好、更容易赚到钱的商品，有针对性地选择经营品类。

表 1-1 介绍了淘宝网上热销的七个商品类目。

表 1-1 淘宝网上热销商品类目介绍

| 热销类目 | 具体介绍 |
|---|---|
| 服饰类 | 无论是在实体店还是在网店，服装总是最赚钱的商品之一 |
| 箱包类 | 现在的女性消费者热衷于购买各种款式的包，这是一个很大的市场 |
| 护肤类 | 如今很多人都很注重护肤，经常使用护肤品，因此护肤品店铺总是能收获一些老顾客，还能收获老顾客介绍来的新顾客，只要口碑好就不怕没有顾客上门 |
| 数码类 | 智能手机不断推陈出新，衍生的周边产品也非常受欢迎，只要产品质量好、有品牌支持，就会有稳定的销量 |
| 生活类 | 如今人们足不出户就可以购买到各种生活用品，再也不必花时间去逛超市，既省时又省力 |
| 饰品类 | 只要款式足够吸引人，质量足够好，就会有顾客购买 |
| 食品类 | 淘宝网规定，卖家销售食品必须提供相应的资质证明 |

**提示**

销售服装、箱包、饰品的卖家一定要提供美观、与实物相同的商品图，并向买家准确地传达商品的各项信息。经营食品的卖家要特别注意食品安全问题。销售护肤类产品的卖家必须具备一定的资质，并且保证售卖的产品都是正品。

### 1.1.5 物美价廉的进货渠道

了解了淘宝网上店铺的类型，选择了合适的开店方式，筹集到了开店资金之后，接下来就需要为店铺进货了。

#### 1. 批发市场

批量进货可以降低库存和经营成本。各个城市里面一般都会有专门经营服装饰品、鞋帽箱包、食品饮料、小商品的批发市场，如图 1-10 所示。这里的进货价格虽然比从厂家拿货的价格高，但是它对起批量的要求较低，这可以减轻新开店铺的销售压力。

图 1-10　本地批发市场

### 2. 厂家

现在很多厂家都是通过电子商务平台来直接寻找客户的，卖家可以在阿里巴巴上搜索并选择合适的厂家长期合作。

我们在商城里看到的商品都需要经过工厂生产、批发和零售等环节，如果能从厂家直接拿货，价格会非常便宜。图 1-11 为工厂内部。

图 1-11　工厂内部

现在很多淘宝卖家都选择在阿里巴巴上进货，因为进货价格更便宜，可供选择的商品种类更多。卖家既可以在阿里巴巴上寻找合适的商品，也可以去厂家看好商品实物后在网上下单。下面介绍在阿里巴巴上进货的具体操作步骤。

❶ 打开阿里巴巴网站首页，用淘宝网账户登录，在搜索框内输入货物名称后单击“搜索”按钮（见图 1-12），进入搜索结果页面。

图 1-12　阿里巴巴网站首页

❷ 找到合适的商品后，单击该商品图片（见图 1-13），进入该商品的批发页面。

图 1-13　单击商品图片

❸ 在该页面中可以选择商品规格和批发数量（见图 1-14），单击“加入进货单”按钮即可完成进货。

图 1-14　选择商品规格和批发数量

# 1.2 用支付宝轻松管理账户资金

为了随时随地管理账户资金，卖家可以在手机中安装支付宝。

## 1.2.1 用“记账本”管理店铺收支

如果卖家想要手动记录各类账目，无需额外下载和安装记账类 App，直接使用手机支付宝中的“记账本”功能即可。具体操作步骤如下。

❶ 打开手机支付宝，点触“全部”图标（见图 1-15），进入服务窗口页面。

图 1-15 点触“全部”图标

❷ 点触“便民生活”标签下的“记账本”图标（见图 1-16），进入“记账本”页面。

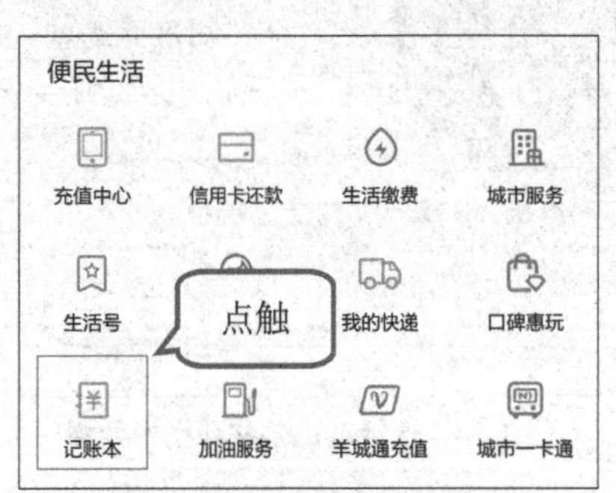


图 1-16 点触“记账本”图标

❸ 在该页面中可以查看指定月份的收支明细。如果要记账，可以点触“记一笔”按钮（见图 1-17），进入记账页面。

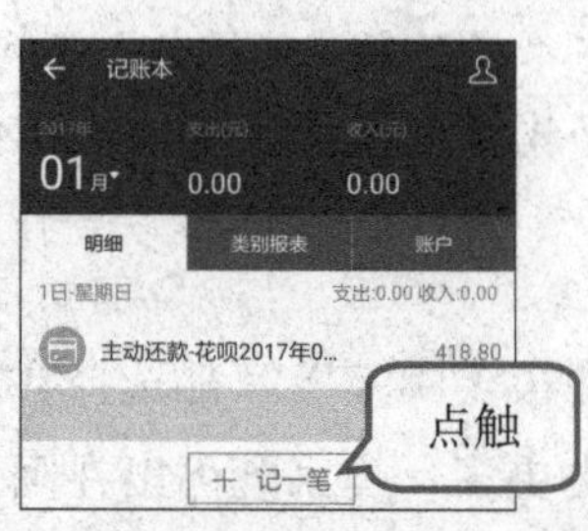


图 1-17 点触“记一笔”按钮

❹ 以记收入为例，输入收入金额并点触“完成”按钮（见图 1-18），即可完成记录。

图 1-18 输入收入金额并点触“完成”按钮

## 1.2.2 用余额宝实现“钱生钱”

如果支付宝账户内的资金不经常使用，除了可以放在账户内或提现到银行卡，还可以转入余额宝中，这样用户每天都能获得收益。具体操作步骤如下。

❶ 打开手机支付宝，点触“财富管理”标签下的“余额宝”图标（见图 1-19），进入“余额宝”页面。

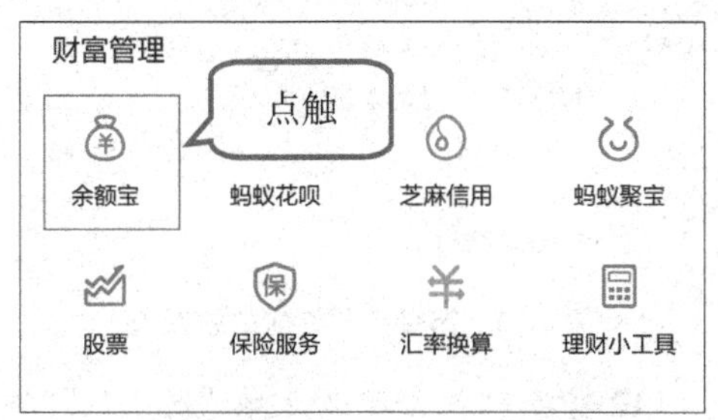


图 1-19　点触“余额宝”图标

❷ 点触“立即开通”按钮（见图 1-20），进入余额宝开通确认页面。

图 1-20　点触“立即开通”按钮

❸ 确认无误后，点触“确认”按钮（见图 1-21），即可开通余额宝功能。

图 1-21　点触“确认”按钮

❹ 在“转入”页面中输入转入金额并选择银行卡，然后点触“确认转入”按钮（见图 1-22），即可将指定金额转入余额宝中。

图 1-22　点触“确认转入”按钮

### 1.2.3 用支付宝给老顾客发红包

为了与支付宝里的好友进行互动，也为了提高芝麻信用分，卖家可以根据自身的实际情况给老顾客发红包。具体操作步骤如下。

❶ 打开手机支付宝，点触“红包”图标（见图 1-23），进入“红包”页面。

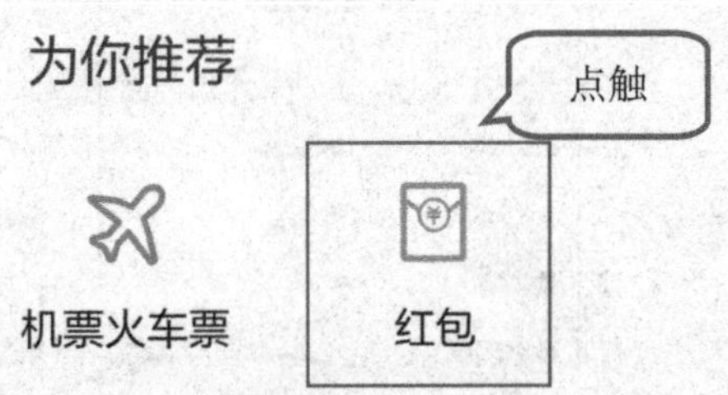


图 1-23 点触“红包”图标

❷ 点触“个人红包”按钮（见图 1-24），进入好友选择页面。

图 1-24 点触“个人红包”按钮

❸ 勾选好友后面的方框后，点触“确定”按钮，如图 1–25 所示。

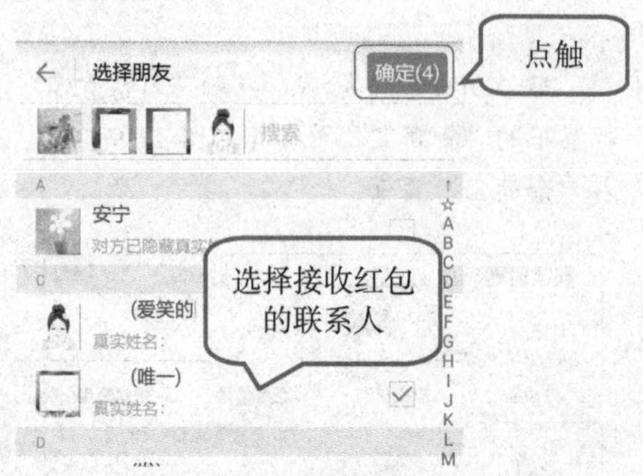


图 1-25 选择接收红包的联系人

❹ 输入红包金额并点触“发红包”按钮，如图 1-26 所示，进入密码输入页面。输入支付密码后，点触“完成”按钮，即可发送红包。

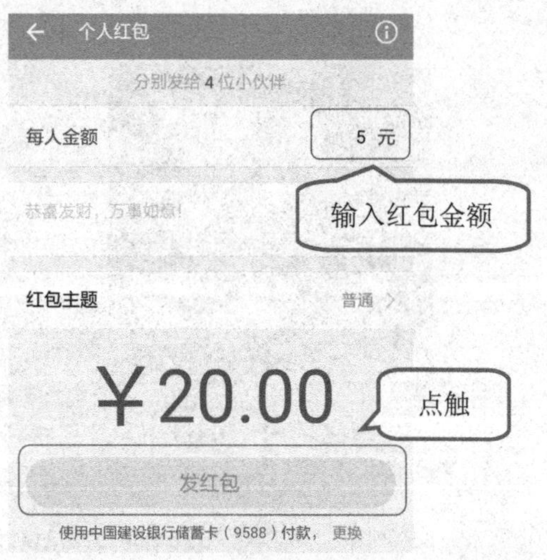


图 1-26 输入红包金额并点触“发红包”按钮

# 1.3　芝麻信用给店铺带来更多权益

芝麻信用可以通过云计算、机器学习等技术多方位呈现用户的信用状况。目前，芝麻信用已经能够在信用卡、消费金融、融资租赁、酒店、租房、出行、婚恋、学生服务、公共事业服务等上百个场景中为用户、商户提供信用服务。新手卖家只有不断提高自己的芝麻信用分，才能获得更多的权益。

## 1.3.1　获得更多贷款机会

如果新手卖家手上没有足够的开店资金，就只能选择贷款。新手卖家可以通过缴纳水电费、与好友互发红包等方式来提高自己的芝麻信用分，以获得更多的贷款机会。具体操作步骤如下。

❶ 打开手机支付宝，先点触“我的”按钮，再点触“芝麻信用”链接，如图 1-27 所示，进入“芝麻信用”页面。

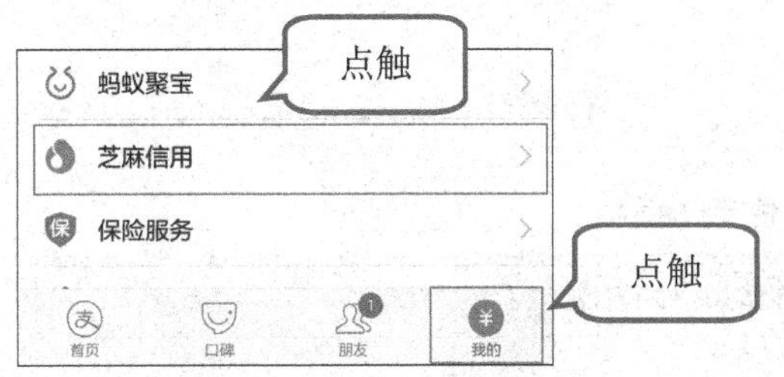


图 1-27　点触“芝麻信用”链接

❷ 点触“贷款”图标（见图 1-28），进入“现金借贷”页面。

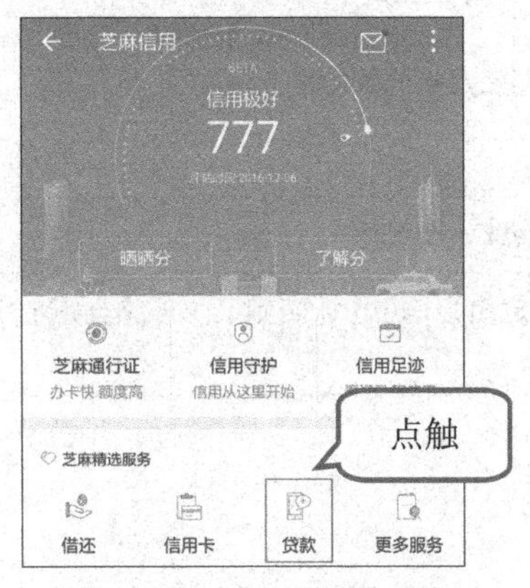


图 1-28　点触“贷款”图标

❸ 点触“蚂蚁借呗”链接（见图 1-29），进入“蚂蚁借呗”页面。

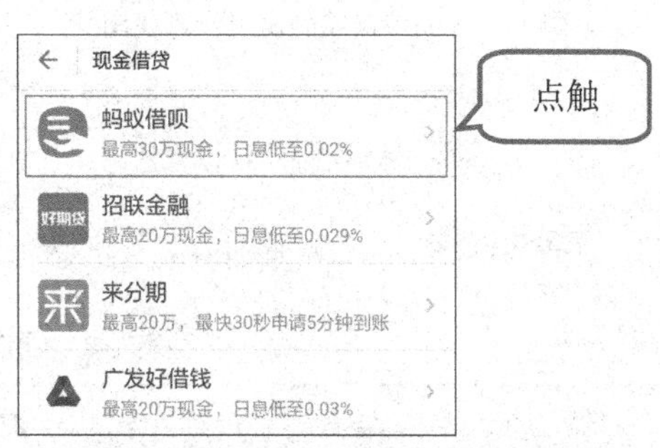


图 1-29　点触“蚂蚁借呗”链接

❹ 点触“立即申请”按钮（见图 1-30），进入蚂蚁借呗申请页面。

图 1-30　点触“立即申请”按钮

❺ 图 1-31 为蚂蚁借呗的使用步骤说明。

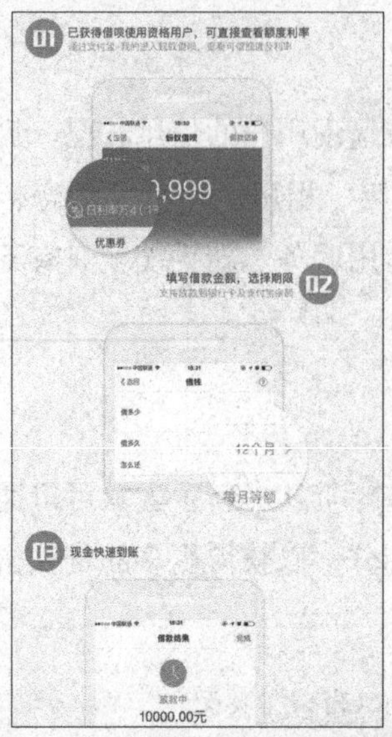


图 1-31　蚂蚁借呗的使用步骤说明

> **提示**
>
> 系统会根据用户的芝麻信用分判断其是否符合贷款条件。

### 1.3.2　提高芝麻信用分的方法

卖家想要提高芝麻信用分，除了完善个人信息，还可以尝试表 1-2 所示的八个方法。

表 1-2　提高芝麻信用分的方法

| 序号 | 提高芝麻信用分的方法 |
| --- | --- |
| 1 | 多在淘宝网和天猫上购物 |
| 2 | 尽量使用固定的收货地址 |
| 3 | 支付宝、淘宝网账户以及绑定的银行卡的预留手机号码保持一致 |
| 4 | 通过支付宝每月捐款一次 |
| 5 | 使用支付宝缴纳水电费，且家庭地址和绑定的淘宝网账户中的收货地址一致 |
| 6 | 每月固定使用支付宝理财，如蚂蚁聚宝、余额宝等 |
| 7 | 多添加支付宝好友，并经常与之互动，如发红包、转账、聊天等 |
| 8 | 绑定信用卡并使用支付宝为信用卡还款，但不可绑定多张信用卡，否则系统可能会判定用户负债较多，从而影响芝麻信用分 |

**提示**

据蚂蚁金服官方介绍，芝麻信用分最低为 350 分，最高为 950 分。芝麻信用根据分数进行了等级划分：350~550 分属于较差；550~600 分属于一般；600~650 分属于良好；650~700 分属于优秀；700 分以上就是极好。目前，大多数用户的芝麻信用分为 550~900 分。

如果用户的芝麻信用分达到 600 分以上，即可享受表 1-3 所示的八项特权。

**表 1-3　高芝麻信用分可享受的特权**

| 序号 | 高芝麻信用分可享受的特权（600 分以上） |
|---|---|
| 1 | 通过阿里旅行办理卢森堡的“信用签证”（≥ 750 分），用芝麻信用在线申请卢森堡签证时，根据申请人的情况，用户可以少提交资产证明等资料 |
| 2 | 在阿里旅行“去啊”的电子签平台上，用户可以申请新加坡签证（≥ 700 分） |
| 3 | 芝麻信用合作方可以为其开辟绿色通道，获得更便捷、更优质的信审服务，同时还有额度上的提升和还款上的优惠服务（≥ 600 分） |
| 4 | 可以申请“蚂蚁花呗”额度，额度为 2500~30 000 元，有一个多月的免息期（≥ 600 分） |
| 5 | “阿里去啊”推出“信用住”酒店服务计划，用户预订酒店可以享受“零押金”入住等服务（≥ 600 分） |
| 6 | 用户可以申请开通“好期贷”，额度为 2000~10 000 元，贷款期限分为 3 个月、6 个月和 12 个月三档，还款方式为等额本息（≥ 700 分） |
| 7 | 芝麻信用和蚂蚁微贷合作推出的“蚂蚁借呗”，用户可以申请 1000~50 000 元不等的贷款，还款最长期限为 12 个月，贷款日利率为 0.045%。完全依靠芝麻信用分进行信用审核，通过审核 3 秒钟之内就能拿到贷款（≥ 600 分） |
| 8 | 用户无须缴纳押金或刷预授权，就可以在全国 700 多家神州租车直营门店预订押金在 5000 元以下的短租自驾产品（≥ 650 分） |

# 第 2 章

# 千牛、淘宝助理助你轻松管理店铺

本章将具体介绍如何使用千牛开店、与买家轻松沟通，以及如何使用淘宝助理批量发布宝贝。

卖家在手机中下载并安装千牛客户端后，可以随时随地管理自己的淘宝店铺，即时与买家沟通，帮助买家解决售前、售中和售后问题。

在不登录淘宝网的情况下，卖家通过淘宝助理也可以编辑宝贝信息，快捷地批量上传宝贝。

## 2.1　用千牛轻松管理店铺

千牛工作台由阿里巴巴集团官方出品，淘宝网和天猫的商家均可使用。它主要包括卖家工作台、消息中心、阿里旺旺普云交易、订单管理，以及商品管理等功能。卖家在安装千牛工作台后，只需三步，即可轻松管理店铺。

### 2.1.1　用千牛查看阿里进货情况

前面已经介绍了卖家如何在阿里巴巴上进货。本节将介绍如何通过千牛工具查看自己的阿里进货情况。具体操作步骤如下。

❶ 登录千牛工作台，单击悬浮窗口右侧的第三个按钮，如图 2-1 所示，进入“卖家中心 - 首页”页面。

图 2-1　单击悬浮窗口右侧的第三个按钮

❷ 单击“货源中心”标签下的“阿里进货管理”按钮（见图 2-2），进入“阿里进货管理”页面。

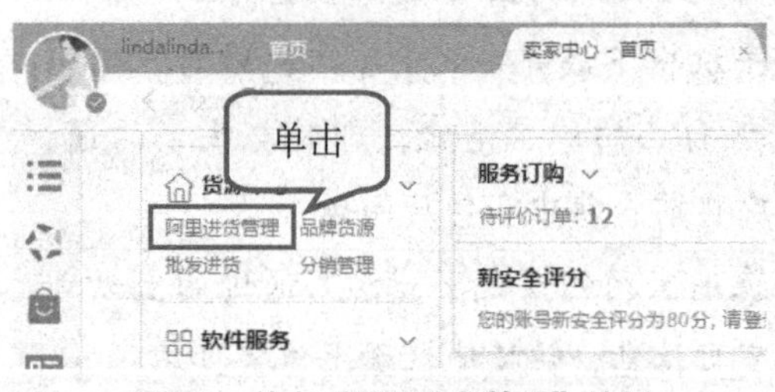


图 2-2　单击“阿里进货管理”按钮

❸ 在该页面中可以查看近三个月订单的物流状态，如图 2-3 所示。

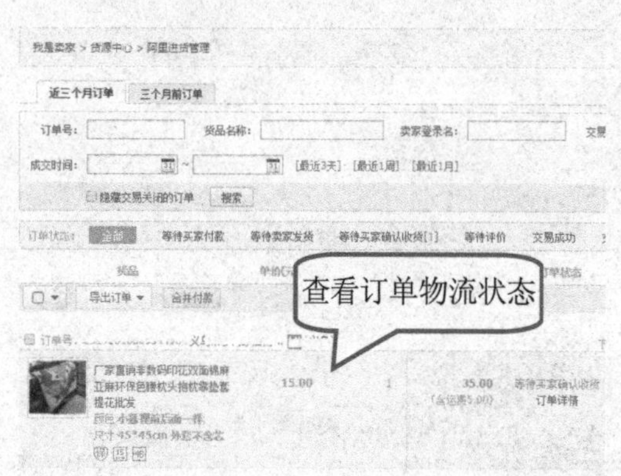


图 2-3　查看订单物流状态

**提示**

安装了千牛工作台之后，卖家就不需要登录淘宝网账户来查看自己的阿里巴巴进货状态了。

## 2.1.2　用千牛发布宝贝

卖家通过千牛既可以查看进货情况，也可以发布宝贝。具体操作步骤如下。

❶ 在千牛工作台的卖家中心里单击“发布商品”链接（见图 2-4），进入宝贝发布页面。

图 2-4　单击“发布商品”链接

❷ 设置宝贝的类目、子类目以及品牌信息，然后单击“我已阅读以下规则，现在发布宝贝”按钮，如图 2-5 所示，进入“一口价宝贝发布”页面。

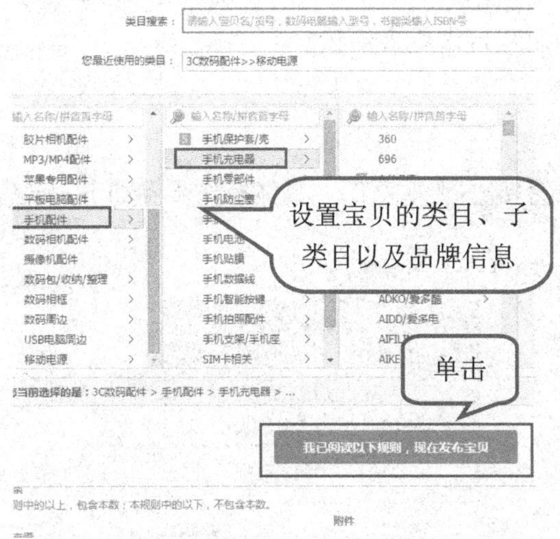


图 2-5　设置宝贝的类目、子类目以及品牌信息并单击“我已阅读以下规则，现在发布宝贝”按钮

❸ 填写宝贝的类型、标题、卖点、属性以及宝贝风格等信息，然后单击“发布”按钮即可成功发布宝贝，如图 2-6 所示。

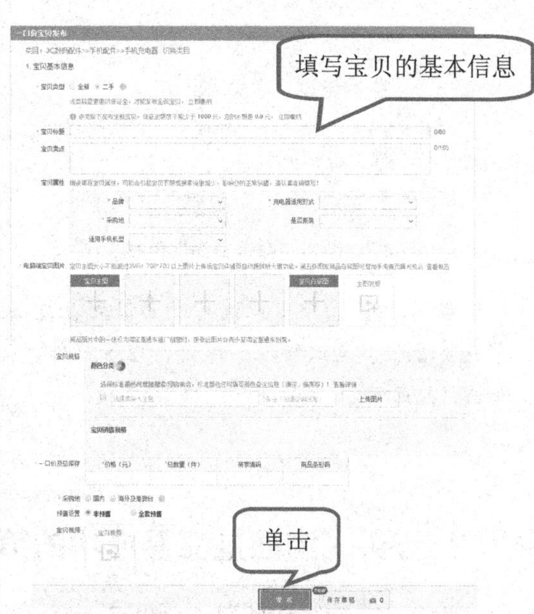


图 2-6　填写宝贝的基本信息并单击“发布”按钮

**注意**

如果想重新上架宝贝，就要先在卖家中心里完整地填写宝贝信息，再发布宝贝。

**提示**

本书第四章将具体介绍如何设置、设计宝贝的标题和主图，以及如何通过优化宝贝标题和主图给店铺带来更多流量。

### 2.1.3 处理每一笔交易

卖家通过千牛可以查看商品的发货、买家的付款等情况。具体操作步骤如下。

❶ 登录千牛工作台，单击“普云交易”链接（见图 2-7），进入“普云交易”页面。

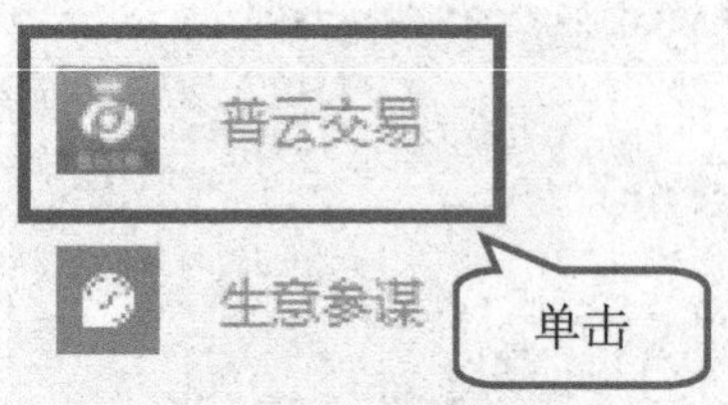


图 2-7 单击“普云交易”链接

❷ 在该页面中可以进行交易管理、订单发货管理、退款管理、评价管理等操作，如图 2-8 所示。

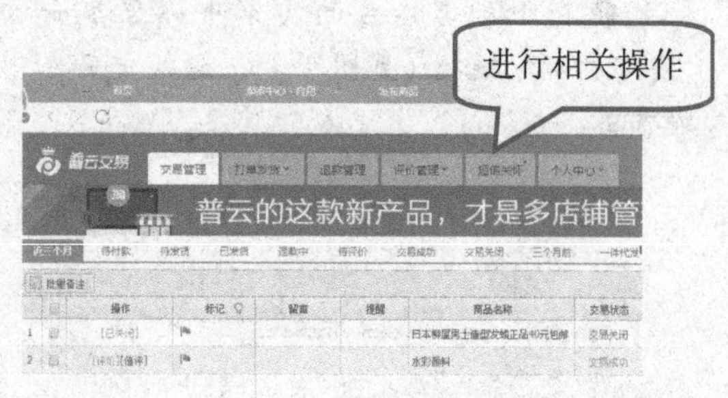


图 2-8 进行相关操作

**提示**

建议新手卖家使用普云交易工具管理交易。

## 2.2 与买家沟通是交易成功的第一步

本节将介绍如何使用千牛与买家沟通，为店铺带来更多流量。

### 2.2.1 与指定买家进行沟通

如果卖家想要与指定买家进行沟通，可以直接查找买家 ID。具体操作步骤如下。

❶ 登录千牛工作台，单击悬浮窗口左侧的“阿里旺旺”按钮（见图 2-9），进入阿里旺旺页面。

图 2-9 单击“阿里旺旺”按钮

❷ 先在上方的搜索框内输入要查找的联系人 ID，然后单击下方列表框中的“在网络中查找”链接（见图 2-10），弹出“添加好友”对话框。

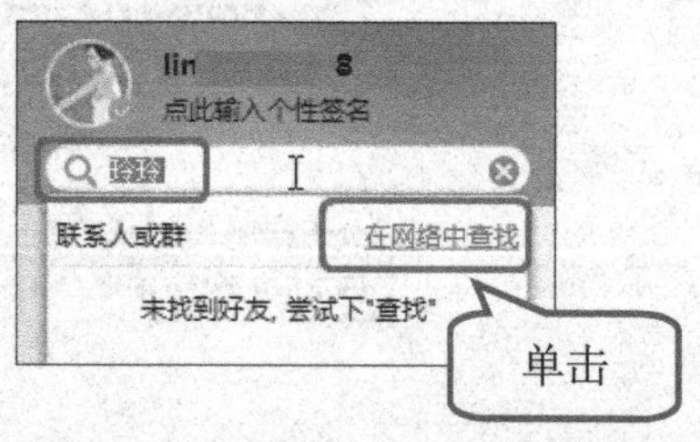


图 2-10 单击“在网络中查找”链接

❸ 在该对话框中可以看到提示信息，确认无误后单击“确定”按钮（见图 2-11），即可将该联系人添加到自己的联系人列表里。

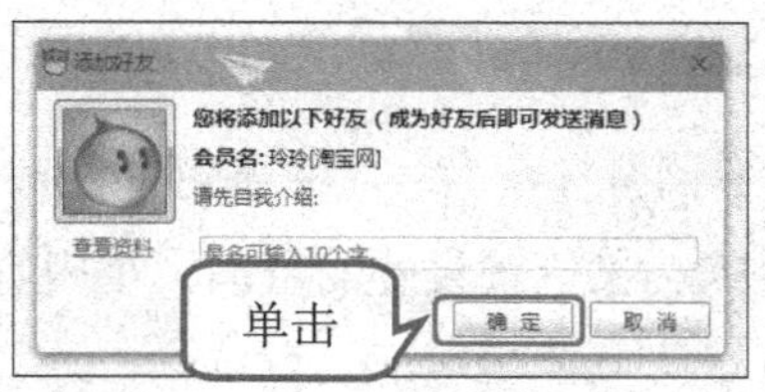


图 2-11　单击“确定”按钮

## 2.2.2　加入买家群

卖家可以加入一些买家群，在群内有针对性地发布店铺的促销活动信息，更好地为店铺引流。具体操作步骤如下。

❶ 打开阿里旺旺，在上方的搜索框内输入要查找的群 ID（见图 2-12），然后单击下方列表框中的“在网络中查找”链接，弹出“加入群验证”对话框。

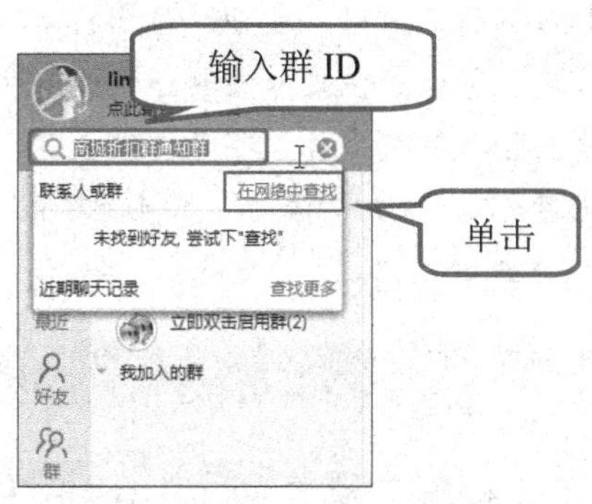


图 2-12　输入群 ID

❷ 输入验证消息后，单击“发送验证”按钮（见图 2-13），即可发送群验证消息。

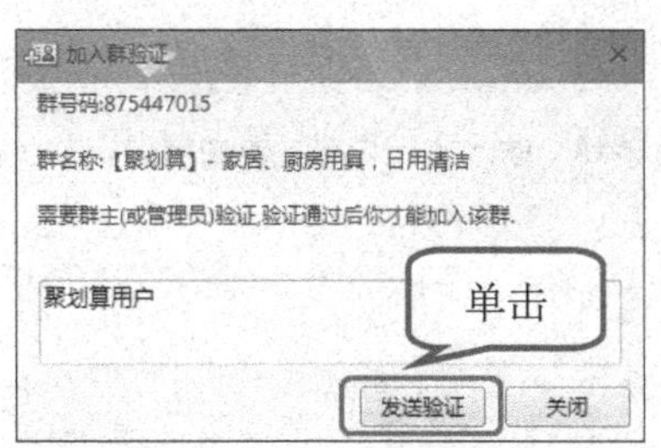


图 2-13　单击“发送验证”按钮

❸ 群验证通过后，即可成功加入该群，如图 2-14 所示。

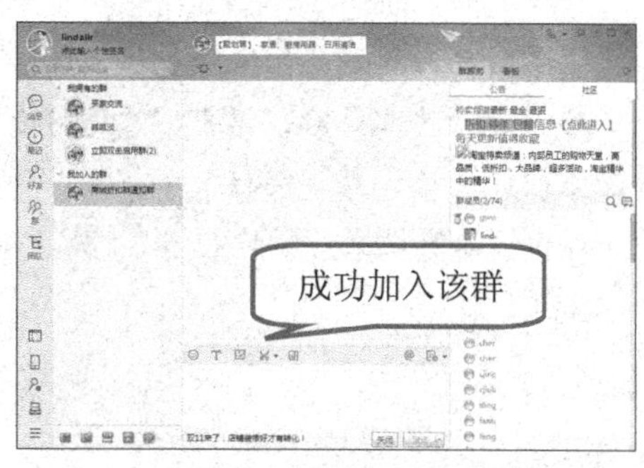


图 2-14　成功加入该群

**提示**

卖家可以在群里有针对性地推广店铺，切忌频繁发布，否则容易引起他人反感，甚至被退群。

### 2.2.3 为店铺设置自动回复

在促销活动期间，顾客咨询量非常大，卖家不可能及时地一一回复，这时卖家可以在后台设置自动回复。图 2-15 为某店铺设置的自动回复内容。

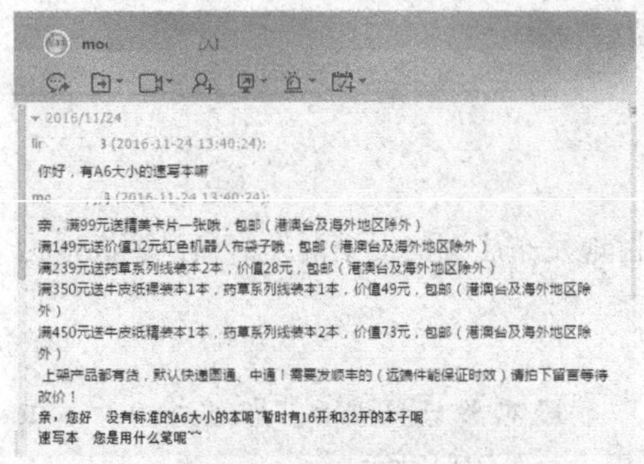


图 2-15 某店铺设置的自动回复内容

设置自动回复的具体操作步骤如下。

❶ 登录千牛工作台，单击“常用网址”标签下的“系统设置”链接，如图 2-16 所示，弹出“系统设置”窗口。

图 2-16 单击“系统设置”链接

❷ 单击“客服设置”标签下的“自动回复设置”链接（见图 2-17），进入自动回复设置页面。

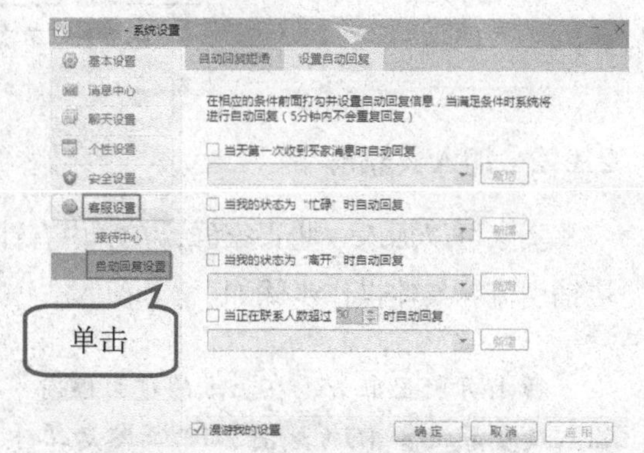


图 2-17 单击“自动回复设置”链接

❸ 切换到“自动回复短语”选项卡，单击右侧的“新增”按钮，弹出“新增自动回复”窗口。在文本编辑框内输入文字内容，可以调整字体、字号、颜色等。编辑完毕后，单击“保存”按钮即可，如图 2-18 所示。

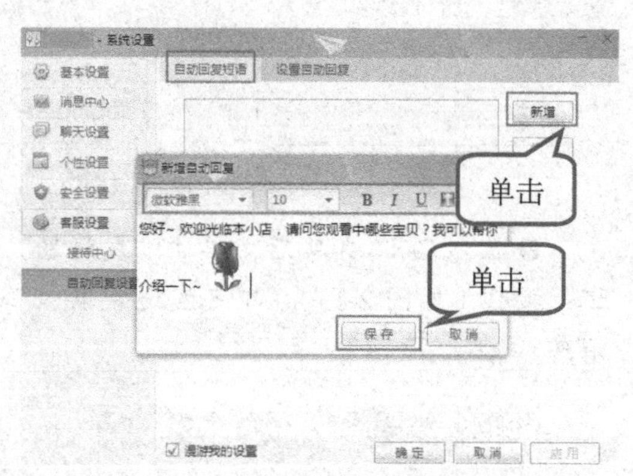


图 2-18 输入文字内容并单击“保存”按钮

**提示**

如果咨询时不能得到及时回复，顾客就会选择其他店铺。所以，卖家设置自动回复能够留住一部分潜在顾客。

卖家可以多参考优秀店铺设置的自动回复内容。

## 2.2.4　为顾客分组

卖家为顾客分组可以更有针对性地发布促销活动信息，如按新老顾客分组。

### 1. 为顾客分组

为顾客分组的具体操作步骤如下。

❶ 打开千牛聊天窗口，在任意好友列表标签上右击，在弹出的快捷菜单中选择“添加组”选项（见图 2-19），即可添加新组。

图 2-19　选择“添加组”选项

❷ 选中“新建组”，继续在快捷菜单中选择“重命名组”选项（见图 2-20），即可重新命名该组名称。

图 2-20　选择“重命名组”选项

❸ 在“老客户”上右击，在弹出的快捷菜单中选择“添加子组”选项（见图 2-21）。

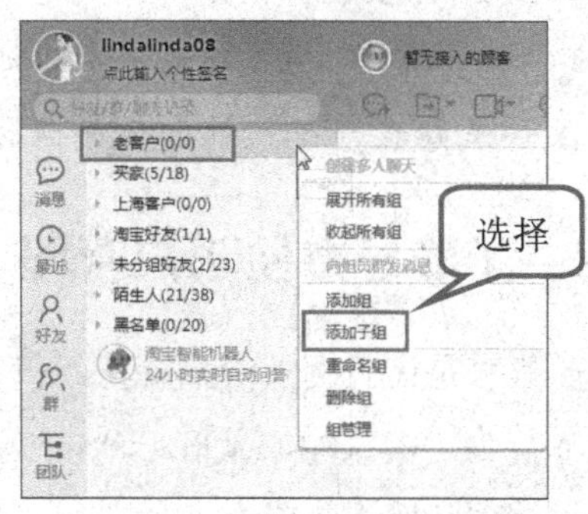


图 2-21　选择“添加子组”选项

❹ 重新设置子组名称，如图 2-22 所示。

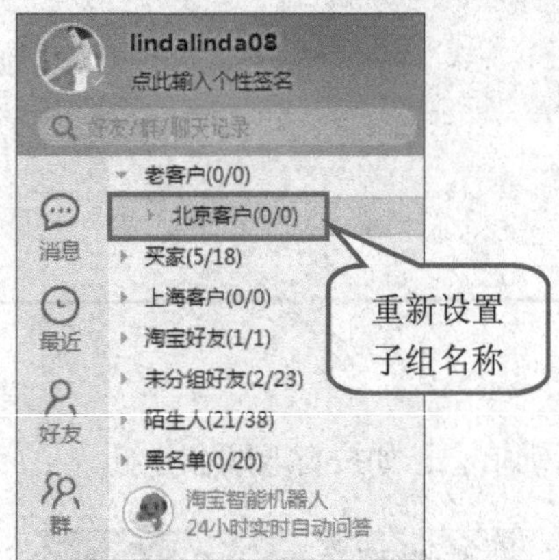


图 2-22　重新设置子组名称

❺ 按照相同的方法依次在“老客户”下方添加其他子组名称，如图 2-23 所示。

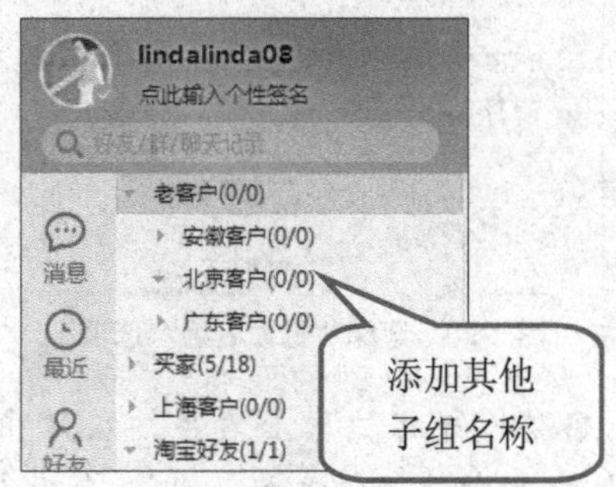


图 2-23　添加其他子组名称

2. 管理顾客分组

管理顾客分组的具体操作步骤如下。

❶ 如果想移动子组的位置，可以在“老客户”上右击，在弹出的快捷菜单中选择“组管理”选项（见图 2-24），弹出“组管理”对话框。

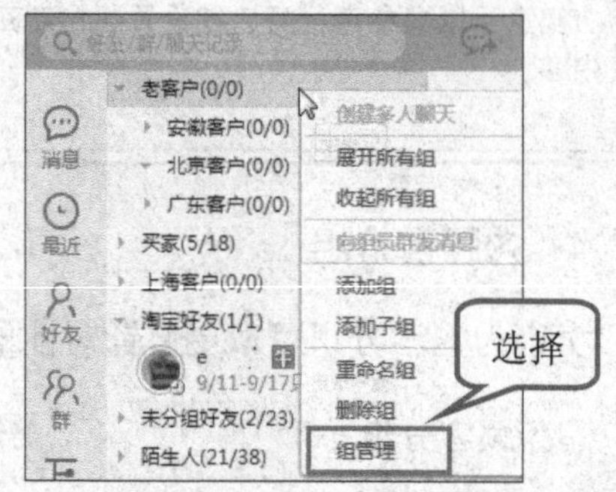


图 2-24　选择“组管理”选项

❷ 在该对话框中可以看到所有的组名称，可以通过单击右侧的“上移一层”“下移一层”“移到最上层”按钮调整子组或组的显示位置，如图 2-25 所示。

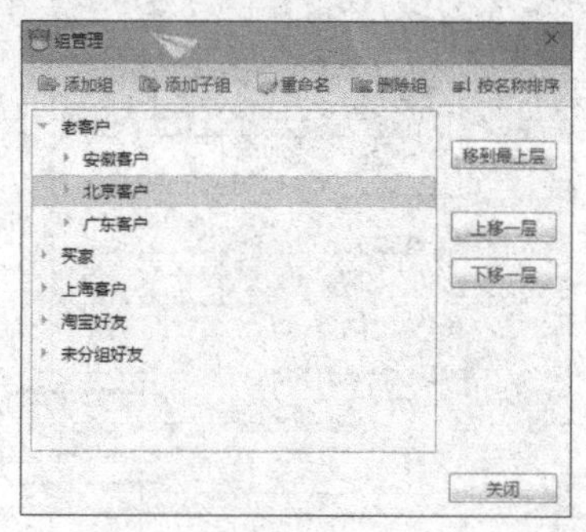


图 2-25　调整子组或组的显示位置

## 2.3　子账号方便账户管理

子账号是淘宝网及天猫提供给商家使用的员工账号，其主要功能是授权及管理员工的内部行为（卖家中心及旺旺），它能为商家提供一体化的账号管理服务并降低商家员工账号管理和使用的成本。

### 2.3.1　分类管理众多子账号

为了高效地管理众多子账号，使客服工作和其他组织工作有序进行，卖家应针对不同的岗位进行明确分工。目前，卖家只能在 PC 端千牛工作台或淘宝个人中心里设置子账号的组织结构，千牛手机端暂时只能设置角色权限。

### 1. 建立新部门

建立新部门的具体操作步骤如下。

❶ 登录千牛工作台，单击“员工管理”链接（见图 2-26），进入子账号管理页面。

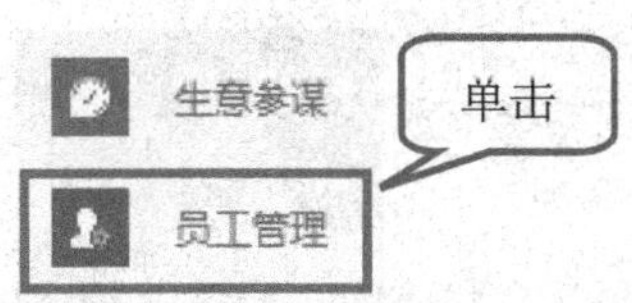


图 2-26　单击“员工管理”链接

❷ 单击“部门”右侧的“新建”按钮（见图 2-27），这时可以看到默认的“客服”账户，本例中需要为“客服”组添加新部门。

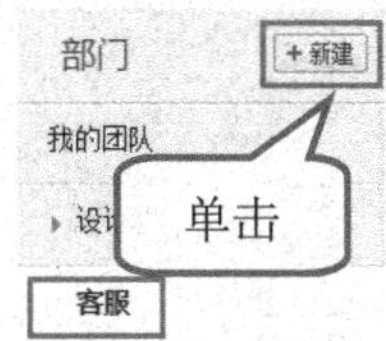


图 2-27　单击“新建”按钮

❸ 进入部门编辑状态，编辑“客服”的子组名称为“售前客服”（见图 2-28）。按照相同的方法为“客服”组添加另一个子组名称为“售后客服”（见图 2-29）。

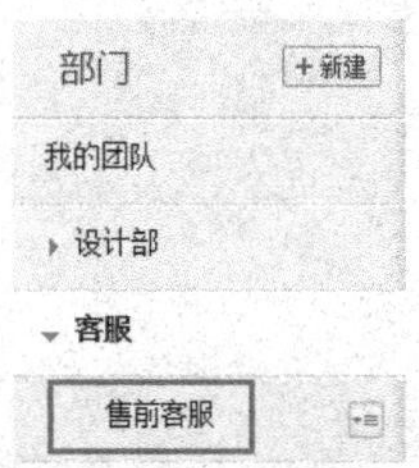


图 2-28　添加“售前客服”组

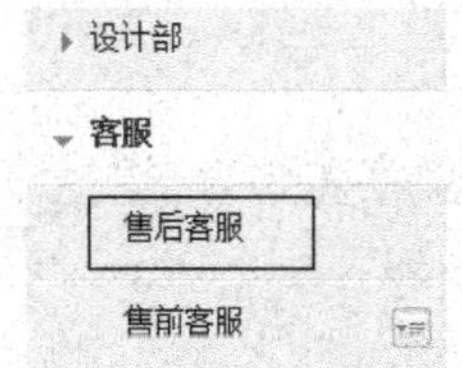


图 2-29　添加“售后客服”组

**提示**

主账号通过开店认证的，不同级别的卖家可获得的子账号数目如下：

（1）0~5 心卖家可免费获得 3 个；
（2）1~3 钻卖家可免费获得 11 个；
（3）1~5 皇冠卖家可免费获得 21 个；
（4）1~5 红冠卖家可免费获得 61 个；
（5）淘宝集市卖家可免费获得 18 个。

### 2. 创建新员工

创建新员工的具体操作步骤如下。

❶ 选中组名称后，单击“新建员工”按钮（见图 2-30），进入“新建员工”页面。

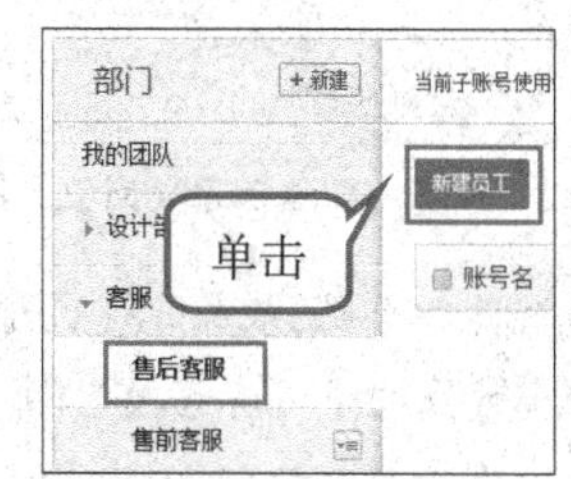


图 2-30　单击“新建员工”按钮

❷ 填写员工的基本信息，包括岗位、账号名、密码以及部门等，如图 2-31 所示。单击“确认新建”按钮，即可创建新员工。

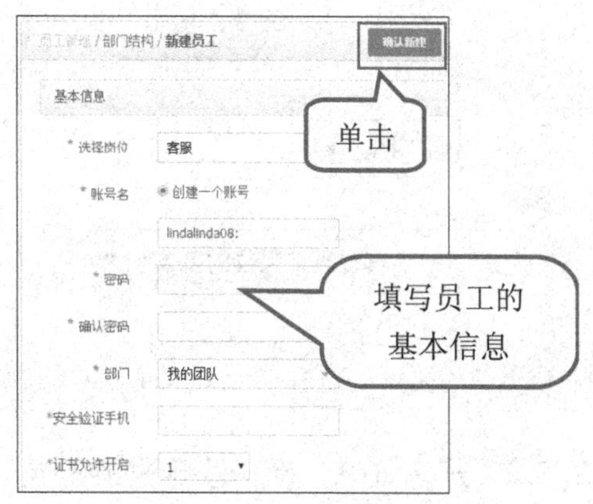


图 2-31　填写员工的基本信息

**提示**

创建子账号后，卖家可以用子账号的用户名和密码登录阿里旺旺。

### 3. 新建岗位

新建岗位的具体操作步骤如下。

❶ 切换到“岗位管理”选项卡，单击“新建自定义岗位”按钮（见图 2-32），进入“修改岗位”页面。

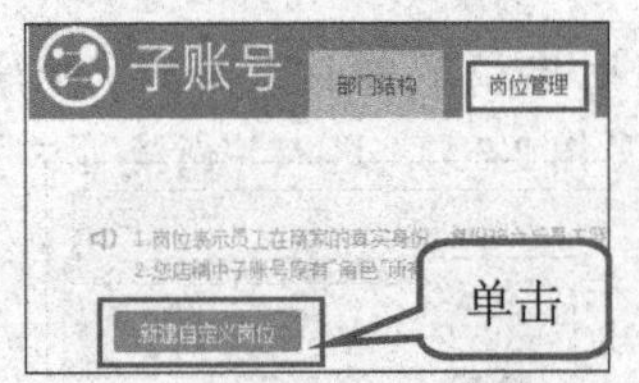


**图 2-32　单击“新建自定义岗位”按钮**

❷ 填写员工岗位的基本信息（见图 2-33），并设置员工岗位权限（见图 2-34）。设置完毕后，单击“保存”按钮即可。

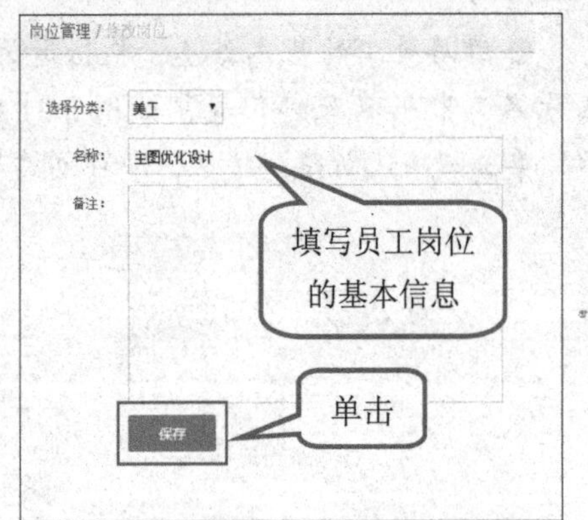


**图 2-33　填写员工岗位的基本信息**

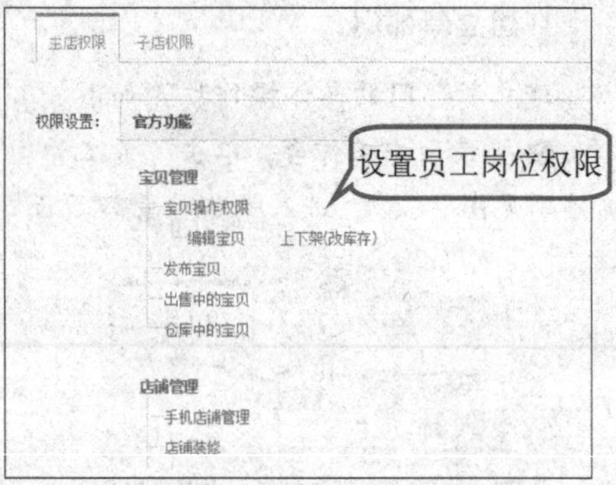

**图 2-34　设置员工岗位权限**

**注意**

创建子账号之后，主账号可以给子账号授权，包括商品编辑、上下架、改价、发货、退款等。

## 2.3.2　开启证书，保护子账号的安全

为了保障各个子账号能安全、有序地完成咨询任务，卖家需要为子账号开通手机保护功能，防止账号被盗用。具体操作步骤如下。

❶ 在子账号管理页面中单击“安全设置”选项卡中的“开启手机保护”按钮（见图 2-35），弹出“开启登录保护”对话框。

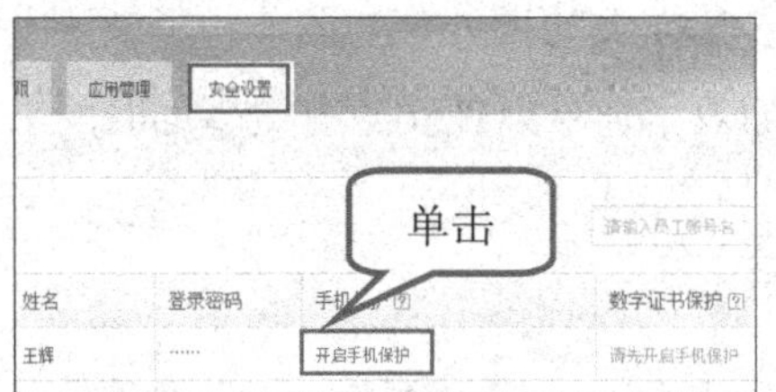


图 2-35　单击“开启手机保护”按钮

❷ 输入手机号码并单击“确定”按钮，如图 2-36 所示。

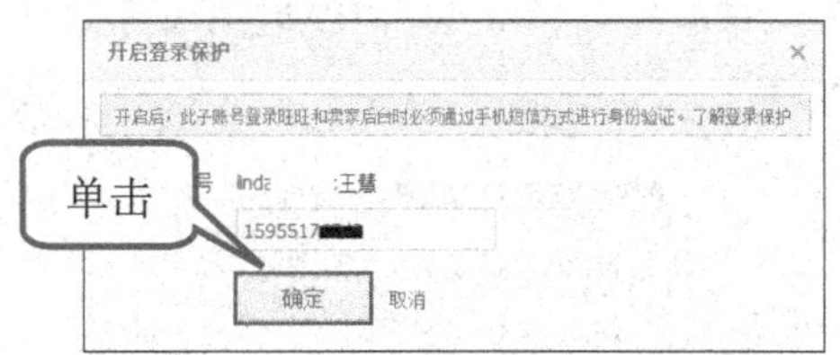


图 2-36　输入手机号码并单击“确定”按钮

❸ 单击“开启证书保护”按钮（见图 2-37），弹出“开启证书保护”对话框。

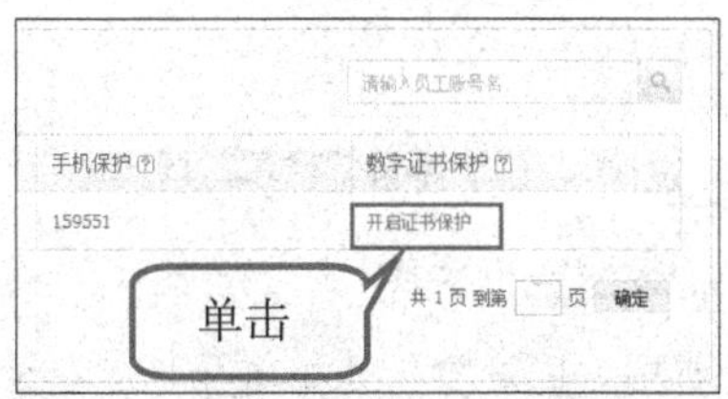


图 2-37　单击“开启证书保护”按钮

❹ 修改已绑定的手机号码，并设置允许安装的证书个数。单击“确定开启”按钮（见图 2-38）。

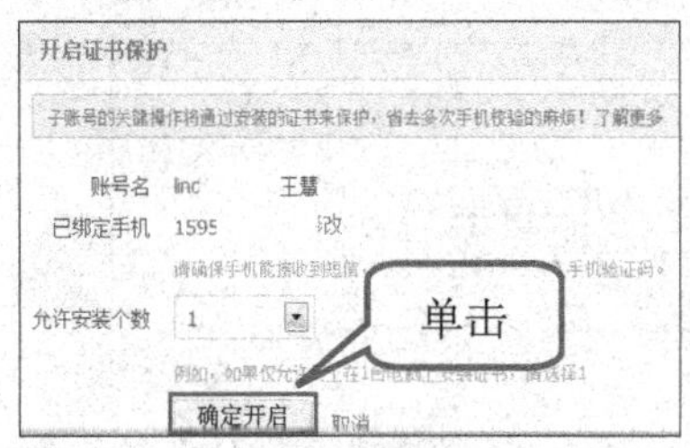


图 2-38　单击“确定开启”按钮

❺ 在弹出的“开启证书保护成功”提示框中单击“确定”按钮（见图 2-39）。

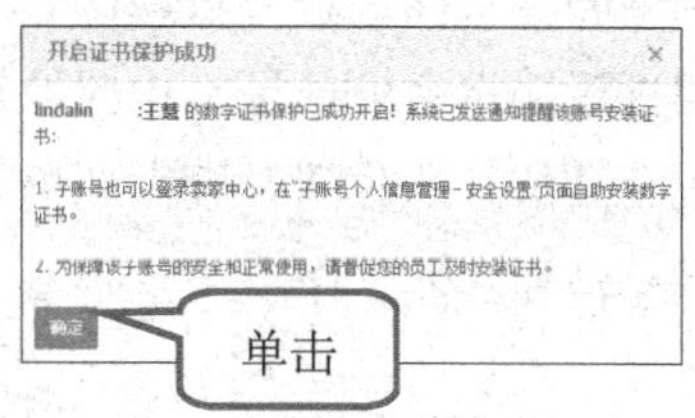


图 2-39　单击“确定”按钮

❻ 重新登录千牛工作台，单击“点击安装数字证书”链接（见图 2-40），进入“子账号”页面。

图 2-40　单击“点击安装数字证书”链接

❼ 在第一步中填写个人信息，然后单击“下一步”按钮，如图 2-41 所示。根据页面提示安装数字证书即可。

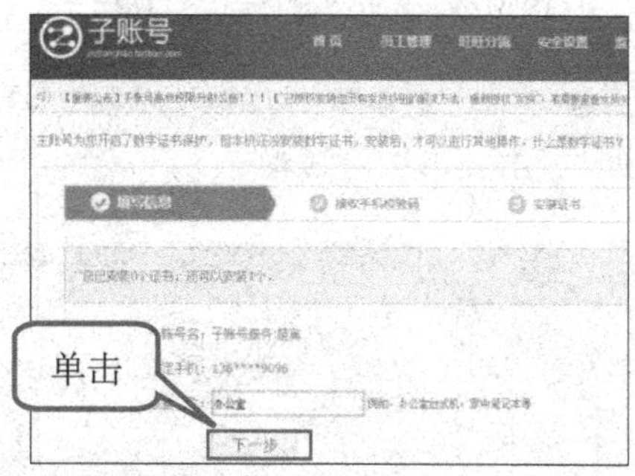


图 2-41　填写个人信息并单击“下一步”按钮

## 2.4　用淘宝助理批量发布宝贝

淘宝助理是淘宝网免费提供给卖家使用的一款客户端。卖家在不登录淘宝网的情况下也能直接编辑宝贝信息，快捷地批量上传宝贝。其强大的批处理功能节省了卖家上传和修改商品信息的时间，极大地提高了发布宝贝的效率，可以使卖家有更多的时间去关注店铺经营和其他工作。

### 2.4.1　批量创建宝贝

安装好淘宝助理之后，卖家可以依次编辑多个商品信息和图片，并一次性批量上传。下面介绍使用淘宝助理批量创建宝贝的具体操作步骤。

#### 1. 设置宝贝基本信息

设置宝贝基本信息的具体操作步骤如下。

❶ 打开淘宝助理，单击“宝贝管理”选项卡中的“创建宝贝”按钮（见图 2-42），进入“创建宝贝”页面。

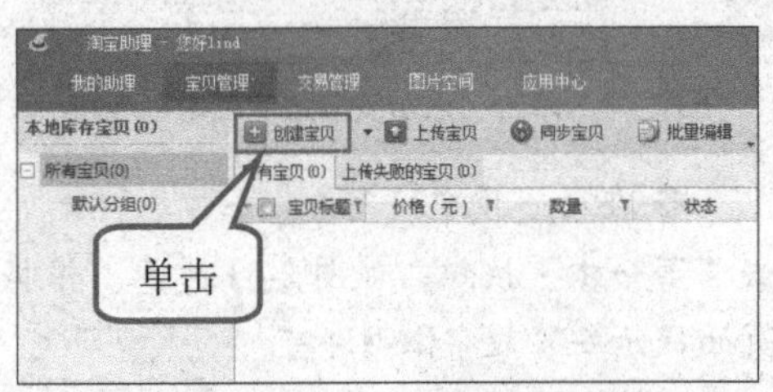


图 2-42　单击“创建宝贝”按钮

❷ 单击“选类目”按钮（见图 2-43），弹出“选择类目”对话框。

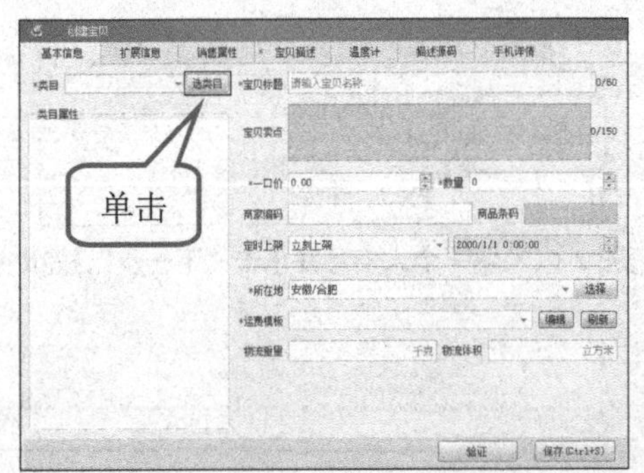


图 2-43　单击“选类目”按钮

❸ 选择合适的宝贝类目后，单击“确定”按钮（见图 2-44），弹出“编辑宝贝”对话框。

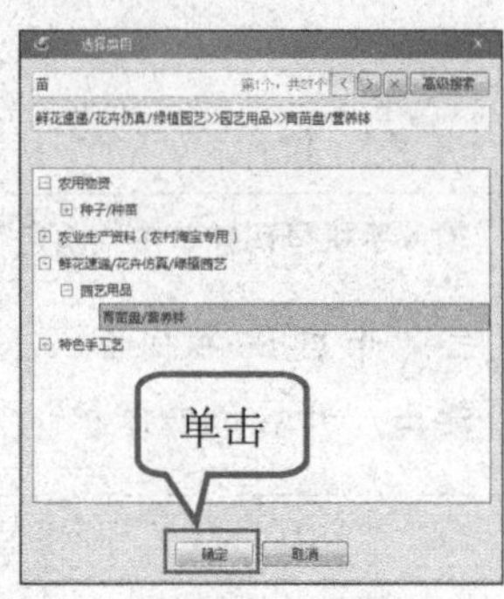


图 2-44　单击“确定”按钮

#### 2. 添加宝贝主图

添加宝贝主图的具体操作步骤如下。

❶ 设置宝贝分类，单击“添加图片”按钮（见图 2-45），弹出“选择图片”对话框。

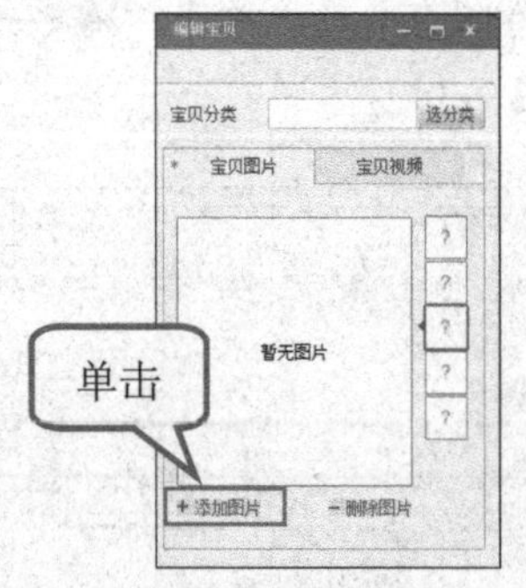


图 2-45　单击“添加图片”按钮

❷ 单击“选择要上传的图片”按钮（见图 2-46），弹出“选择图片”对话框。选择图片后，单击“打开”按钮（见图 2-47），返回“选择图片”对话框。

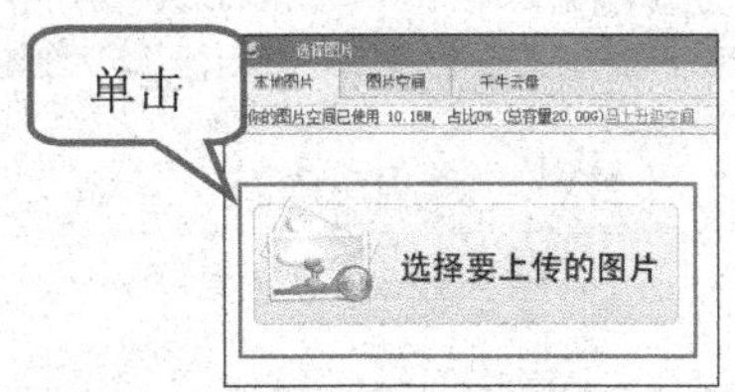


图 2-46　单击“选择要上传的图片”按钮

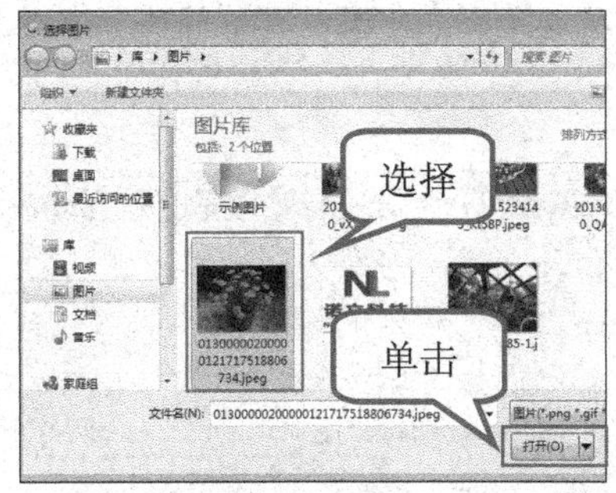


图 2-47　选择图片并单击“打开”按钮

❸ 在该对话框中可以看到已选择的宝贝图片，单击“插入”按钮（见图 2-48），即可添加宝贝主图。

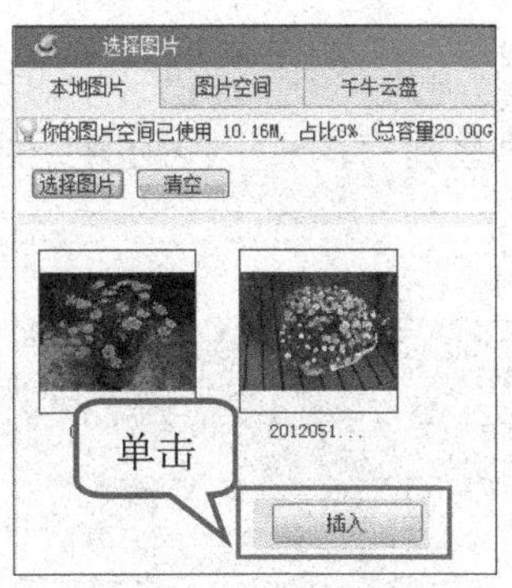


图 2-48　单击“插入”按钮

3. 添加销售属性

添加销售属性的具体操作步骤如下。

切换到“销售属性”选项卡，设置宝贝的颜色，然后单击“保存（Ctrl+S）”按钮（见图 2-49）。

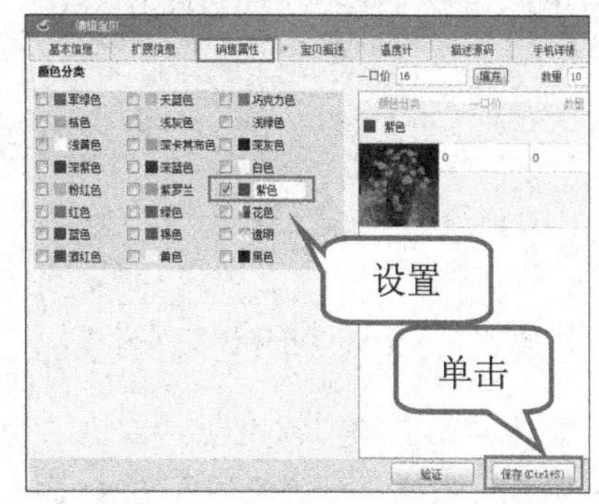


图 2-49　设置宝贝的颜色并单击“保存（Ctrl+S）”按钮

4. 添加宝贝描述

在“宝贝描述”选项卡下可以为宝贝添加描述文字或图片。

## 2.4.2　批量修改宝贝信息

如果卖家想批量修改宝贝信息，如数量、价格、颜色等，可以使用“批量编辑”功能。具体操作步骤如下。

❶ 打开淘宝助理，首先在已经上传的宝贝列表中勾选需要修改数量的宝贝前面的复选框，然后在“批量编辑”的下拉列表中选择“宝贝数量”选项（见图 2-50），弹出“宝贝数量”对话框。

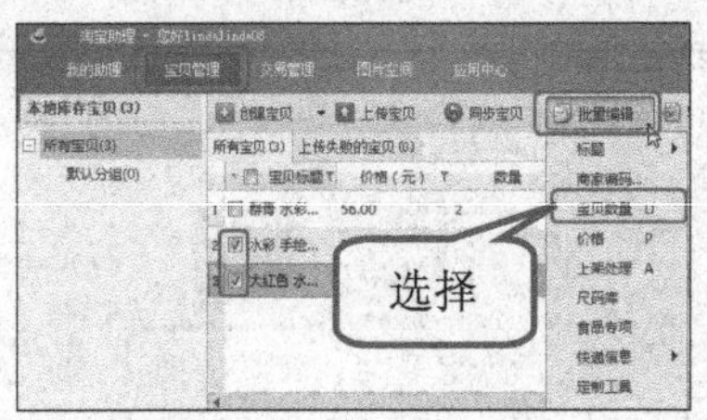


图 2-50 选择“宝贝数量”选项

❷ 先勾选需要修改数量的宝贝前面的复选框，然后在“新的数量”后面的文本框内输入“50”（见图 2-51）。单击“保存”按钮，即可更改指定宝贝的数量。

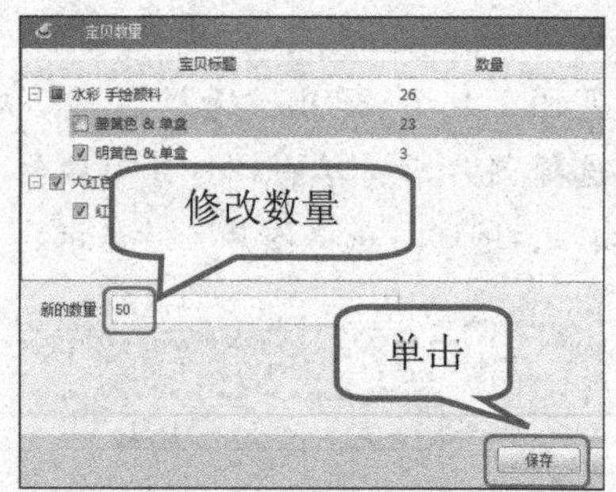


图 2-51 修改数量

❸ 返回淘宝助理主界面，可以看到之前选中的宝贝数量已被修改，同时也可以看到“状态”列表中显示“被修改”字样，如图 2-52 所示。

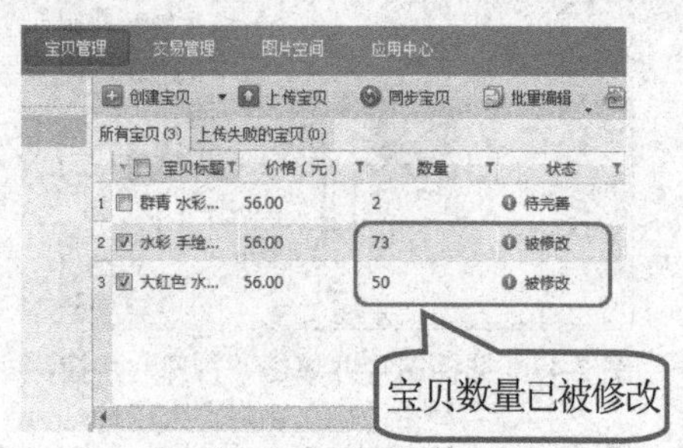


图 2-52 宝贝数量已被修改

## 2.4.3 一键将图片上传至图片空间

批量上传宝贝之后，卖家通过淘宝助理可以一次性将所有图片上传到淘宝网的图片空间。具体操作步骤如下。

❶ 在“宝贝管理”页面中先勾选需要批量上传图片的宝贝前面的复选框，然后单击“图片搬家”按钮（见图 2-53），弹出“图片搬家”对话框。

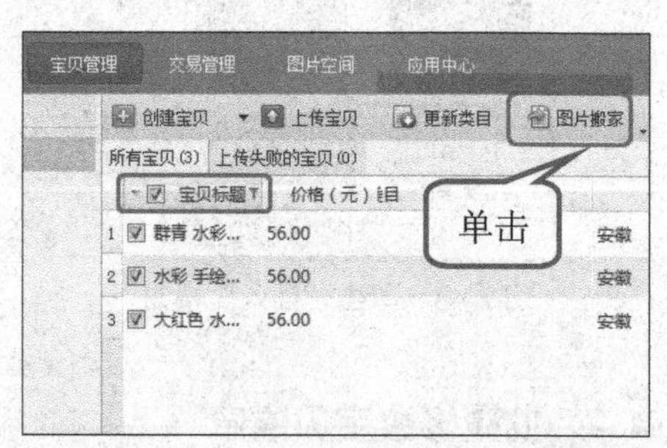


图 2-53 单击“图片搬家”按钮

❷ 根据需要设置图片空间分类、是否添加水印以及图片宽度等参数。设置完毕后，单击“上传”按钮（见图 2-54），即可将所有图片上传到图片空间。

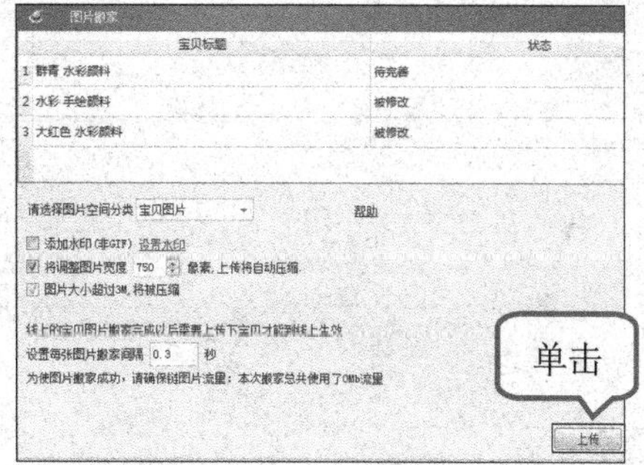


图 2-54　单击“上传”按钮

# 第 3 章

# 优化宝贝的技巧

宝贝分类区是店铺装修的重点。设置宝贝分类区的目的是将店铺内的商品按照不同类别划分，便于顾客快速地找到自己想要的商品。

本章将介绍宝贝分类、图片空间、宝贝标题、属性、价格的设计技巧。学会了这些技巧之后，卖家可以更加高效地管理自己的店铺，提高店铺的转化率。

# 3.1 宝贝分类区便于顾客查找商品

顾客进入卖家店铺之后，通常会在宝贝分类区寻找自己想要的商品。本节将介绍宝贝分类区的设计方式。

图 3-1 和图 3-2 为常见的宝贝分类区设计效果图。

图 3-1　宝贝分类区设计效果（1）

图 3-2　宝贝分类区设计效果（2）

## 3.1.1 为店铺设置宝贝分类区

通常卖家会在店铺首页上设置宝贝分类区，便于顾客快速找到自己需要的商品。具体操作步骤如下。

❶ 登录淘宝网，单击“店铺管理”标签下的“宝贝分类管理”链接，如图 3-3 所示，进入宝贝分类设置页面。

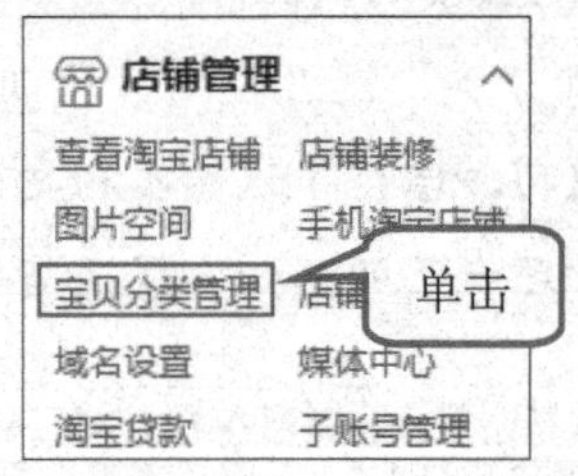


图 3-3　单击“宝贝分类管理”链接

❷ 单击“添加手工分类”按钮（见图 3-4），激活宝贝分类输入状态，在文本框内输入分类名称。

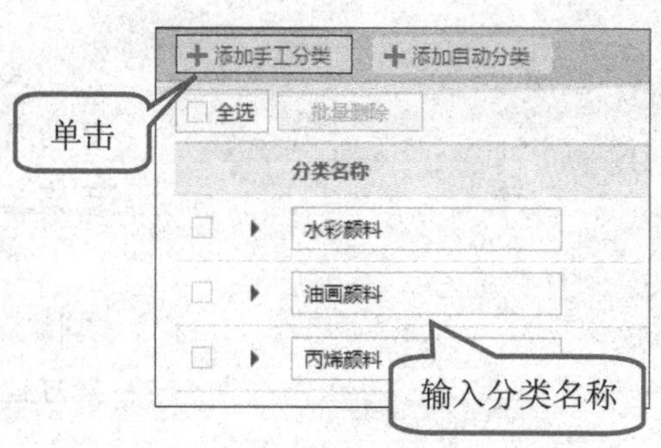


图 3-4　单击“添加手工分类”按钮

❸ 输入完毕后，单击该分类下方的“添加子分类”按钮，如图 3-5 所示，即可激活子分类输入状态。

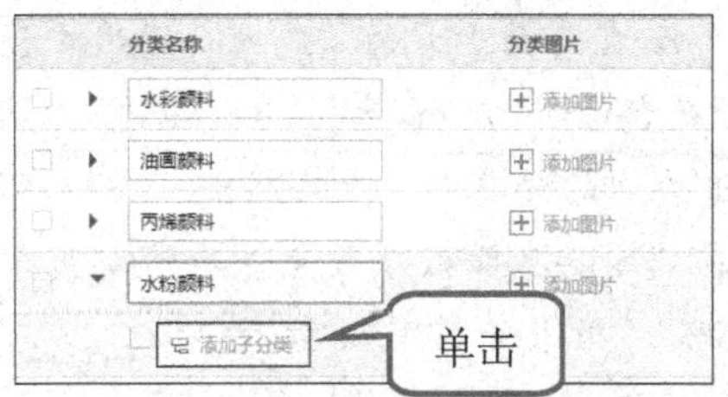


图 3-5 单击“添加子分类”按钮

❹ 在文本框内输入子分类名称，如图 3-6 所示。

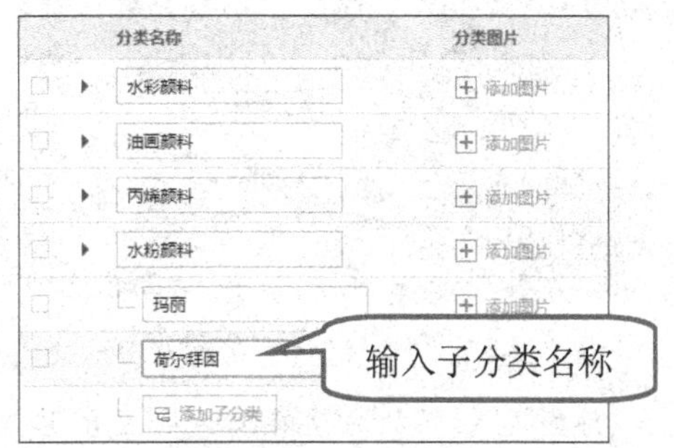


图 3-6 输入子分类名称

❺ 按照相同的方法依次输入其他宝贝分类名称，并为其添加子分类名称。单击“保存更改”按钮（见图 3-7），即可成功设置宝贝分类。

图 3-7 单击“保存更改”按钮

**提示**

设置宝贝分类时，除了可以使用简洁的文字描述，还可以为指定的宝贝分类添加对应的图片。卖家在宝贝分类设置页面中单击“添加图片”按钮，即可根据页面提示依次添加图片。

### 3.1.2 添加宝贝分类图片

添加宝贝分类图片的具体操作步骤如下。

❶ 启动 Photoshop，按“Ctrl+N”组合键，新建一个大小为 950×300 的空白文档，如图 3-8 所示。

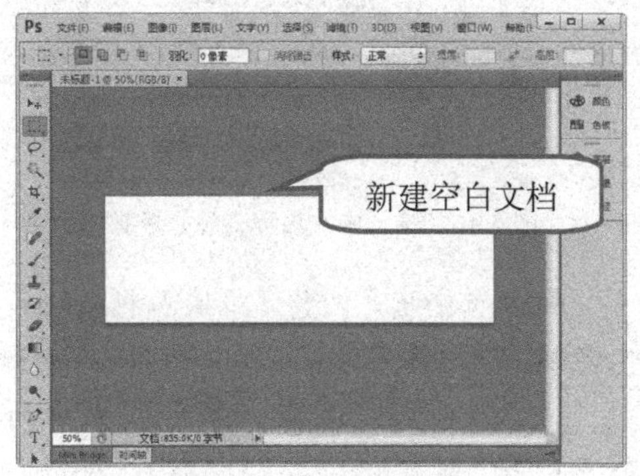


图 3-8 新建空白文档

❷ 按“Ctrl+O”组合键打开第一张素材图片。按“M”键启用“矩形选框工具”，在图片中绘制出一个矩形框，如图 3-9 所示。

图 3-9 在素材图片中绘制出一个矩形框

❸ 按“V”键启用“移动工具”。将矩形框内的图片移至空白文档中作为宝贝分类的图片，并将其调整至合适的大小和位置，效果如图 3-10 所示。

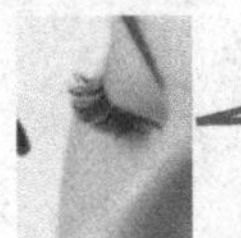


图 3-10　调整图片的大小和位置

❹ 打开其他素材图片，使用“矩形选框工具”选取图片中合适的图像内容。然后将其移至空白文档中，并将其调整至合适的大小和位置，效果如图 3-11 所示。

图 3-11　打开其他素材图片并调整其大小和位置

❺ 按“U”键启用“矩形工具”。在页面上方的“选项”面板中设置“不填充”、“描边颜色”为“白色”、“描边宽度”为“2点”，然后在最左边的分类图片上绘制出一个矩形框，效果如图 3-12 所示。

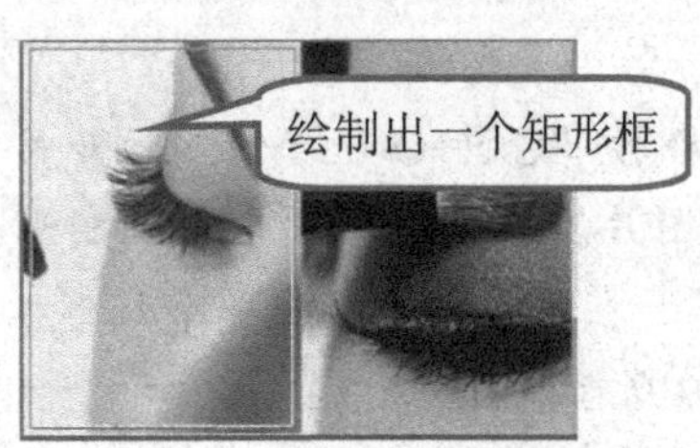


图 3-12　绘制出一个矩形框

❻ 按照相同的方法在其他分类图片上绘制出一个矩形框，效果如图 3-13 所示。

图 3-13　在其他图片上绘制矩形框

❼ 在页面上方的“选项”面板中设置“填充颜色”为“白色”、“不描边”，然后在最左边的分类图片上绘制出一个矩形框，并在“图层”面板中设置“不透明度”为“65%”，效果如图 3-14 所示。

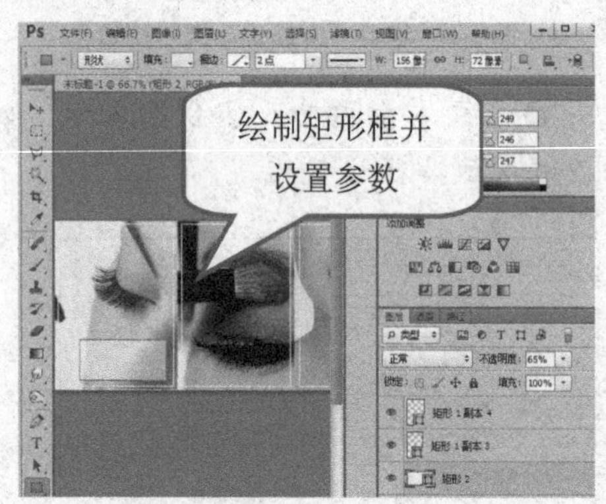


图 3-14　绘制矩形框并设置参数

❽ 按照相同的方法在其他分类图片上绘制出一个矩形框，效果如图 3-15 所示。

图 3-15　在其他图片上绘制矩形框

❾ 按“T”键启用“横排文字工具”。在各个矩形框上输入相应分类的中文名称，并设置字体为“微软雅黑”、字号为“24 点”、字体颜色为“黑色”，效果如图 3-16 所示。

图 3-16　输入中文名称并设置字体

❿ 在每个中文名称下方输入相应的英文名称，并设置字体为“微软雅黑”、字号为“14 点”、字体颜色为“黑色”，效果如图 3-17 所示。

图 3-17　输入英文名称并设置字体

⓫ 按“Shift+Ctrl+S”组合键，将设计好的图片以 GIF、JPG、JPEG 或 PNG 的格式保存。

# 3.2　图片空间让图片分门别类

卖家可以将相同类别的图片保存在一个文件夹里，也可以根据店铺装修需要将图片分门别类。

## 3.2.1　图片空间管理宝贝图片

卖家可以将同类图片保存在同一个文件夹里，便于管理和使用。

### 1. 创建文件夹

创建文件夹的具体操作步骤如下。

❶ 单击“店铺管理”标签下的“图片空间”链接（见图 3-18），进入“图片空间”页面。

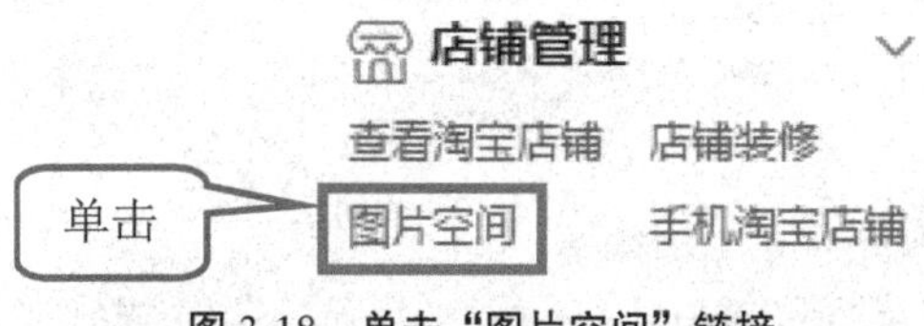


图 3-18　单击“图片空间”链接

❷ 该页面中展示了图片空间的功能，如图 3-19 所示。

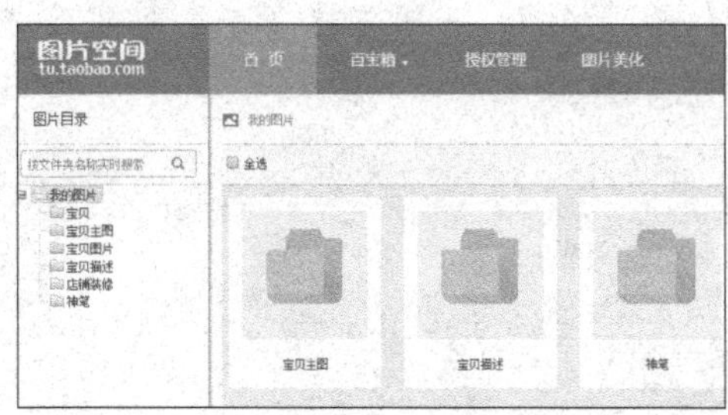


图 3-19　图片空间页面

❸ 单击“新建文件夹”按钮（见图 3-20），弹出“新建文件夹”对话框。

图 3-20　单击“新建文件夹”按钮

❹ 在文本框内输入文件夹名称，如“宝贝主图”，单击“确定”按钮，如图 3-21 所示，进入“图片管理”页面。

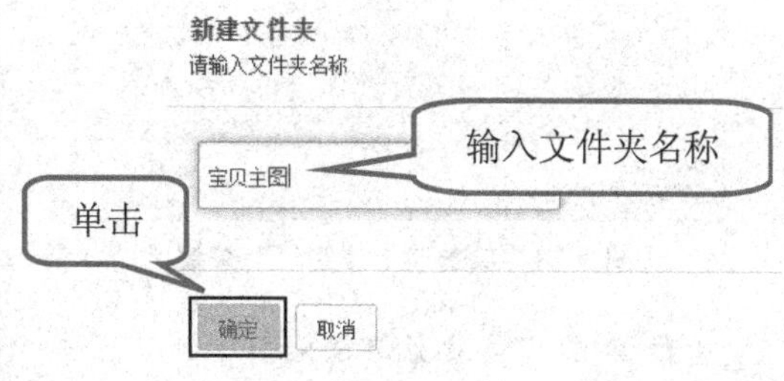


图 3-21　输入文件夹名称并单击“确定”按钮

❺ 宝贝主图文件夹创建成功（见图 3-22）。

图 3-22　宝贝主图文件夹创建成功

**提示**

如果想要重新命名或删除已创建的文件夹，单击“重命名”或“删除”按钮即可。

### 3.2.2　将图片上传到文件夹

下面介绍将图片上传到文件夹的具体操作步骤。

❶ 在“图片管理”页面中选择一个文件夹，如“宝贝主图”，并进入该文件夹。

❷ 单击“上传图片”按钮（见图 3-23），弹出“上传图片”对话框。

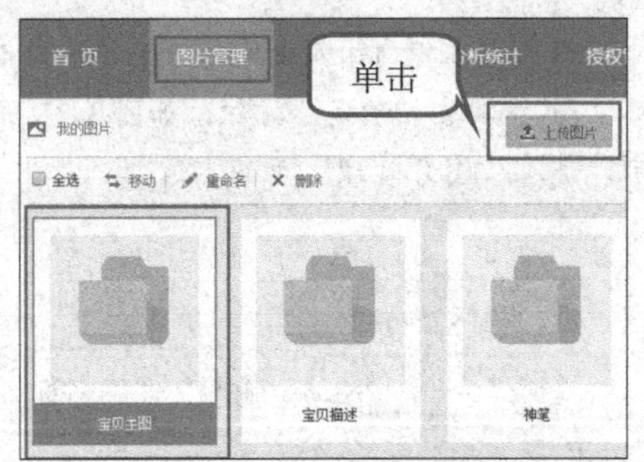


图 3-23　单击“上传图片”按钮

❸ 单击“通用上传”标签下的“点击上传”按钮（见图 3-24），弹出“打开”对话框。

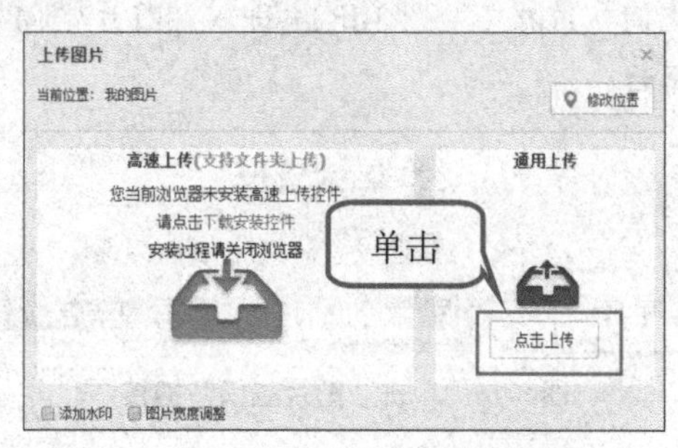


图 3-24　单击“点击上传”按钮

❹ 选择需要上传的宝贝图片后单击“打开”按钮，如图 3-25 所示，即可上传指定图片。

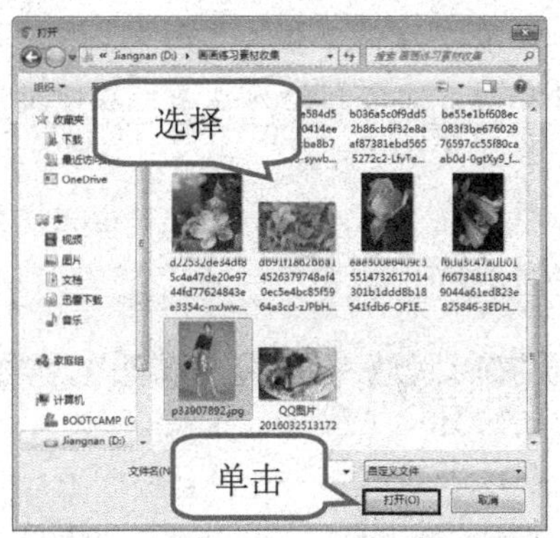


图 3-25 选择需要上传的宝贝图片并单击“打开”按钮

❺ 返回“图片管理”页面，此时可以在“宝贝主图”文件夹中看到已上传的宝贝图片，如图 3-26 所示。

图 3-26 已上传的宝贝图片

**提示**

宝贝图片必须满足以下三点要求方可上传。

（1）图片单张大小必须在 3MB 以下，否则系统会自动压缩图片；自动压缩和宽度调整可能会使图片失真。

（2）必须使用 JPG、JPEG、PNG 和 GIF 四种图片格式之一。

（3）Mac 电脑必须使用通用上传。

### 3.2.3 图片链接和代码的区别

图片空间里的图片既可以直接复制，也可以复制其链接和代码。复制链接是在可视化的状态下进行的，代码复制完可以直接放到源代码里使用。

#### 1. 复制图片链接

复制图片链接的具体操作步骤如下。

❶ 在图片管理页面中找到需要复制图片链接的宝贝图片，将鼠标指针放在该图片的下方，直至出现三个不同的按钮，即“复制图片”“复制链接”和“复制代码”。单击“复制链接”按钮（见图 3-27），即可复制该图片的链接地址。

图 3-27 单击“复制链接”按钮

❷ 单击“添加图片”按钮后会出现图 3-28 所示的弹窗，选中“内部图片地址”单选按钮，即可将刚复制的图片链接粘贴到地址框里，单击“确定”按钮即可。

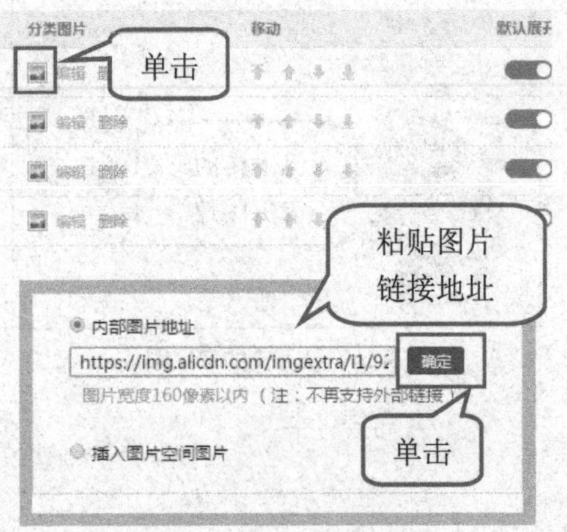


图 3-28　粘贴图片链接地址

## 2. 复制图片

复制图片的具体操作步骤如下。

❶ 单击“复制图片”按钮（见图 3-29），即可复制该图片。

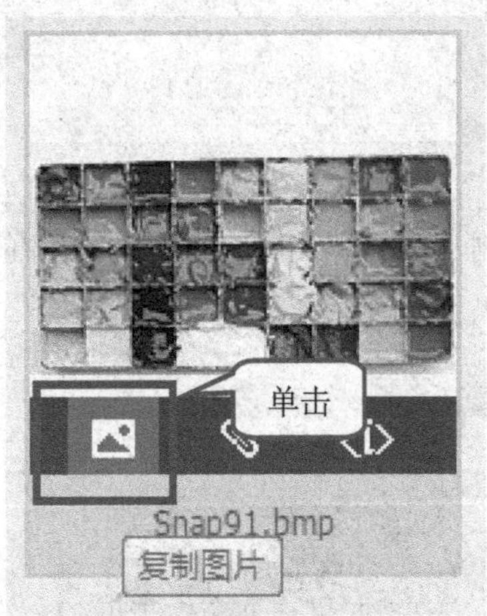


图 3-29　单击“复制图片”按钮

❷ 在“店铺招牌”页面中，在“自定义内容”下的文本框内右击，在弹出的快捷菜单中选择“粘贴”命令，如图 3-30 所示，即可将该图片粘贴到文本框里，效果图 3-31 所示。

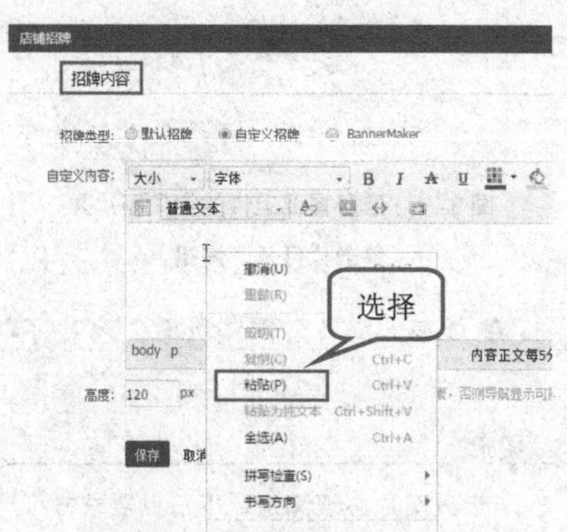


图 3-30　选择“粘贴”命令

图 3-31　粘贴过来的图片

### 3.2.4 用美图秀秀轻松美化宝贝图片

美图秀秀是淘宝网图片空间里的一款图片处理软件，其优点是简单、易操作。通过美图秀秀软件美化宝贝图片的具体操作步骤如下。

❶ 在“图片管理”页面中单击“百宝箱”右侧的下拉按钮，在弹出的下拉列表中选择“美图秀秀”选项（见图 3-32），进入授权登录页面。

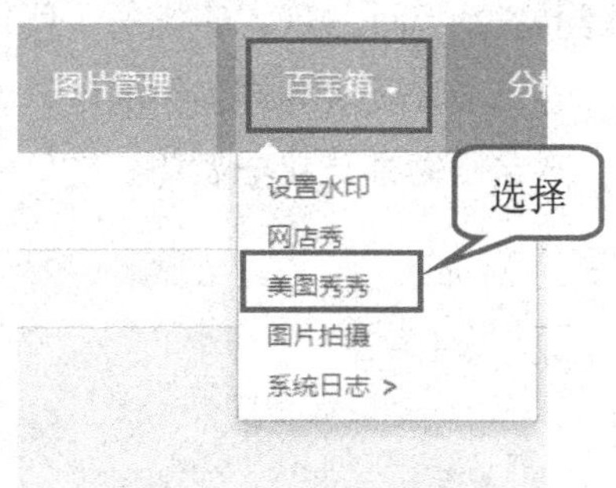


图 3-32 选择“美图秀秀”选项

❷ 单击“授权并登录”按钮（见图 3-33），即可登录美图秀秀。

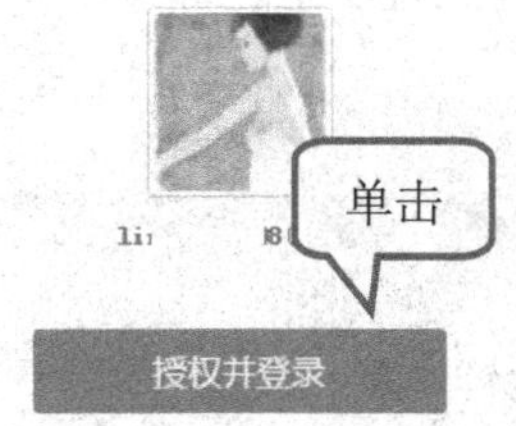


图 3-33 单击“授权并登录”按钮

❸ 在“选择图片”对话框中选择需要美化的图片，然后单击“确定”按钮，如图 3-34 所示，即可插入该图片。

图 3-34 选择需要美化的图片并单击“确定”按钮

❹ 在“基础编辑”选项卡中可以调整图片的亮度、对比度、色彩饱和度和清晰度，直至获得最佳的显示效果，如图 3-35 所示。

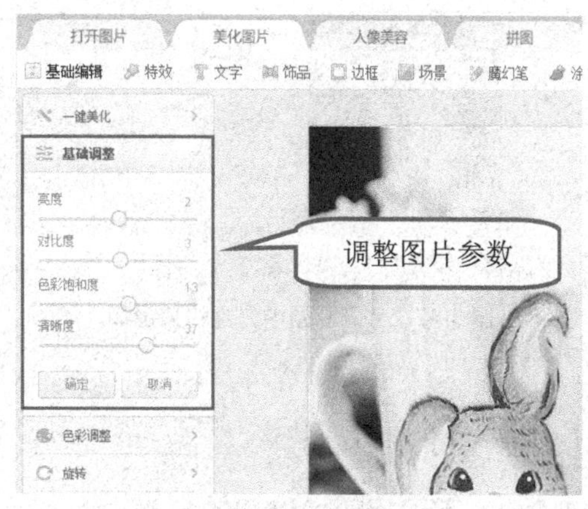


图 3-35 调整图片参数

# 3.3 宝贝标题的设置技巧

发布宝贝之前，卖家需要为宝贝设置标题，标题应该由可以帮助店铺引流的关键词组成。标题关键词本身没有权重，权重是由店铺和产品的表现决定的。淘宝网通过数据分析优化宝贝标题的目的是将合适的顾客群和产品匹配起来，让数据表现更好，从而提高关键词权重，提升店铺流量。

## 3.3.1 宝贝标题的组成

大多数顾客在淘宝网上购物时都是通过搜索关键词找到宝贝并进入店铺的，所以优化宝贝标题很关键，宝贝标题的优化程度决定着宝贝的热销程度及其排名情况。只要宝贝标题中包含搜索量大且与宝贝本身匹配的关键词，该宝贝的排名就会靠前。宝贝标题的组成如图 3-36 所示。

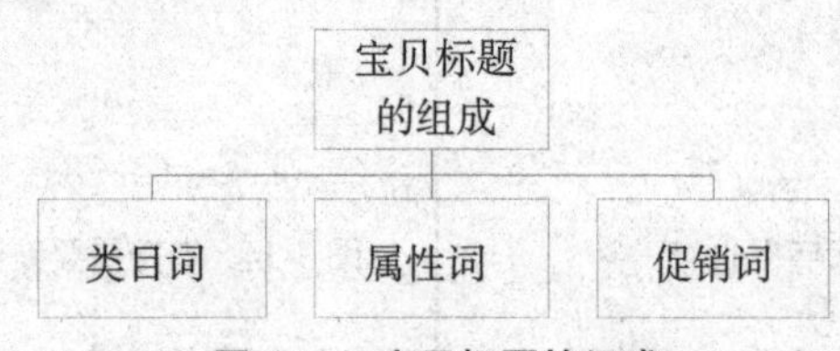


**图 3-36　宝贝标题的组成**

图 3-37 所示的宝贝标题中包含品牌名称，属性词有“耳机”“入耳式”等。

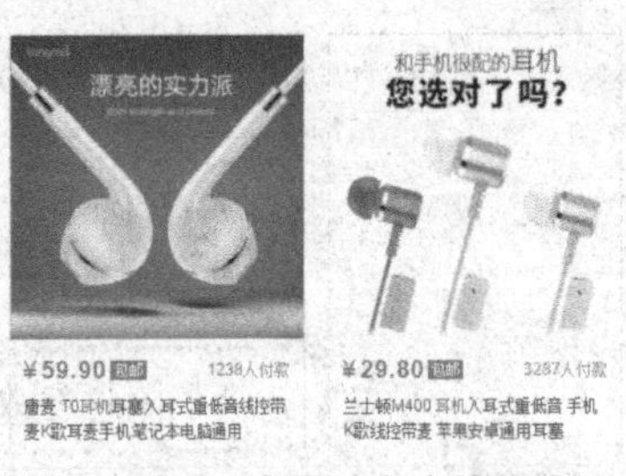


**图 3-37　宝贝标题中包含的关键词**

所谓标题相关，是指如果宝贝标题中包含买家搜索的关键词，该宝贝就会在搜索结果页面获得展示，如图 3-38 所示。

**图 3-38　宝贝标题关键词的搜索结果**

## 3.3.2 宝贝标题关键词的分类

表 3-1 为宝贝标题关键词的分类，其中标题关键词又可分为属性、促销、评价和品牌关键词这四类。

**表 3-1 宝贝标题关键词的分类**

<table>
<tr><th>标题关键词</th><th>店铺关键词</th></tr>
<tr><td>属性、促销、评价、品牌</td><td rowspan="2">决定着宝贝的展示和竞争平台，综合实力才是最终的硬实力，也就是成交额、浏览量以及好评率的综合情况</td></tr>
<tr><td>影响宝贝被顾客搜索到的概率，宝贝在搜索结果中的排名取决于宝贝在该关键词的搜索结果中的综合实力排名</td></tr>
</table>

图 3-39 所示的宝贝标题中包含品牌关键词（如“鄂尔多斯”）。图 3-40 所示的宝贝标题中包含促销关键词（如“正品包邮”“天天特价”）。

图 3-39 宝贝标题中包含品牌关键词

图 3-40 宝贝标题中包含促销关键词

图 3-41 所示的宝贝标题中包含评价关键词（如“热销”）。

图 3-41 宝贝标题中包含评价关键词

**提示**

卖家要从顾客的角度挖掘关键词，只有满足顾客的心理需求，才能让自己的宝贝在众多商品中脱颖而出。

### 3.3.3 获取关键词的途径

关键词能够向顾客传达产品的特性，但它不能直接出现在宝贝标题中。如果直接用核心词来组合宝贝标题，当宝贝权重达不到该词的竞争度时，宝贝就很难展示在搜索页面上。所以，卖家需要根据数据分析结果来组合宝贝标题，从而提升宝贝标题关键词的展现量，进而提升宝贝的点击量和成交量。卖家获取关键词的五个途径如图 3-42 所示。

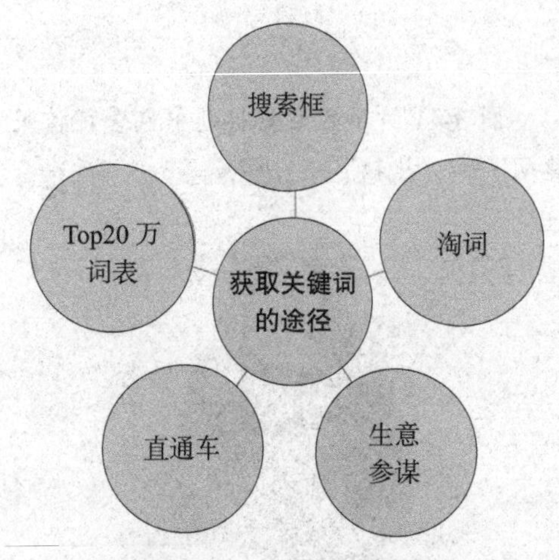


图 3-42 获取关键词的途径

#### 1. 搜索框

类目相关是在淘宝搜索筛选所需宝贝时的第一道门槛，顾客在搜索框内输入相关类目关键词时，如“围巾”（见图 3-43），下拉列表中会显示所有与之相关的关键词。

图 3-43 搜索框内输入“围巾”

#### 2. 淘词

淘词提供了淘宝全网所有买家键入的原始搜索字、原始搜索词的数据分析。卖家可以对关注的关键字、关键词组进行全方位检测，如图 3-44 所示。淘词给广大淘宝卖家提供了一个良好的选词平台。淘词助手不仅价格优惠，而且内容详细，是卖家首选的选词工具。

全网搜索关键词查询 | [illegible] | 关联热词

全网关键词排行

| 序号 | 关键词 | 搜索人气 | 搜索指数 | 占比 | 点击指数 | 商城点击占比 |
|---|---|---|---|---|---|---|
| 1 | 视频制作 | 1,181 | 2,469 | 5.32% | 2,013 | 3.02% |
| 2 | 视频 | 1,023 | 1,401 | 2.98% | 770 | 8.62% |
| 3 | 腾讯视频会员 | 805 | 992 | 2.1% | 1,069 | 1.87% |
| 4 | [illegible] | 739 | 877 | 1.85% | 1,481 | 1.51% |
| 5 | [illegible] | 592 | 919 | 1.94% | 1,222 | 7.01% |
| 6 | [illegible] | 505 | 522 | 1.09% | 200 | 4.93% |
| 7 | [illegible] | 379 | 492 | 1.02% | 171 | 6.32% |
| 8 | 腾讯视频 | 317 | 382 | 0.79% | 398 | 0.44% |
| 9 | 视频剪辑 | 297 | 315 | 0.65% | 572 | 0.31% |
| 10 | 视频故事机 | 236 | 307 | 0.63% | 280 | 43.95% |
| 11 | [illegible] | 230 | 263 | 0.54% | 370 | 0.24% |

图 3-44 淘词

#### 3. 直通车和 Top20 万词表

直通车的系统推荐词以及淘宝网定期发布的 Top20 万词表中提供了大量的关键词，卖家应该多花时间和精力去收集、整理这些关键词。

图 3-45 为淘宝网官方发布的 2016 年 6 月 1 日的移动端 Top20 万词表的部分数据截图。

| | A | B | C | D | E |
|---|---|---|---|---|---|
| 1 | 投放平台 | 关键词 | 一级类目 | 二级类目 | 三级类目 |
| 2 | 无线站内 | 连衣裙 | 女装/女士 | 连衣裙 | |
| 3 | 无线站内 | 女凉鞋 | 女鞋 | 凉鞋 | |
| 4 | 无线站内 | 蚊帐 | 床上用品 | 蚊帐 | |
| 5 | 无线站内 | 连衣裙夏 | 女装/女士 | 连衣裙 | |
| 6 | 无线站内 | 女t恤 | 女装/女士 | T恤 | |
| 7 | 无线站内 | 魅族魅蓝n | 手机 | | |
| 8 | 无线站内 | v领衬衫 | 女装/女士 | 衬衫 | |
| 9 | 无线站内 | 孕妇连衣 | 孕妇装/孕 | 孕妇装 | 连衣裙 |
| 10 | 无线站内 | 移动4g手 | 手机 | | |
| 11 | 无线站内 | 背带裙 | 女装/女士 | 连衣裙 | |
| 12 | 无线站内 | 充电宝 | 3C数码配 | 移动电源 | |
| 13 | 无线站内 | 夏季孕妇 | 孕妇装/孕 | 孕妇装 | 连衣裙 |
| 14 | 无线站内 | 男鞋 | 流行男鞋 | 低帮鞋 | |
| 15 | 无线站内 | 手机 | 手机 | | |
| 16 | 无线站内 | 防晒衣 女 | 女装/女士 | 短外套 | |
| 17 | 无线站内 | 短袖女t恤 | 女装/女士 | T恤 | |
| 18 | 无线站内 | 情侣装 | 女装/女士 | T恤 | |
| 19 | 无线站内 | 沙发 | 住宅家具 | 沙发类 | 布艺沙发 |
| 20 | 无线站内 | t恤男短袖 | 男装 | T恤 | |
| 21 | 无线站内 | 凉鞋 | 女鞋 | 凉鞋 | |
| 22 | 无线站内 | 4g智能手 | 手机 | | |
| 23 | 无线站内 | 多肉植物 | 鲜花速递/ | 花卉/绿植 | 多肉植物 |
| 24 | 无线站内 | 零食大礼 | 零食/坚果 | 饼干/膨化 | 膨化食品 |
| 25 | 无线站内 | 鱼竿 | 户外/登山 | 垂钓装备 | 钓竿 |

**图 3-45　移动端 Top20 万词表的部分数据截图**

### 3.3.4　合理设置宝贝属性

属性是影响相关度的重要因素，尤其在获取前台类目流量方面。前台类目的设置一般与后台类目不完全对应，而是选取相应后台类目中具备某些属性的宝贝，再进行排序。如果宝贝属性填写不完整或填写错误，前台类目调用宝贝时就会漏掉卖家设置的宝贝，使其错过类目浏览展示的机会。

图 3-46 为淘宝网首页展示的类目属性，我们在“童装玩具”宝贝类目下可以看到诸如“演出服”“积木”“儿童自行车”等相关类目属性关键词。

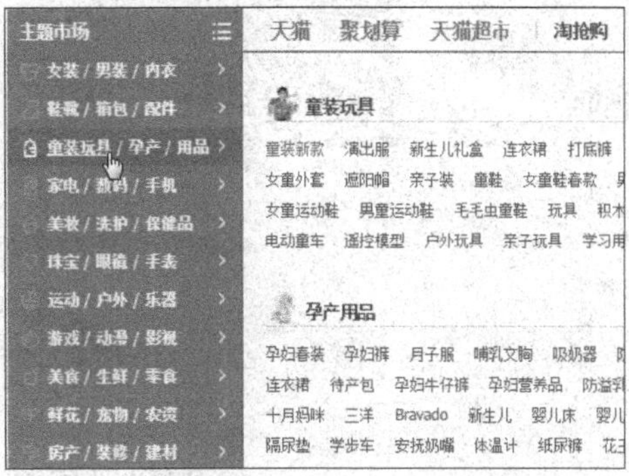

**图 3-46　淘宝网首页展示的类目属性**

图 3-47 为淘宝网孕婴童频道下“儿童玩具”标签下展示的所有宝贝类目属性。当顾客选择“拼装积木”属性词时，会进入属性关键词中包含“拼装积木”的宝贝的搜索结果页面。

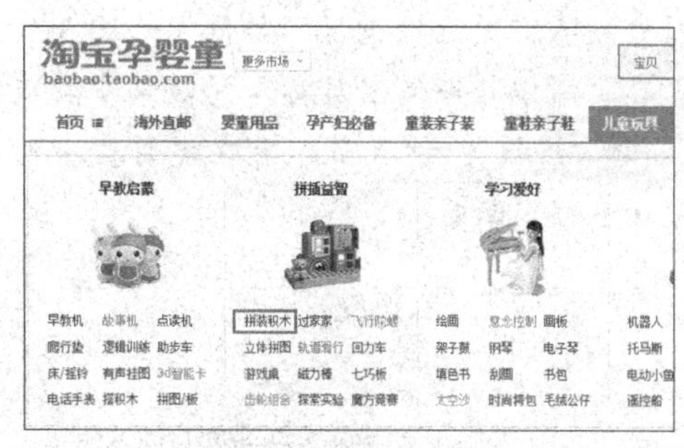


**图 3-47　查找属性词**

进一步细化宝贝属性时，如单击“拼图 / 拼板”链接（见图 3-48），就会进入该宝贝类目属性的搜索页面。在该页面中可以看到与之相关的所有宝贝（见图 3-49）。

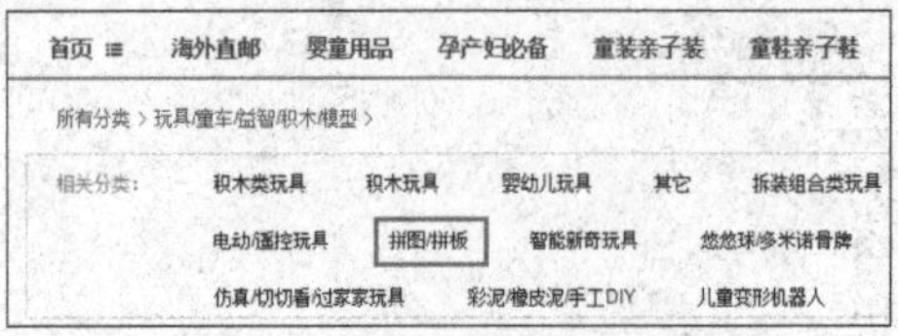

图 3-48　单击“拼图 / 拼板”链接

图 3-49　所有相关宝贝

宝贝属性准确与否直接影响宝贝被顾客搜索到的概率。即使宝贝标题中没有标示红色属性关键词，也不会影响其被搜索到的概率。这是因为这里展示出来的宝贝在发布之前已经设置了属性，如图 3-50 所示。所以，即使宝贝标题关键词中没有“拼图 / 拼板”，该宝贝也会在类目检索时展示在顾客面前。

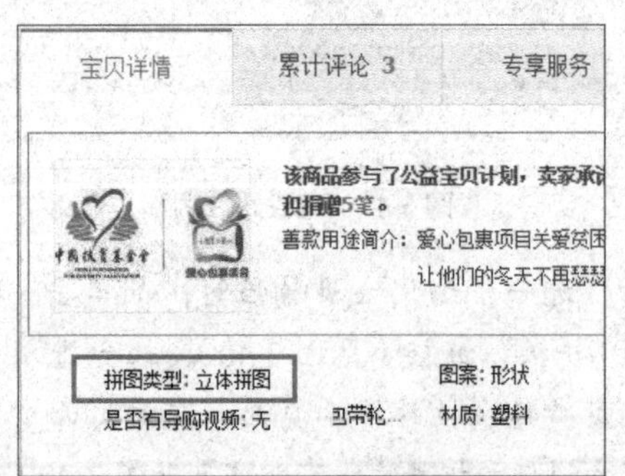


图 3-50　拼图类型

卖家不可随意设置宝贝标题和宝贝属性。如果宝贝属性设置的是“牛仔”，但是宝贝标题关键词写的是“真皮”，这就属于违规作弊，是会被扣分、降权的，也会影响宝贝类目流量。所以，在设置宝贝属性时，需要注意宝贝标题和宝贝属性的相关性。正确填写宝贝属性的示例如图 3-51 所示。

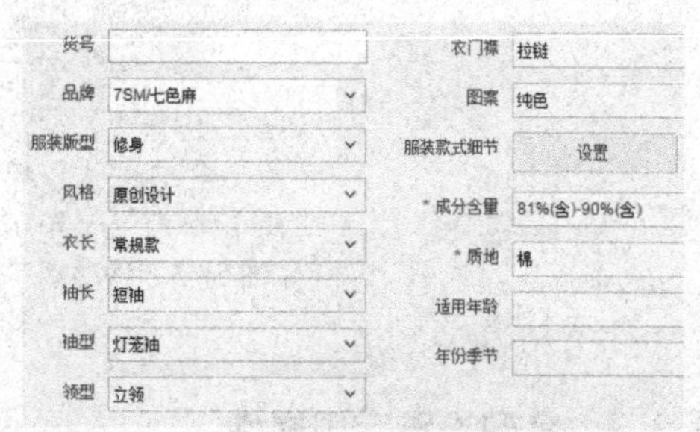


图 3-51　正确填写宝贝属性的示例

## 3.3.5　了解类目

类目相关是在淘宝网搜索筛选所需宝贝时的第一道门槛，顾客在搜索框内输入相关类目关键词并搜索时，如“防蚊液”，可以看到最终的搜索结果（见图 3-52），系统的类目默认是宝宝用品。

图 3-52　“防蚊液”的搜索结果

如果在搜索内输入“防蚊液 成人”并单击“搜索”按钮，可以看到图 3-53 所示的搜索结果。我们可以看到这样搜索出来的防蚊液属于户外类目。所以，卖家需要为宝贝选择合适、正确的类目。

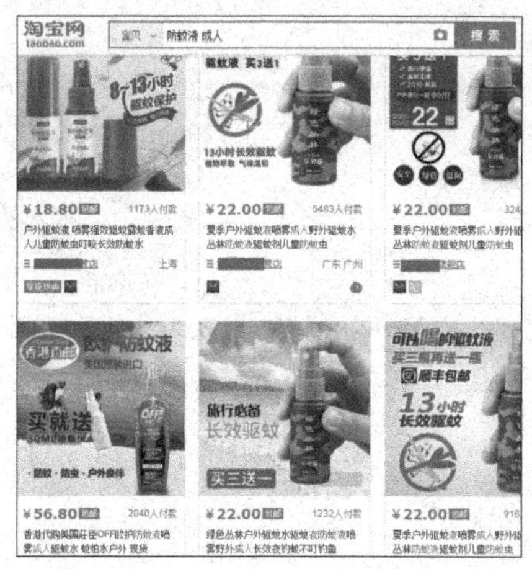

图 3-53　“防蚊液 成人”的搜索结果

从上述搜索展示结果来看，顾客搜索需求（关键词）在淘宝类目里会有一个最优类目与之对应。如果宝贝符合顾客搜索需求，但发布类目却不是最优类目，该宝贝就无法优先展示给顾客。卖家在发布宝贝时，可以在第一个页面中设置宝贝的类目属性。

# 第 4 章

# 视觉营销的基础知识和技能

为了获得更好的视觉营销效果，卖家应该拍摄真实感强的商品照片，并合理地设计构图。

卖家应该掌握基本的构图技巧，以及常见商品的拍摄技巧。本章将介绍如何选择合适的拍摄器材，如何拍摄出令人满意的商品图，并重点介绍光影魔术手这一修图工具。

## 4.1 选择合适的摄影器材

要想拍摄出满意的宝贝照片，卖家首先要根据自身的实际情况选择一部合适的相机。本节将介绍目前市场上主流的三种相机。为了配合相机拍摄出更满意的照片，卖家需要选购三脚架，使拍摄出来的宝贝照片更加清晰。

### 4.1.1 选择合适的相机

想要拍摄出令人满意的宝贝照片，选择一部合适的相机是第一步。

#### 1. 卡片相机

卡片相机是一种小型数码相机（见图 4-1），较轻的机身以及超薄时尚的设计是此类相机的主要特点。对预算有限的中小卖家来说，卡片相机是首选。

卡片相机的曝光补偿功能拥有超薄数码相机的标准配置，再加上区域或点测光模式，卡片相机完全能够拍摄出令人满意的宝贝照片。

图 4-1 卡片相机

#### 2. 单反相机

想要拍摄出更加专业的照片，首选单反相机。单反相机的全称即单镜头反光式取景照相机，如图 4-2 所示。单反相机是用单镜头并通过此镜头反光取景的。为了追求更好的拍摄效果，专业摄影师会定期更换相机镜头。

虽然单反相机拍摄出来的宝贝照片效果非常好，但是其价格比较昂贵，而且不便于携带，操作比较复杂。

图 4-2 单反相机

#### 3. 微单相机

微单相机是介于单反相机和卡片相机之间的一种跨界产品，如图 4-3 所示。

微单相机采用与单反相机相同规格的传感器，取消了单反相机上的光学取景器构成元件，没有了棱镜与反光镜结构，大大缩小了镜头卡口到感光元件的距离，也能够拍摄出令人满意的宝贝照片。

图 4-3 微单相机

**提示**

如果卖家是以他人代销的方式开网店，那么商品图片都是由代销商提供，卖家就不需要购买拍摄器材了。

### 4.1.2　宝贝拍摄要“稳”

人们在使用数码相机拍摄照片时容易忽略三脚架。三脚架的主要作用是稳定照相机，以保证摄影效果，最常见的就是在长曝光中使用三脚架。在拍摄夜景或带涌动轨迹的照片时，往往需要更长的曝光时间，这时要想让数码相机不抖动，就需要三脚架的帮助。

图 4-4 为将数码相机固定在三脚架顶端以及收缩三脚架后的效果。

图 4-4　三脚架

## 4.2　简单实用的构图技巧

在拍摄宝贝照片时，除了需要遵循构图的基本原理，还需要掌握一定的构图技巧，针对适合的主体与陪体景物，适当选用其一，以起到锦上添花的效果。这些实用的构图技巧并非必需的手法，应酌情使用，宁缺毋滥，以免画蛇添足。

### 4.2.1　经典的黄金分割构图

黄金分割是指将整体一分为二，较大部分与整体部分的比值等于较小部分与较大部分的比值，其比值约为 0.618。该比例被公认为是美感最强的比例，因此被称为黄金分割。采用黄金分割点构图可以使图片获得更佳的视觉效果，吸引更多顾客的眼球。

图 4-5 为黄金分割图例示意图，可以看到视觉焦点 C 并不在 A 和 B 的中间位置。

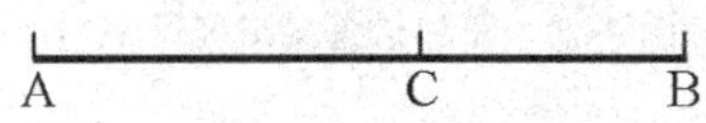


图 4-5　黄金分割图例示意图

图 4-6 中将宝贝图片和文案结合设计，宝贝图片靠左，文案靠右，整体视觉效果充满了美感。

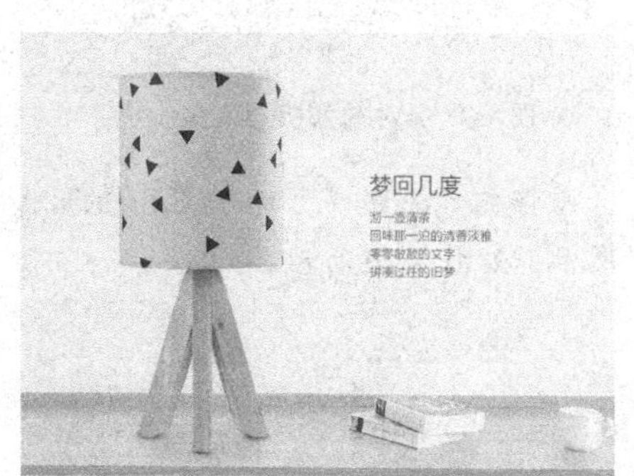


图 4-6　黄金分割构图设计（1）

图4-7中宝贝图片靠右，文案靠左，视觉效果也不错。

图 4-7 黄金分割点构图设计（2）

至于服饰类、鞋靴类产品的主图设计，可以将品牌、店铺名称放在图片的左上角，右侧用于展示宝贝图片，如图4-8所示。

图 4-8 黄金分割构图设计（3）

### 4.2.2 正中位置突出宝贝

卖家除了可以采用黄金分割构图，还可以在图片的正中位置展示宝贝，同时虚化图片背景，以突出宝贝。

图4-9为食品的促销图设计效果，宝贝在图片的正中位置展示。

图 4-9 正中位置突出宝贝（1）

服饰类产品同样可以在图片的正中位置展示，如图4-10所示。

图 4-10 正中位置突出宝贝（2）

### 4.2.3　对角线构图

对角线构图既随意又有创意，卖家可以尽情发挥自己的想象力，用对角线构图拍摄出令人满意的宝贝照片。

图 4-11 为对角线构图示例。

图 4-11　对角线构图图例

图 4-12 为户外用品采用对角线构图的照片，其视觉效果十分强烈。

图 4-12　对角线构图（1）

图 4-13 为某食品的对角线构图设计效果。

图 4-13　对角线构图（2）

### 4.2.4　留白让构图更艺术

为了更好地向顾客展示自己的宝贝，卖家在设计宝贝图片时可以适当留白，这样能够更突出宝贝。

#### 1. 留白的美学原理

留白不等于空白，留白也是一种构图手法。对比是摄影时最常见的一种手法，而留白构图也是一种对比手法，也就是丰富的主体与极简的背景环境进行强烈的对比。这样的构图方法可以有效地突出主体，集中顾客的注意力。

#### 2. 留白的技巧

不同的留白面积会让图片整体产生不同的效果，表 4-1 介绍了留白面积和主体面积大小的关系，以及不同面积留白的作用。切忌让留白面积与主体面积平均划分画面，这样不仅会让留白失去作用，还会让画面显得过于平淡。

表 4-1　留白面积与主体面积的大小关系

| S 留白 >S 主体 | S 主体 >S 留白 |
|---|---|
| 画面更清灵俊秀，能够更好地传达意境 | 引导观者更关注主体 |

3. 留白图片设计

图 4-14 为灯具产品的留白构图设计效果，图片中左侧展示产品，右侧为文案，背景采用浅灰色可以衬托出产品本身的特性。

图 4-14　留白构图设计示例

提示

服饰类和鞋靴类商品的图片设计经常会采用大面积留白。

## 4.2.5　虚实结合构图

为了更好地展示商品，卖家可以采用虚实结合构图法。

1. 虚化背景突出宝贝

很多卖家会将宝贝放在完整的场景中拍摄，如果不具备熟练的修图技巧，复杂的背景处理起来非常麻烦。这时卖家可以在拍摄宝贝照片时将背景虚化，这样能够更好地突出宝贝。

图 4-15 为餐具类宝贝的背景虚实处理效果。

图 4-15　餐具类宝贝的背景虚实处理效果

2. 虚化次要物品衬托宝贝

如果卖家将多个宝贝依次排开进行拍摄，或者将其他类似宝贝放在同一个画面中取景，就更需要虚化背景了，否则无法突出宝贝。

图 4-16 为饰品类宝贝的背景虚实处理效果。

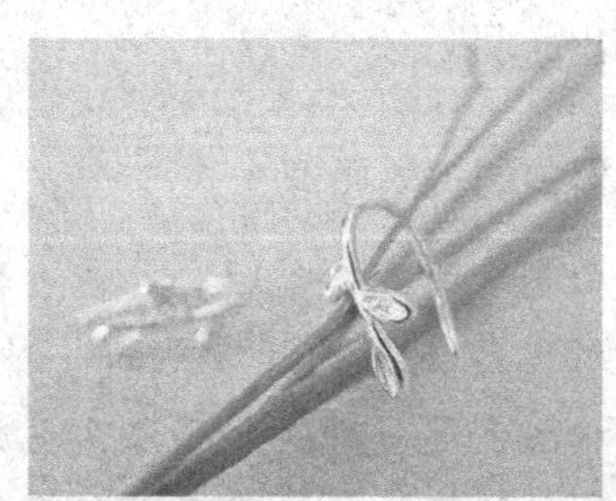

图 4-16　饰品类宝贝的背景虚实处理效果

# 4.3 常见商品的拍摄技巧

不同类型宝贝的拍摄方法也不同，如服饰类商品需要拍摄模特图，拍摄珠宝首饰类商品时需要使用微距功能，才能更好地展示饰品的材质和细节。本节将介绍服饰类、珠宝首饰类，以及数码类商品照片的拍摄技巧。

## 4.3.1 拍摄服饰类商品照片

### 1. 模特图

图 4-17 和图 4-18 为模特试穿服装的上身效果。采用这种方式拍摄时，需要有充足的光源，可以在摄影棚内或室外光线充足的地方拍摄。这样拍摄出来的服装色彩还原度较高。

图 4-17　模特图（1）

图 4-18　模特图（2）

### 2. 平铺图

采用这种方式拍摄时，应该选择浅色背景，并根据服装的特性进行摆放。图 4-19 为大衣的各个部位的细节拍摄图。图 4-20 为羽绒马甲的整体拍摄图。

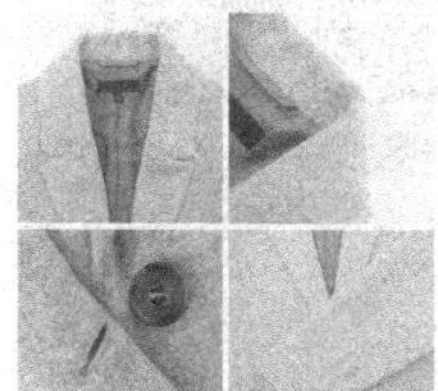

图 4-19　平铺图（1）

图 4-20　平铺图（2）

**提示**

拍摄服饰类商品时，要拍摄出商品的真实材质和颜色。如果拍摄出来的照片严重失真，可能会导致顾客退款或退货。

## 4.3.2 拍摄珠宝首饰类商品照片

### 1. 白底图和黑底图

采用这种拍摄方式的目的是展示商品的外观和形状，如图 4-21 和图 4-22 所示。

图 4-21　白底图

图 4-22　黑底图

### 2. 融入场景

图 4-23 和图 4-24 为置于场景中的珠宝饰品拍摄效果，既可以用场景渲染珠宝饰品，也可以拍摄模特佩戴珠宝饰品后的效果。

图4-23　珠宝饰品拍摄（1）

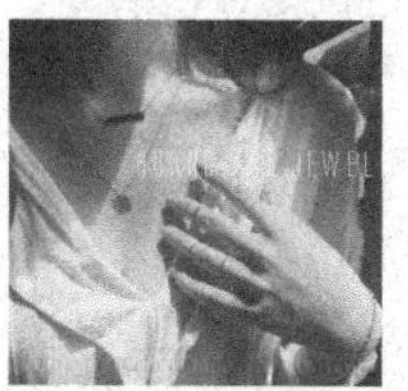

图4-24　珠宝饰品拍摄（2）

### 4.3.3 拍摄数码类商品照片

顾客在购买数码类商品时主要考虑的是其外观和性能，所以卖家要在宝贝详情页面中展示商品的外观，并详细介绍商品的性能、售后服务，以及技术要求等。

图 4-25 所示的是将 U 盘置于使用场景中拍摄，这样更容易让人产生代入感。

图 4-25　数码产品拍摄（1）

拍摄数码类商品时可以只展示产品的外观和款式，如图 4-26 所示。

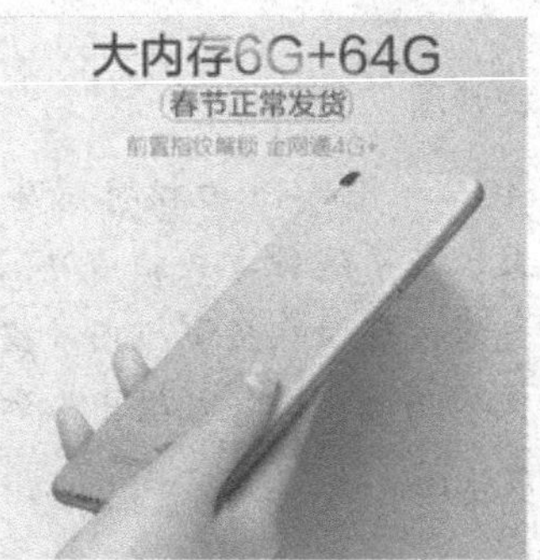


图 4-26　数码产品拍摄（2）

### 4.3.4 学会用手机拍摄宝贝照片

现在手机摄像头的像素越来越高，其拍摄出来的照片并不比卡片相机差。要想用手机拍摄出美观的宝贝照片，必须掌握一定的拍摄技巧。

1. 选手机

选择一部合适的手机是拍摄出优质照片的关键。卖家可以根据光圈、像素、分辨率，以及闪光灯和对焦方式来选择一部合适的手机。

2. 微距功能

现在很多人都会使用手机来记录生活场景，甚至在专业摄影领域使用手机拍照功能。手机的微距拍照功能非常实用，它可以拍摄宝贝的每个细节。

使用手机拍摄照片时需要注意拍照角度，以获得最佳的拍摄效果，如图 4-27 所示。

图 4-27　手机拍摄效果

# 4.4　光影魔术手让修图更简单

光影魔术手是一款针对图像画质进行改善提升及效果处理的软件。它可以制作出专业胶片摄影的效果，而且它拥有强大的批处理功能，是摄影作品后期处理、图片快速美容、数码照片冲印整理时必备的图像处理软件之一。

## 4.4.1　将照片保存至云盘

卖家可以使用各类云盘来保存自己拍摄出来的宝贝照片。本节将介绍使用百度网盘上传图片的具体操作步骤。

❶ 在百度网盘主页上单击“立即注册”按钮，如图 4-28 所示，进入“注册百度账号”页面。

图 4-28　单击“立即注册”按钮

**提示**

除百度网盘以外，卖家还可以选择网易云存储、360 企业云盘（需要收费）等。卖家也可以付费购买云存储空间。

❷ 输入用户名、手机号、验证码和密码后，单击“注册”按钮，如图 4-29 所示，即可成功注册百度账号。

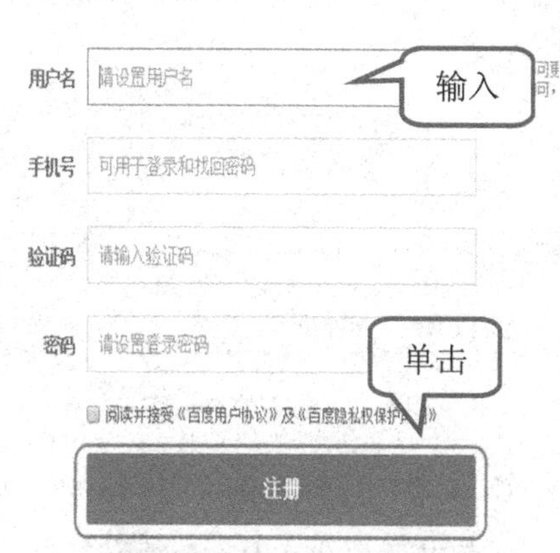


图 4-29　注册百度账号

❸ 输入账户名和密码后，单击“登录”按钮，如图 4-30 所示，进入“百度网盘”页面。

图 4-30　输入账户名和密码并单击“登录”按钮

❹ 在该页面中单击“新建文件夹”按钮（见图 4-31），即可激活文件夹创建状态。

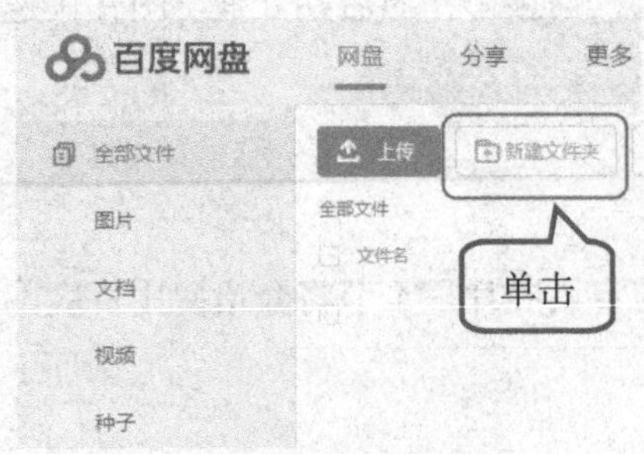


图 4-31　单击“新建文件夹”按钮

❺ 输入文件夹的名称后，单击右侧的“√”按钮，如图 4-32 所示，即可成功创建文件夹。

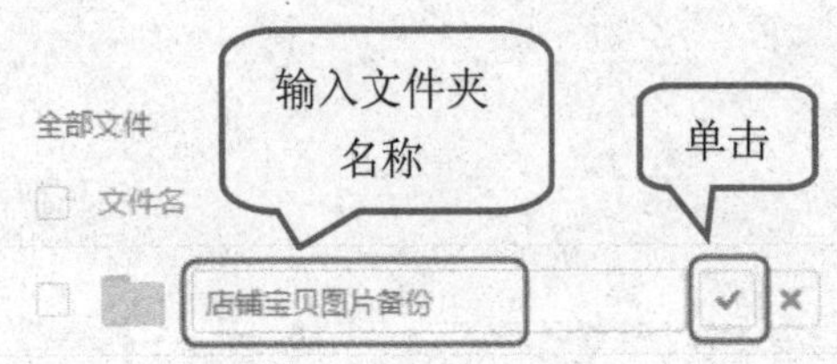


图 4-32　输入文件夹名称

❻ 双击“店铺宝贝图片备份”文件夹，如图 4-33 所示，打开该文件夹。

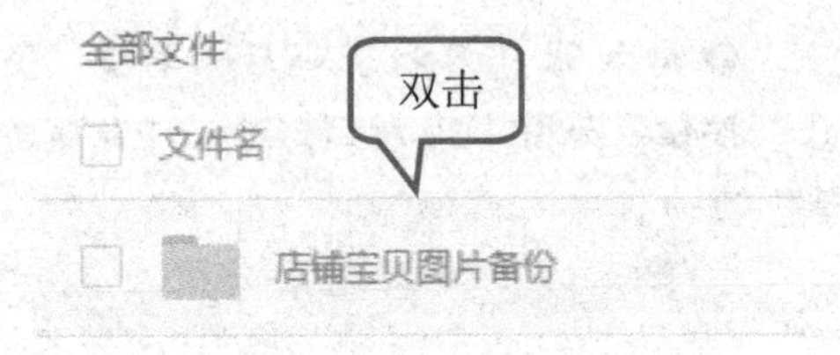


图 4-33　双击“店铺宝贝图片备份”文件夹

❼ 单击“上传”标签下的“上传文件夹”按钮，如图 4-34 所示，弹出“打开”对话框。

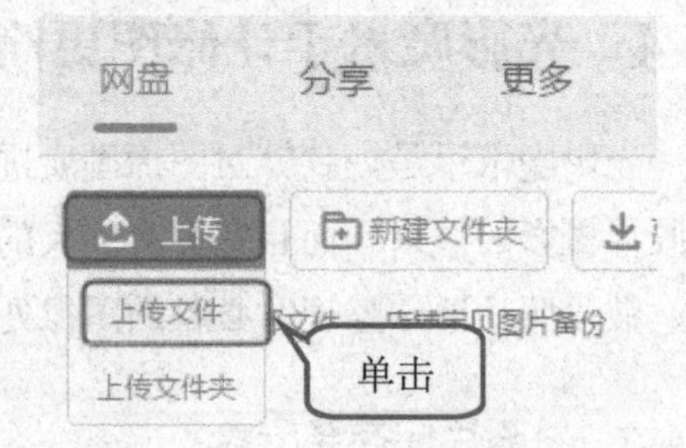


图 4-34　单击“上传文件”按钮

❽ 选择要存储的单张或多张图片后，单击“打开”按钮即可，如图 4-35 所示。

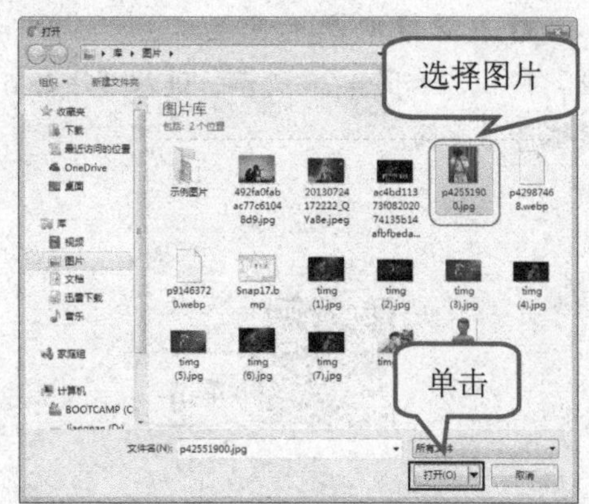


图 4-35　选择要存储的图片并单击“打开”按钮

❾ 此时可以在“店铺宝贝图片备份”文件夹里看到已成功上传的图片，如图 4-36。

图 4-36　图片上传成功

### 4.4.2　裁剪图片的方法

如果图片尺寸过大，卖家可以使用裁剪工具裁剪图片，只保留需要的部分。

#### 1. 裁剪图片

裁剪图片的具体操作步骤如下。

❶ 打开光影魔术手，单击“浏览图片”按钮（见图 4-37），进入图片选择页面。

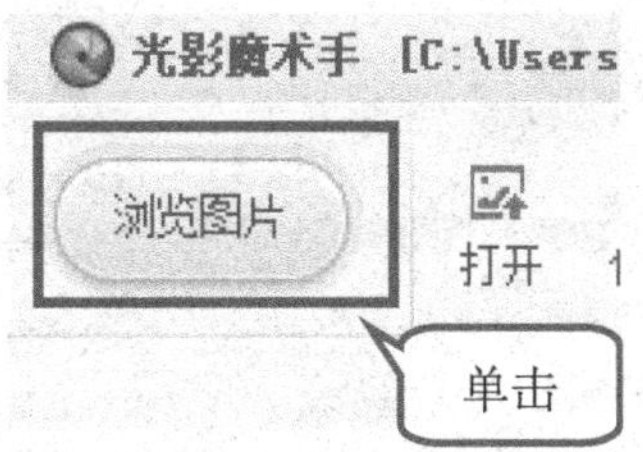


图 4-37　单击“浏览图片”按钮

❷ 在左侧选择需要裁剪的图片所在的文件夹，在右侧图片缩略图浏览列表中选择需要裁剪图片，单击“编辑图片”按钮，如图 4-38 所示，进入图片编辑状态。

图 4-38　单击“编辑图片”按钮

❸ 单击“裁剪”按钮（见图 4-39），进入裁剪状态。

图 4-39　单击“裁剪”按钮

❹ 将鼠标指针放在图片上方，按住鼠标左键拖动，选择一个合适的区域，该区域是将要保存的部分，其他灰色区域部分将被裁剪掉，如图 4-40 所示，单击“确定”按钮即可。

图 4-40　裁剪图片

#### 2. 设置图片的基本参数

卖家可以在图片的右侧面板中重新设置图片的基本参数，也可以通过拖动滑块调整图片的亮度、对比度、色相和饱和度，如图 4-41 所示。

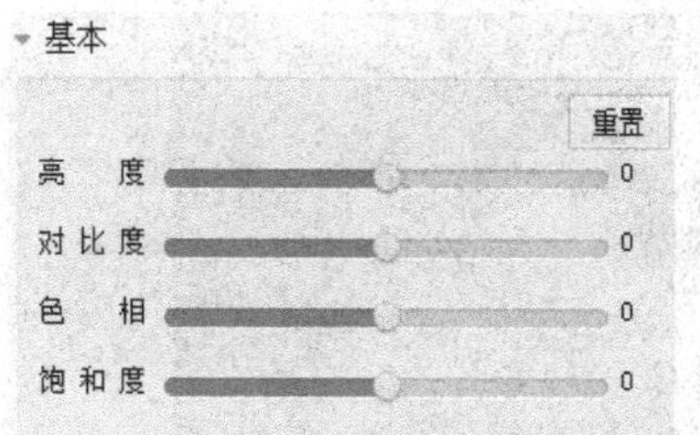


图 4-41　设置图片的基本参数

### 4.4.3 调整数码补光参数

如果拍摄出来的宝贝照片不清晰，卖家可以调整其数码补光参数。具体操作步骤如下。

❶ 选择需要调整的照片，单击“一键设置”选项卡中的“自动曝光”按钮（见图 4-42），打开数码补光设置面板。

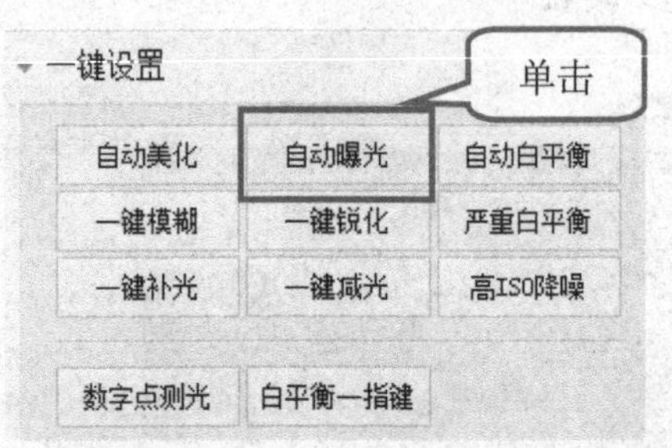


图 4-42 单击“自动曝光”按钮

❷ 通过拖动滑块调整照片的补光亮度、范围选择以及强力追补参数，如图 4-43 所示。

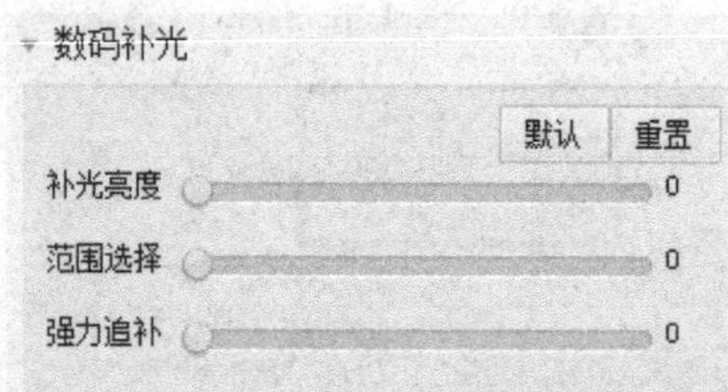


图 4-43 调整数码补光参数

### 4.4.4 抠图方法

下面以玫瑰花为例，介绍抠图的具体操作步骤。

❶ 选择需要抠图的照片，单击工具栏中的“抠图”按钮，在弹出的下拉列表中选择“手动抠图”选项，如图 4-44 所示，进入抠图页面。

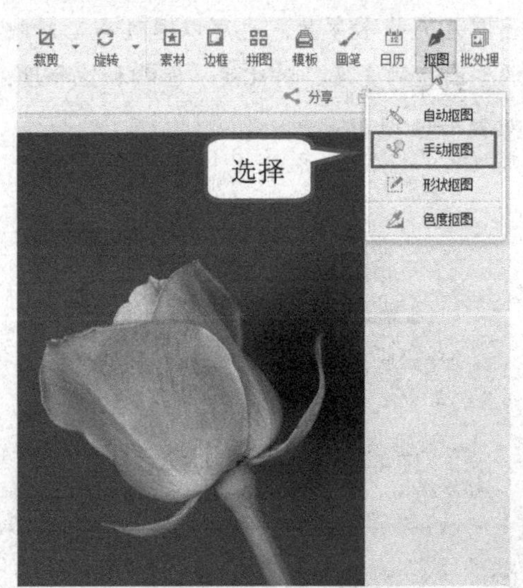


图 4-44 选择“手动抠图”选项

❷ 此时鼠标指针会变成一支铅笔的形状，沿着玫瑰花的边缘拖动鼠标，期间可以通过滚动鼠标中间的滚轮放大或缩小图片，如图 4-45 所示。

图 4-45 沿着玫瑰花的边缘拖动鼠标

❸ 勾勒出要保留的主体部分后，单击“替换背景”按钮，如图 4-46 所示，进入“选择背景”页面。

图 4-46　单击“替换背景”按钮

❹ 在该页面中可以将背景设置为透明或其他指定颜色。单击“确定”按钮（见图 4-47），即可完成商品抠图。

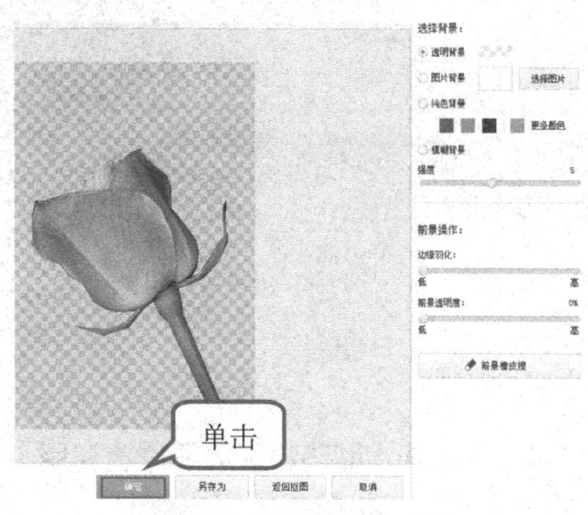


图 4-47　单击“确定”按钮

## 4.4.5　添加图片边框

光影魔术手里提供了大量的图片边框，卖家可以根据实际需要选择。具体操作步骤如下。

❶ 选择需要添加边框的图片，单击工具栏中的“边框”按钮，在弹出的下拉列表中选择“花样边框”选项（见图 4-48），进入边框设置页面。任意选择一个边框，如图 4-49 所示。

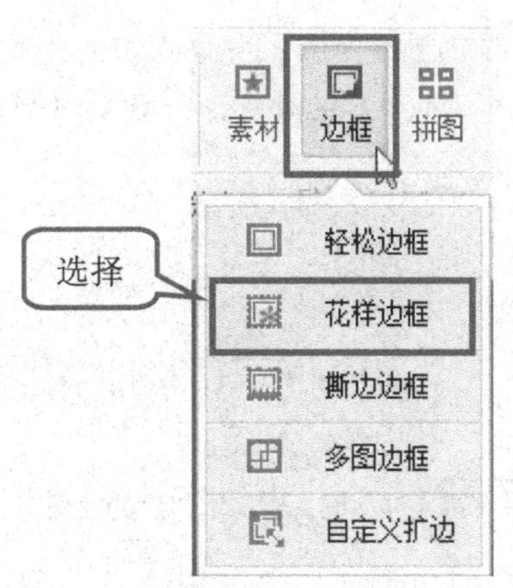


图 4-48　选择“花样边框”选项

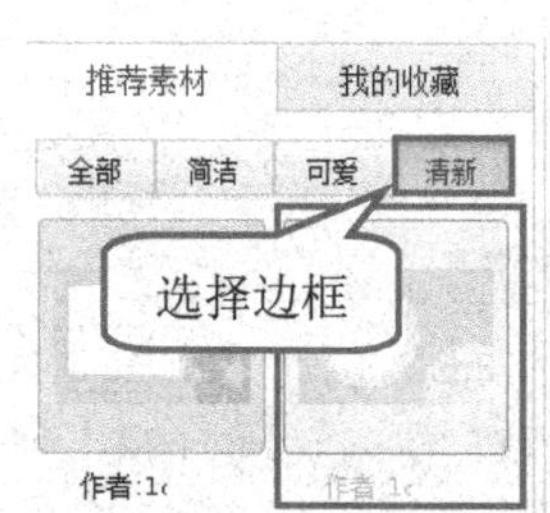


图 4-49　选择边框

❷ 此时页面左侧会显示该边框的预览效果，单击“确定”按钮，如图 4-50 所示，即可为图片添加边框。

图 4-50　单击“确定”按钮

### 4.4.6　添加水印防止宝贝图片被盗用

为了防止宝贝图片被盗用，卖家可以在宝贝图片上添加水印。具体操作步骤如下。

❶ 选择需要添加水印的图片，单击工具栏中的“水印”按钮，打开水印参数列表。单击“添加水印”按钮（见图 4-51），弹出“打开”对话框。

图 4-51　单击“添加水印”按钮

❷ 选择作为水印的图片，单击“打开”按钮，如图 4-52 所示，即可添加该水印图片。

图 4-52　选择水印图片并单击“打开”按钮

❸ 在水印参数列表中将融合模式设置为“正片叠底”，并通过拖动滑块调整水印图片的透明度、旋转角度和水印大小参数，如图 4-53 所示。

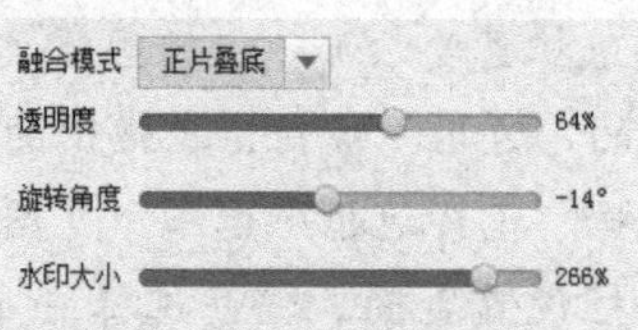

图 4-53　调整水印图片参数

❹ 调整完毕后，可以在页面左侧看到图片添加水印后的效果，如图 4-54 所示。

图 4-54　图片添加水印后的效果

**提示**

卖家可以在图片的空白区域处添加水印，也可以在主体图片上添加水印。

### 4.4.7　在宝贝图片上添加文字描述

为了防止宝贝图片被盗用，卖家除了可以在宝贝图片上添加水印，还可以在宝贝图片上添加文字描述。具体操作步骤如下。

❶ 选择需要添加文字描述的图片，单击工具栏中的“文字”按钮（见图 4-55），打开文字参数设置面板。

图 4-55　单击“文字”按钮

❷ 先在“文字”下的文本框内输入文字内容，再设置字体格式、透明度、旋转角度以及发光和描边参数，如图 4-56 所示。

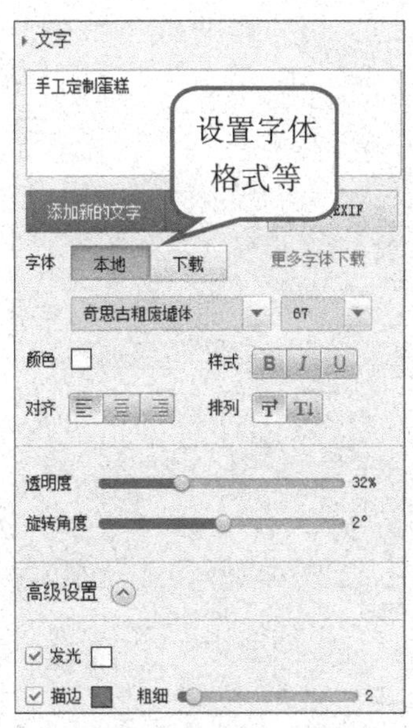


图 4-56　设置字体格式等

❸ 设置完毕后，即可看到宝贝图片添加文字描述后的效果，如图 4-57 所示。

图 4-57　宝贝图片添加文字后的效果

**提示**

要想使用更丰富的字体，卖家可以在相关网站上下载并安装字体。

### 4.4.8 拼接多张宝贝图片全面展示产品

光影魔术手中的自由拼图、模板拼图和图片拼接三大模块为卖家提供了多种拼图模板和图片边框。不同的拼图效果可以产生不同的视觉效果。具体操作步骤如下。

❶ 单击工具栏中的“拼图”按钮，在其下拉列表中选择“模板拼图”选项，如图 4-58 所示。

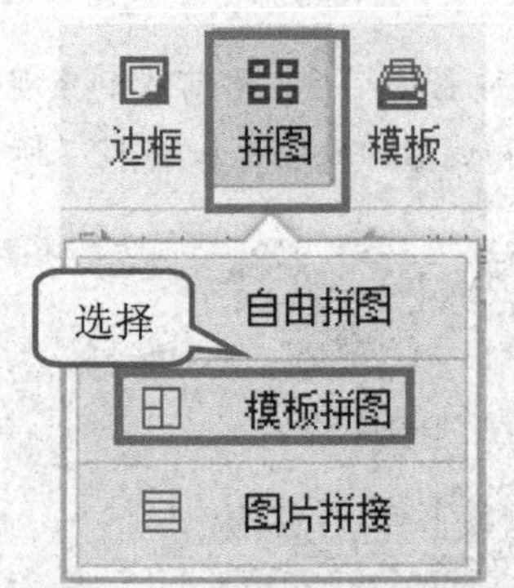


图 4-58 选择“模板拼图”选项

❷ 在“模板”页面中选择一种拼图模板类型，如图 4-59 所示。

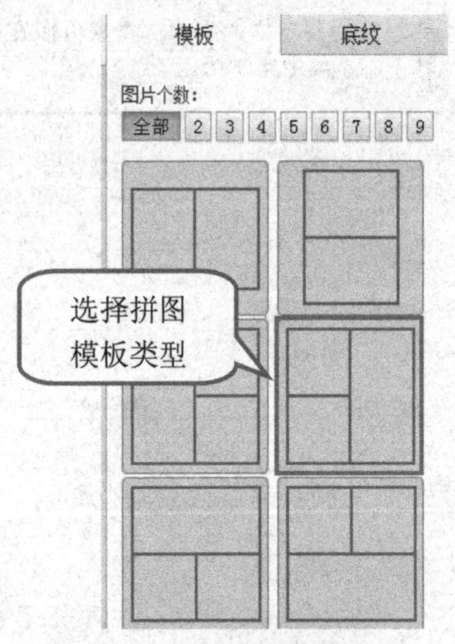


图 4-59 选择拼图模板类型

❸ 添加多张参加拼图的图片后，单击“确定”按钮，即可完成拼图，如图 4-60 所示。

图 4-60 添加多张参加拼图的图片并单击“确定”按钮

### 4.4.9　调整偏色的宝贝照片

如果拍摄出来的宝贝照片偏色，卖家可以通过调整曲线参数、色彩平衡和色阶来还原照片本色。具体操作步骤如下。

❶ 打开曲线参数面板，通过调整曲线的角度来调整图片的亮部和暗部，如图 4-61 所示。

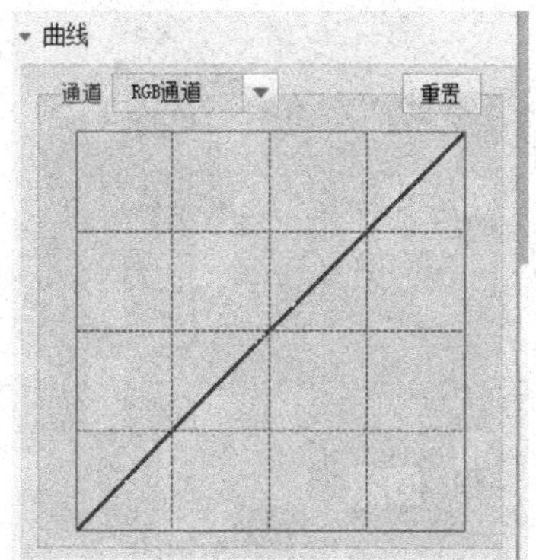


图 4-61　调整曲线的角度

❷ 如果图片的颜色失衡，如偏绿色或偏红色，可以在色彩平衡参数面板中进行调整，如图 4-62 所示。

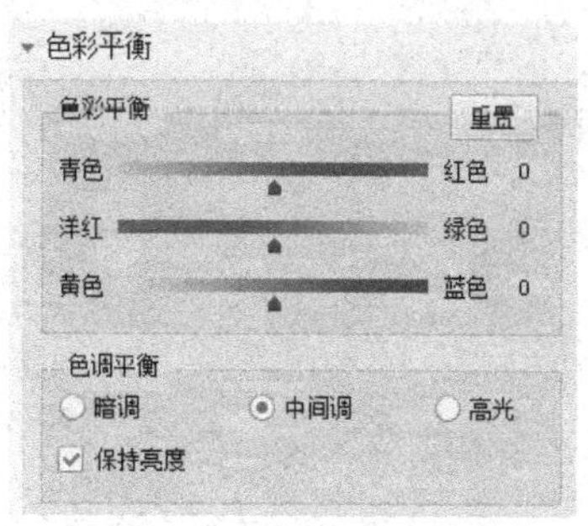


图 4-62　调整色彩平衡参数

❸ 图 4-63 为图片的色阶参数调整面板。

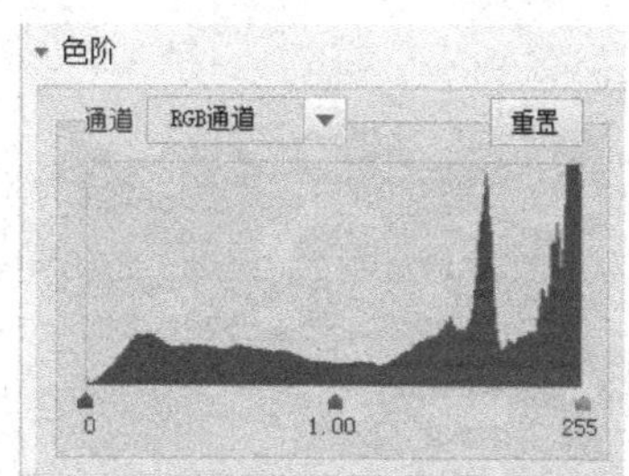


图 4-63　图片的色阶参数调整面板

# 第 5 章

# 简单实用的店铺装修方法

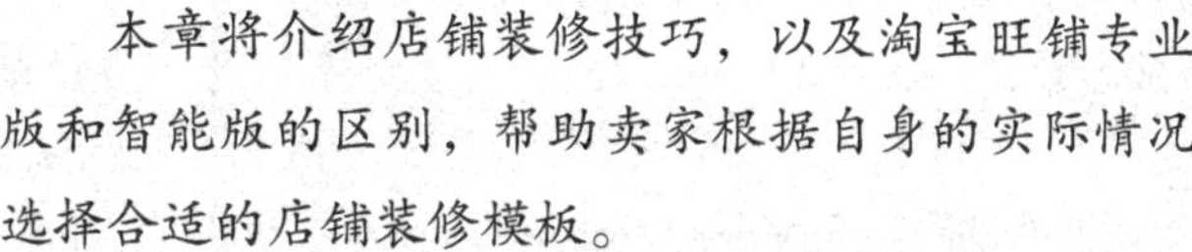

本章将介绍店铺装修技巧，以及淘宝旺铺专业版和智能版的区别，帮助卖家根据自身的实际情况选择合适的店铺装修模板。

装修店铺的目的是吸引更多的顾客进店。在装修店铺之前，卖家应掌握一些装修技巧，选择合适的装修风格。

## 5.1 掌握店铺装修基础知识

网店和实体店一样，都需要一个好的门面来吸引顾客。本章将介绍店铺装修的必备元素、风格定位以及店标设计等内容，并给出一些装修建议。

### 5.1.1 店铺装修基本元素

店铺装修基本元素包括店铺公告、店招、焦点滚动图以及宝贝分类区等。切记，店铺装修整体风格要统一。

（1）店招。如果店铺正在参加淘宝官方推出的营销活动，卖家可以根据活动主题来设计店招，如图 5-1 所示。

图 5-1　店铺店招设计

（2）店铺公告。店铺公告用于展示店铺内的节假日安排、快递说明以及促销活动信息等，如图 5-2 所示。

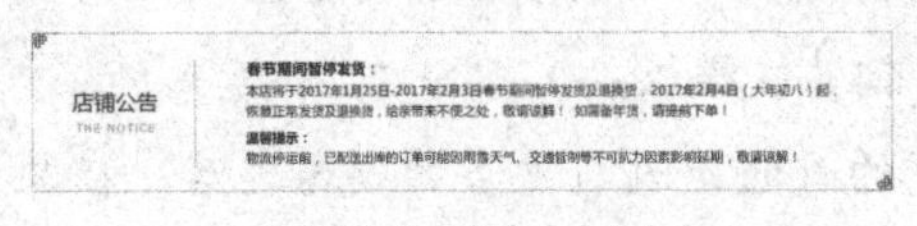


图 5-2　店铺公告设计

（3）焦点图。焦点图位于店铺首页的上方，用于展示店铺内的新品预告、促销宝贝等，如图 5-3 所示。

图 5-3　焦点图设计

（4）宝贝分类。前面已经详细介绍了宝贝分类的设置方法，如图 5-4 所示。

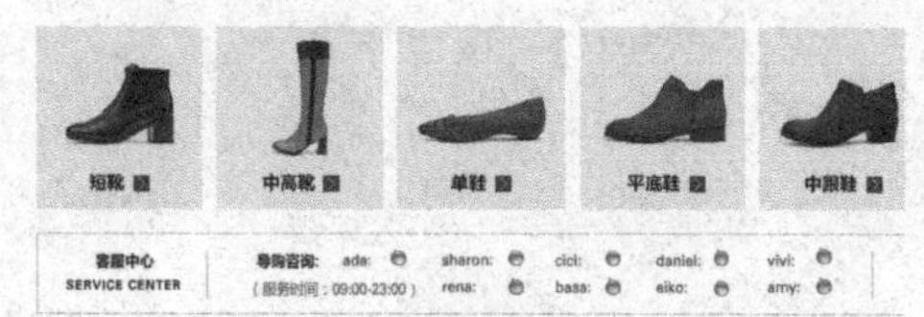


图 5-4　宝贝分类设计

（5）店铺促销区。店铺促销区根据季节、节日等的不同用于展示店铺内的促销产品，如图 5-5 所示。

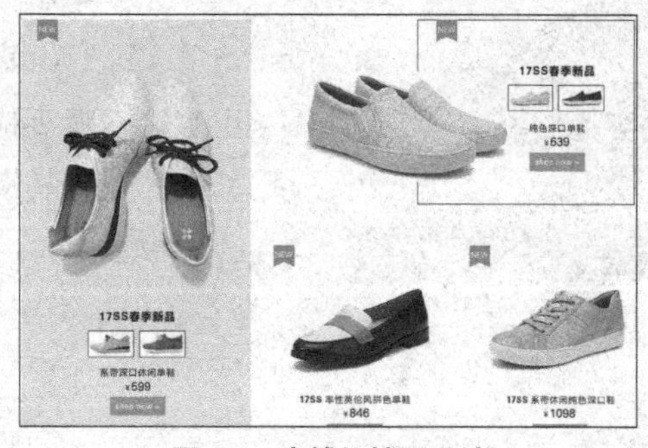


图 5-5　店铺促销区设计

### 5.1.2　合理选择店铺装修风格

在确定店铺装修风格之前，卖家需要了解待销售产品的主要受众和主打路线，卖家应注意以下四点。

（1）卖家不能仅凭个人喜好或猜测确定店铺的装修风格，要有依据。

（2）色彩搭配要有主次、有对比，不能给人单调、压抑的感觉。

（3）色彩不宜超过三种。

（4）少用鲜艳颜色，多使用中间色。

图 5-6 为餐具类店铺的首页设计效果，色彩搭配和谐，采用白色背景可以更好地突出产品。

图 5-6　餐具类店铺的首页设计效果

### 5.1.3　创建店铺二维码

卖家可以使用“码上淘”功能为自己的店铺创建二维码。具体操作步骤如下。

❶ 单击“店铺管理”标签下的“手机淘宝店铺”链接（见图 5-7），进入“码上淘”页面。单击“进入后台”按钮（见图 5-8），进入码上淘登录页面。

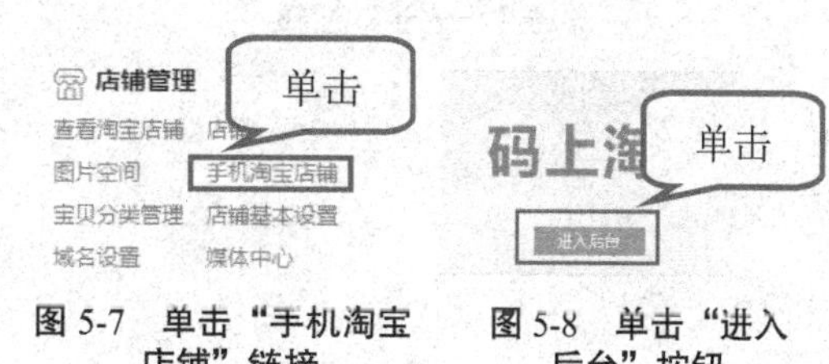


图 5-7　单击“手机淘宝店铺”链接

图 5-8　单击“进入后台”按钮

❷ 单击“进入码上淘”按钮（见图 5-9），进入码上淘设置页面。

图 5-9 单击“进入码上淘”按钮

❸ 单击“通过链接创建”链接（见图 5-10），进入“通过链接创建二维码”页面。

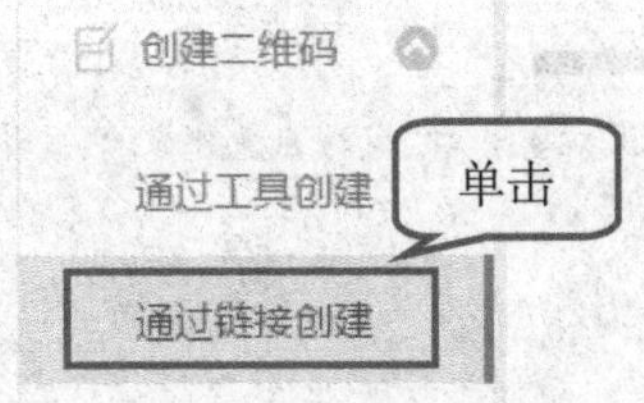


图 5-10 单击“通过链接创建”链接

❹ 输入店铺二维码页面链接地址后，单击“下一步”按钮，如图 5-11 所示，进入“关联推广渠道”页面。

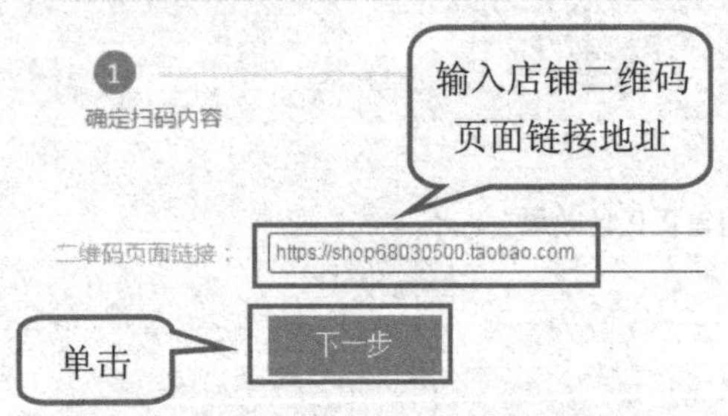


图 5-11 输入店铺二维码页面链接地址并单击“下一步”按钮

❺ 输入二维码名称，并选择渠道标签后，单击“下一步”按钮，如图 5-12 所示，进入二维码创建的最后一步。图 5-13 为创建好的二维码。

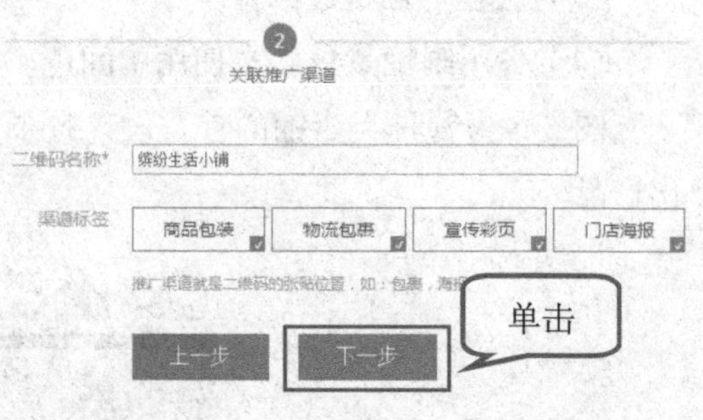


图 5-12 输入二维码名称、选择渠道标签并单击“下一步”按钮

图 5-13 创建好的二维码

# 5.2　做好店铺的视觉营销设计

店铺的视觉营销设计内容包括首页导航栏、店铺公告、店标以及店招等。

## 5.2.1　店铺首页导航栏设计

店铺首页导航栏一般根据店铺内产品的分类进行设计，如服装类商品以外套、毛衣、裙装、裤装进行分类；电器类商品以电视机、洗衣机、电冰箱进行分类。

图 5-14 为家具类店铺首页导航栏设计效果。

图 5-14　家具类店铺首页导航栏设计效果

图 5-15 为百货类店铺首页导航栏设计效果，店铺内的产品按照功能分为花艺、家纺、家饰和餐桌四类。

图 5-15　百货类店铺首页导航栏设计效果

在导航栏中，从左往右数，前三个获得的点击量最多，因此卖家可以将店铺里销售最好的商品类目放在前面。

卖家也可以针对不同的导航信息使用不同的颜色，以引起顾客的注意，如图 5-16 所示。

图 5-16　导航信息使用不同的颜色

## 5.2.2　店铺公告栏展示重要活动说明

店铺公告栏用于展示店铺的重要活动说明，如“双十一”的预售说明以及店铺节假日发货安排等。

图 5-17 为春节期间的店铺公告，用于告知顾客节日期间可以正常下单。

图 5-17　店铺公告栏设计（1）

店铺公告栏也可以公告春节期间下单、发货的具体时间安排，如图 5-18 所示。

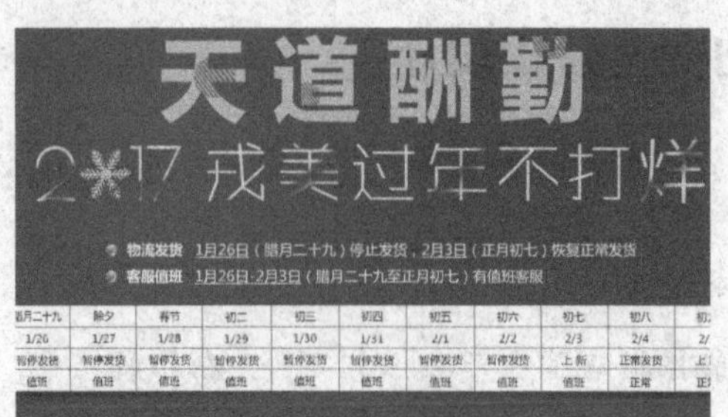


图 5-18　店铺公告栏设计（2）

### 5.2.3　零基础学会店标设计

为了给顾客留下深刻的印象，卖家可以设计一个有创意的店标。本节将介绍如何利用素材设计出美观、简洁的店标。

#### 1. 店招素材哪里找

（1）花瓣网上有很多独特的设计素材和摄影图片，如图 5-19 所示。

图 5-19　花瓣网网站页面

（2）我图网上有很多供用户免费下载的图片资源，如图 5-20 所示。

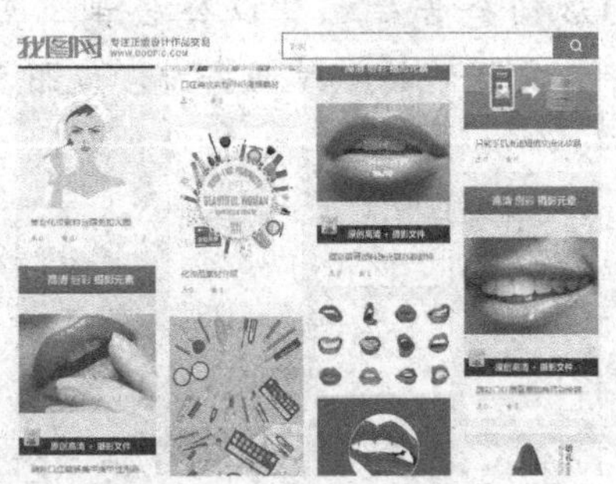

图 5-20　我图网网站页面

（3）素材中国上有很多值得下载的图片素材，如图 5-21 所示。

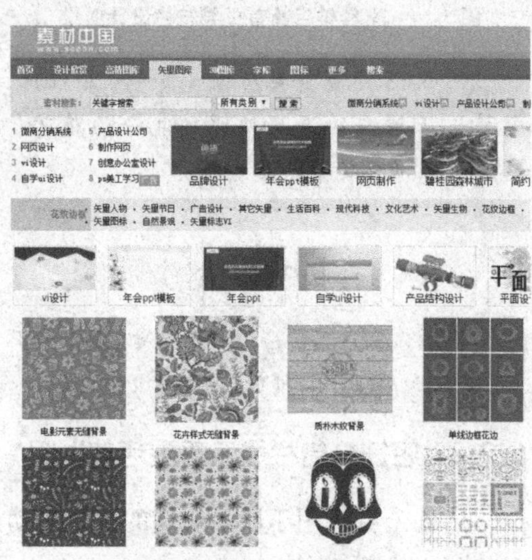


图 5-21　素材中国网站页面

#### 2. 店标的设计原则

（1）突出店铺的特性。图 5-22、图 5-23、图 5-24 和图 5-25 所示的四个店标设计既个性又美观。

图 5-22　店标设计（1）

图 5-23　店标设计（2）

图 5-24　店标设计（3）　图 5-25　店标设计（4）

（2）要与店铺装修风格一致。店标设计既要能突出店铺特性，也要与店铺的整体装修风格一致。

（3）令人过目不忘。店标设计涉及色彩、图案、文字等各种元素，卖家可以发挥个人想象力，设计出既有个性又令人过目不忘的店标。

### 3. 设计美观、简洁的店标

设计美观、简洁的店标的具体操作步骤如下。

❶ 启动 Photoshop，按“Ctrl+N”组合键，弹出“新建”对话框。在“宽度”和“高度”文本框内分别输入“100”和“120”，如图 5-26 所示。

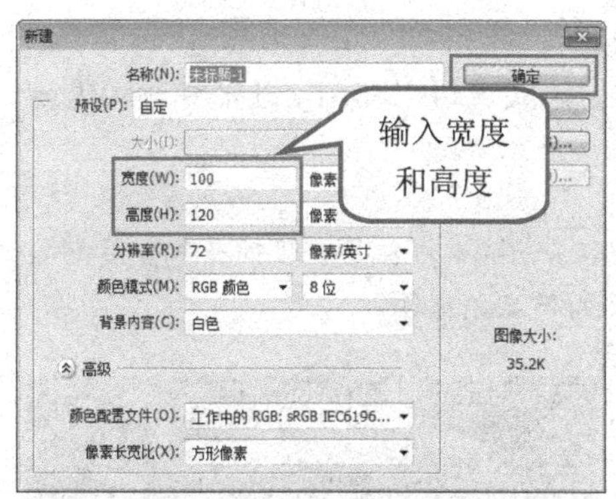


图 5-26　输入宽度和高度

❷ 新建一个大小为 950×120 的空白文档，如图 5-27 所示。

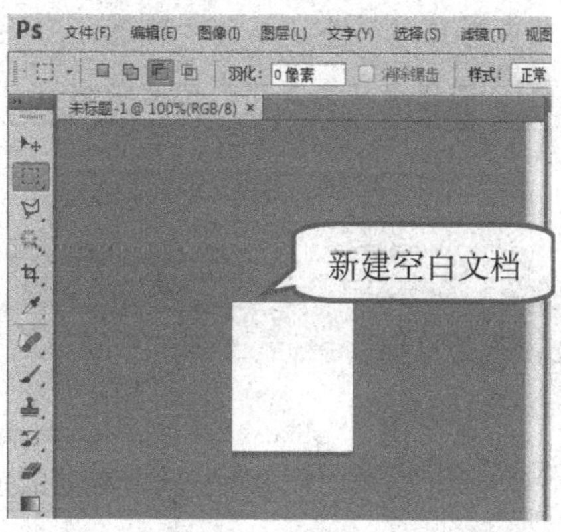


图 5-27　新建空白文档

❸ 按“Ctrl+O”组合键打开图片素材。按“W”键启用“魔棒工具”，选中图片中的雪人头像，如图 5-28 所示。

图 5-28　选中图片中的雪人头像

❹ 按“V”键启用“移动工具”。将选中的雪人头像移至空白文档中，并将其调整至合适的大小和位置，效果如图 5-29 所示。

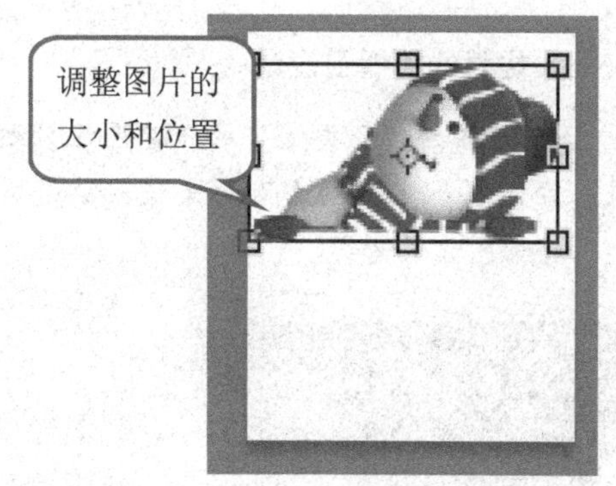


图 5-29　调整图片的大小和位置

❺ 按“Shift+U”组合键启用“圆角矩形工具”。在页面上方的“选项”面板中设

置“填充颜色”为“无”、“描边”为“红色”。在素材图片下方的空白处绘制出一个圆角矩形，如图 5-30 所示。

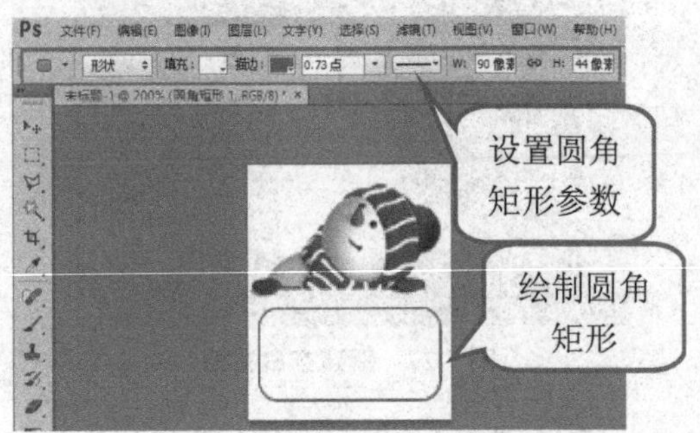


图 5-30　绘制圆角矩形并设置其参数

❻ 按“T”键启用“横排文字工具”。在圆角矩形内输入文字内容，并设置字体为“微软雅黑”、字号为“12 点”、字体颜色为“黑色”，如图 5-31 所示。

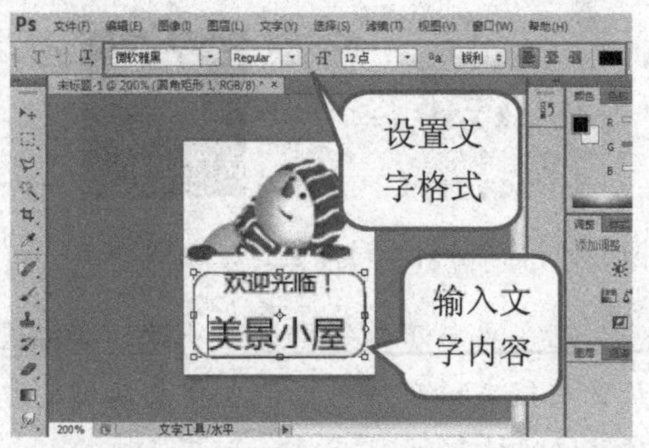


图 5-31　圆角矩形内输入文字内容并设置文字格式

❼ 最终设计效果如图 5-32 所示，再以 JPG 格式将其保存即可。

图 5-32　店标设计效果

## 5.2.4　引人入胜的图片轮播

图片轮播可以反复展示店铺内的促销商品信息，卖家可以在淘宝旺铺专业版里设计广告轮播图。

### 1. 优秀的轮播图设计

图 5-33 为饰品类宝贝的轮播图设计效果，左侧展示宝贝，右侧为文案，这是常用的轮播图设计方式。

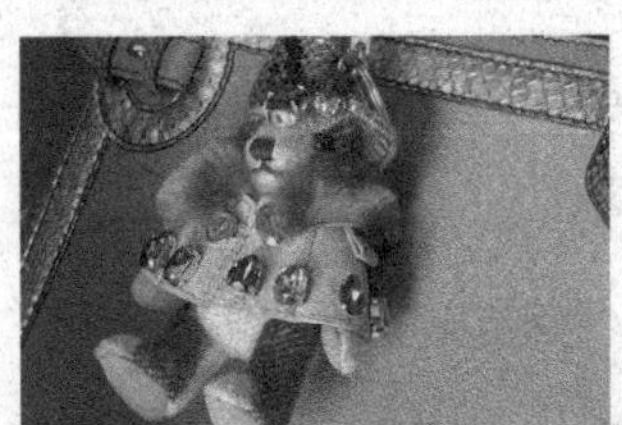


图 5-33　轮播图设计（1）

图 5-34 为食品类店铺在年货节期间设计的产品轮播图。

图 5-34　轮播图设计（2）

图 5-35 为家纺类产品的轮播图设计效果。

图 5-35　轮播图设计（3）

2. 添加轮播图

添加轮播图的具体操作步骤如下。

❶ 打开淘宝旺铺专业版，先单击左侧的“模块”按钮，然后按住鼠标左键拖动右侧的“图片轮播”模块，如图 5-36 所示。

图 5-36　拖动“图片轮播”模块

❷ 将其拖动至合适的位置后释放鼠标左键，即可将“图片轮播”模块添加到指定位置，如图 5-37 所示。

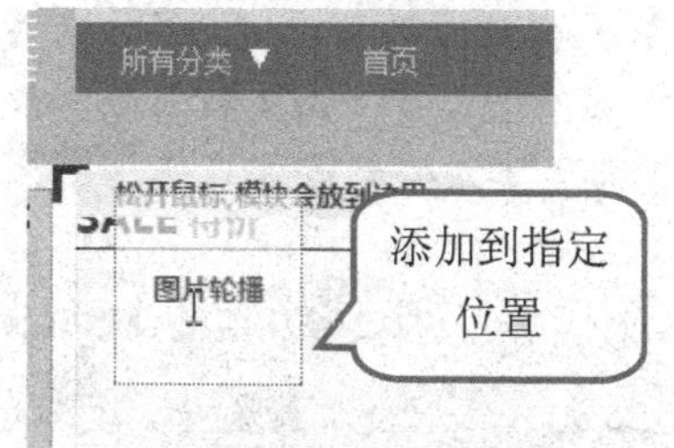


图 5-37　将“图片轮播”模块添加到指定位置

❸ 单击“图片轮播”模块右上角的“编辑”按钮（见图 5-38），进入“图片轮播”页面。

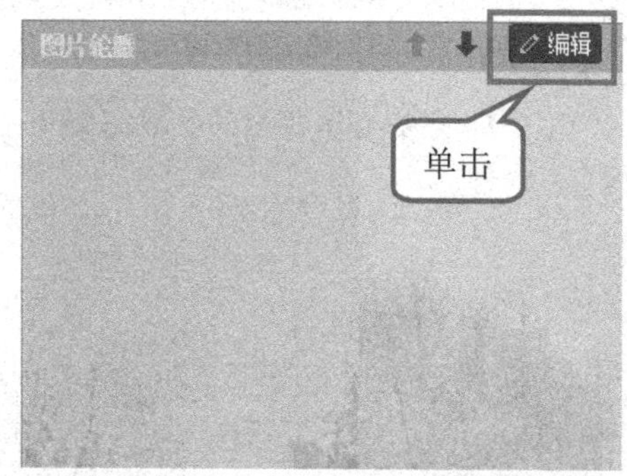


图 5-38　单击“编辑”按钮

❹ 输入图片地址（轮播图），单击“保存”按钮（见图 5-39），即可成功添加轮播图。

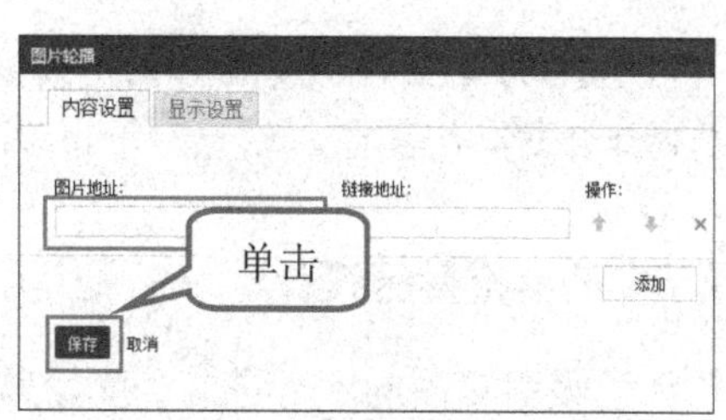


图 5-39　单击“保存”按钮

## 5.2.5　店铺活动页设计

本节将介绍一些常见的店铺活动页设计实例，供大家参考借鉴。

图 5-40 为食品类店铺促销活动页设计效果，页面上方是活动主题名称，下方展示参加此次活动的商品。

图 5-40　食品类店铺活动页面设计效果

图 5-41 为女装类店铺的促销活动页面设计效果。

图 5-41　女装类店铺促销活动页面设计效果

图 5-42 为珠宝饰品类店铺为“婚礼”主题设计的商品促销页。

图 5-42　珠宝首饰类店铺活动页面设计效果

图 5-43 为百货类店铺为“情人节”专题设计的促销活动页，整体采用温馨、浪漫的粉红色作为背景。

图 5-43　百货类店铺活动页面设计效果

### 5.2.6　热卖推荐区设计

为了吸引更多的顾客进店，卖家既要重视轮播图和活动页面的设计，也不能忽略热卖推荐区的设计。下面介绍服饰类和家具类店铺的热卖推荐区设计。

图 5-44 为服饰类店铺的人气热销区设计效果，整体采用白色作为背景，很好地突出了宝贝。

图 5-44　人气热销区设计效果

图 5-45 为家具类店铺的爆款区活动页面设计效果，主图在商品图片的左侧，右侧为文字描述和商品价格。

图 5-45　爆款区活动页面设计效果

**提示**

在挑选商品时，卖家要尽量选择一些款式和价格差异性较强的商品。

## 5.2.7　自定义模块设计

卖家应根据店铺的装修风格和产品特色设计自定义模块，如“最新热评”这一模块在母婴类店铺内比较常见，妈妈们的众多评价能让其他买家对产品及品牌产生信赖感。下面介绍常见的自定义模块设计方式。

图 5-46 和图 5-47 所示的店铺自定义模块用于向顾客说明店铺的工作时间、邮费补拍、发货加单等事项。

图 5-46　自定义模块设计（1）

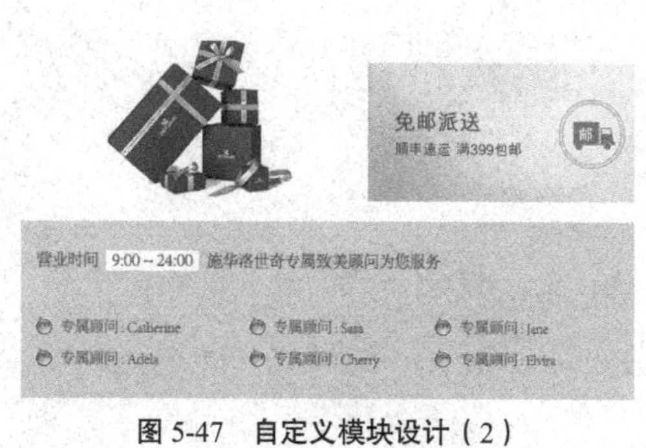


图 5-47　自定义模块设计（2）

图 5-48 所示的自定义模块中介绍了店铺的联系方式和微博地址。

图 5-48　自定义版块设计（3）

图 5-49 所示的店铺自定义模块用于展示产品的品牌文化，搭配图片和文字，向顾客传达了该品牌的文化内涵。

图 5-49　自定义模块设计（4）

## 5.3　淘宝旺铺

淘宝旺铺是淘宝网提供的一项增值服务。淘宝旺铺版主要包括基础版、专业版和智能版三个版本。本节将介绍如何将店铺升级为淘宝旺铺，以及使用旺铺专业版可以享受哪些店铺装修服务。

### 5.3.1　升级智能旺铺获得更多服务

卖家订购淘宝旺铺智能版后可以获得更多有价值的服务，具体内容如图 5-50 所示。

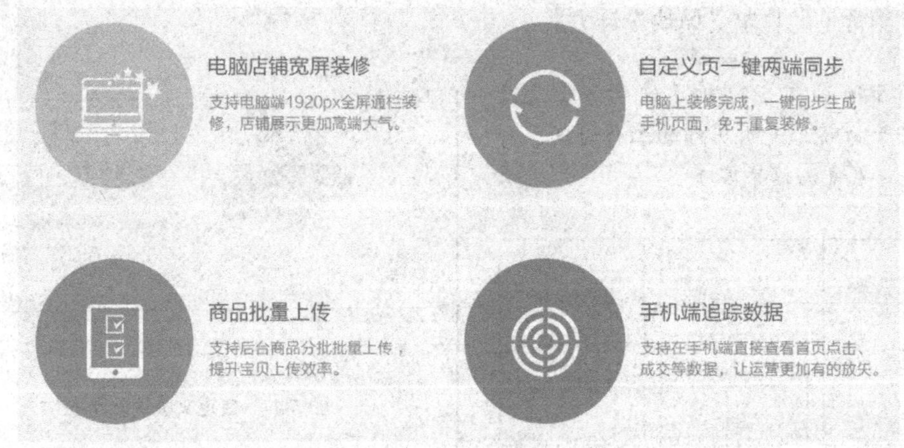


图 5-50　淘宝旺铺智能版的服务内容

#### 1. 淘宝旺铺智能版的订购与应用

一钻以下的淘宝网卖家可以免费试用淘宝旺铺专业版，要想获得更多的特权，则需订购淘宝旺铺智能版。具体操作步骤如下。

❶ 在淘宝网卖家中心里单击“店铺管理”标签下的“店铺装修”链接，如图 5-51 所示，进入“淘宝旺铺基础版”页面。

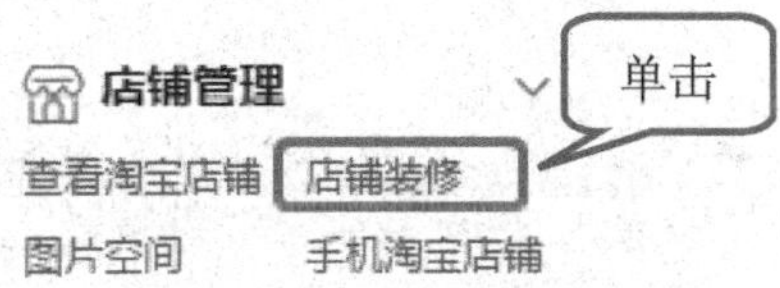


图 5-51　单击“店铺装修”链接

❷ 此时会弹出旺铺智能版的订购窗口，单击订购按钮（见图 5-52），进入淘宝旺铺订购页面。

图 5-52　单击订购窗口

❸ 选择订购周期，单击“立即订购”按钮，如图 5-53 所示，进入付款页面。

图 5-53　单击“立即订购”按钮

❹ 单击“同意协议并付款”按钮（见图 5-54），即可成功订购淘宝旺铺智能版。

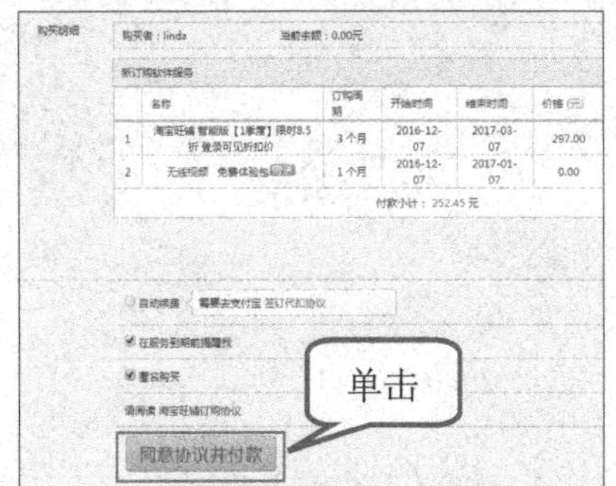


图 5-54　单击“同意协议并付款”按钮

## 2. 淘宝旺铺智能版的功能

淘宝旺铺智能版的功能如图 5-55 所示。

图 5-55　淘宝旺铺智能版的功能

卖家可以在淘宝旺铺智能版中设置“一键智能装修”“1920 宽屏装修”“优惠券模块”等，如图 5-56 所示。

图 5-56　淘宝旺铺智能版功能介绍

卖家也可以使用无线功能，如“美颜切图”“智能海报”“个性化搜索文案”等，如图 5-57 所示。

图 5-57　无线功能应用

## 5.3.2 订购店铺装修模板

很多卖家不具备店铺装修经验，这类卖家可以使用淘宝旺铺专业版提供的店铺装修模板。具体操作步骤如下。

❶ 在“淘宝旺铺基础版”页面中单击“模板管理”链接，如图 5-58 所示，进入模板管理页面。

图 5-58 单击“模板管理”链接

❷ 在左侧可以选择模板的风格和所属行业，单击某个模板的缩略图，如图 5-59 所示，进入该模板的订购页面。

图 5-59 单击某个模板的缩略图

❸ 单击“马上试用”按钮（见图 5-60），弹出“提醒”对话框。单击“确定试用”按钮（见图 5-61），即可试用该模板。

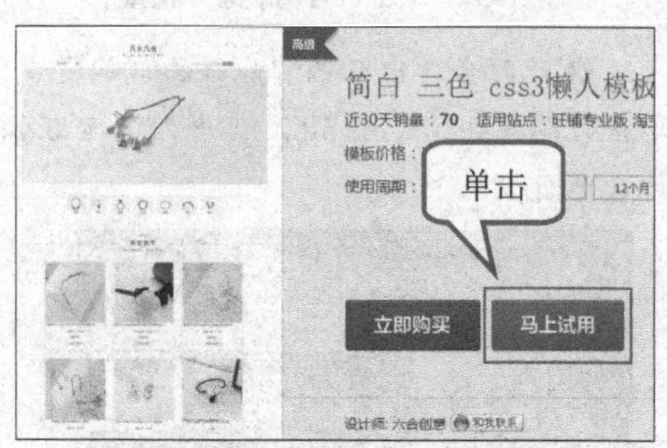


图 5-60 单击“马上试用”按钮

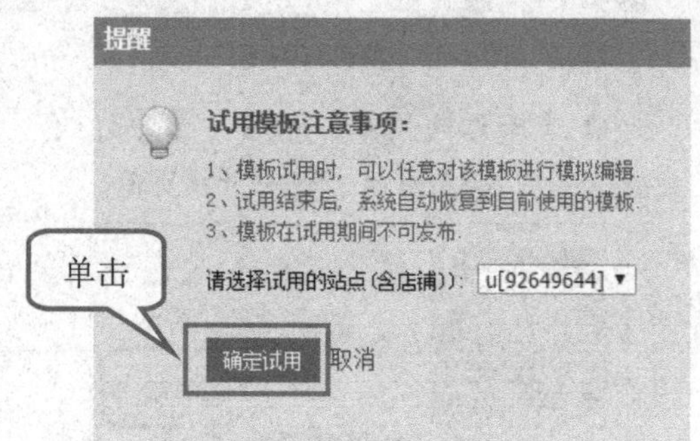


图 5-61 单击“确定试用”按钮

# 淘宝搜索规则

卖家要重点关注淘宝搜索排名和店铺优化。在开店之前，卖家需要详细了解淘宝搜索优化规则，避免店铺被降权。

本章将介绍影响淘宝搜索排名的因素，以及店铺优化的注意事项，帮助卖家做好淘宝搜索优化。

# 6.1 店铺优化的注意事项

在店铺优化的过程中，很多新手卖家为了提高店铺被搜索到的概率，一味地堆砌关键词、虚构宝贝优势等，导致店铺被降权。本节将介绍店铺优化的注意事项。

## 6.1.1 滥用关键词

为了让发布的商品引人注目，有些卖家在宝贝标题中滥用品牌名称或与商品本身无关的关键词，使顾客不能准确地找到所需要的商品，存在这种行为的店铺会被降权。

### 1. 了解宝贝关键词

如果卖家设置的宝贝关键词正是买家搜索的关键词，宝贝在搜索结果中的排名就会靠前，如图 6-1 所示。

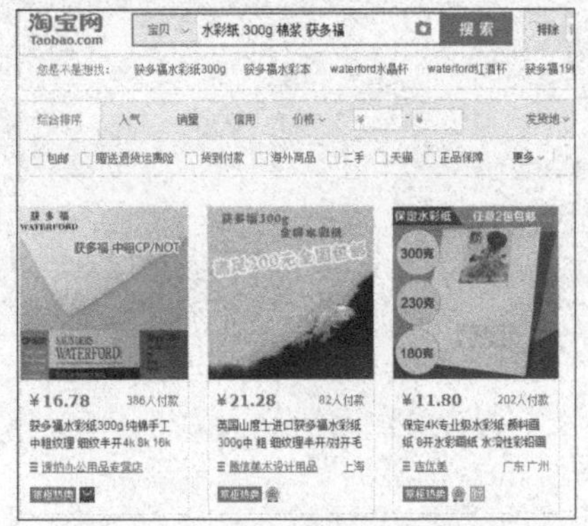


图 6-1 标题关键词搜索结果

### 2. 添加与宝贝无关的关键词

顾客一般更信任品牌产品，这是因为这类商品相对来说更有质量保证。一些中小卖家的商品并不具有品牌标识，但为了吸引顾客购买，他们便在宝贝标题中添加与商品本身无关的品牌名称，如图 6-2 所示。

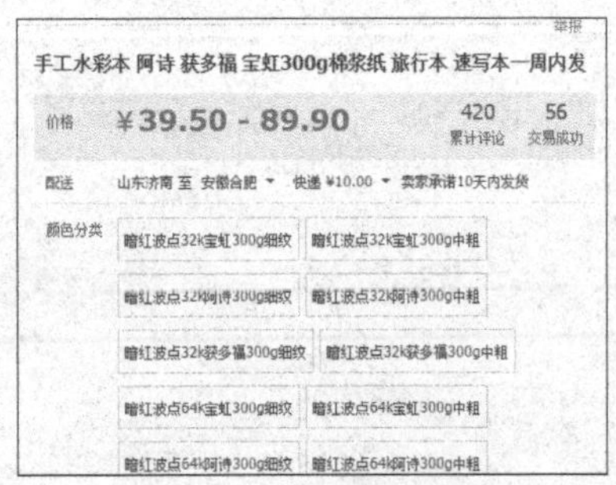


图 6-2 乱堆砌关键词

### 3. 切忌出现比较性词语

卖家应当实事求是地描述本产品的品牌名称，切忌出现与其他产品进行比较的字眼，如“可媲美 ×× 品牌的手袋”“比 ×× 品牌产品更保湿”等。

### 4. 宝贝标题与详情页描述不一致

图 6-3 所示的宝贝标题与详情页中的描述不一致，这样宝贝被搜索到的概率会降低。

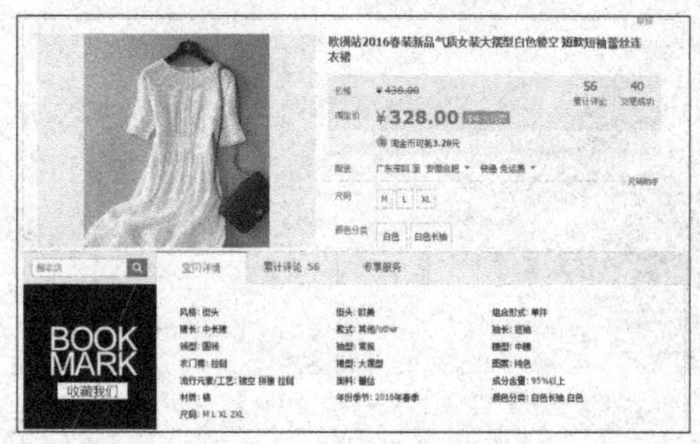


图 6-3 宝贝标题与详情页描述不一致

### 6.1.2　不可重复铺货

重复铺货行为主要表现为在店铺内重复发布相同的宝贝，或者卖家同时开设两家售卖相同宝贝的店铺，这样做的目的都是为了增加宝贝的曝光量。

重复铺货一旦被系统检测到或者被他人举报，商品会直接被降权。重复的商品删除后最快可以在 5 天内结束降权。

### 6.1.3　不可盲目刷单提高销量

很多卖家认为只要把店铺信誉刷上去，就能提高店铺的成交量，事实上这是一种错误的想法。如果在淘宝网中搜索“羊绒围巾”，在搜索结果中可以看到宝贝是按照最近 30 天内的成交笔数排名的。也就是说，宝贝的搜索结果排名与总销量无关，如图 6-4 所示。

图 6-4　宝贝搜索排名与总销量无关

所以卖家不可盲目刷销量，这样做不仅不利于提升宝贝的搜索排名，还会被降权。

### 6.1.4　切忌靠低价吸引买家

现在消费者在购物时越来越趋于理性，不再像以往那样一味地追求低价。如果卖家将商品的价格设置得过低，反而会适得其反。图 6-5 为顾客在搜索“连衣裙　真丝”时设置的价格区间。

图 6-5　价格低的宝贝的搜索排名不一定靠前

卖家还需要了解淘宝系统的价格排序过滤规则，即严重低价作弊的，淘宝网将不会优先展示该宝贝，如在搜索“羽绒服”时设置“价格从低到高”排序，我们可以在搜索结果页面的第一页中看到其最低价格为“388.00”，即使不设置“价格从高到低”或“价格从高到低”排序，低于此价格的羽绒服也不会优先展示在该页面中，它可能会在靠后的页面中获得展示。可见，宝贝在搜索页面中的展示位置与其价格无关。所以，卖家要合理设置宝贝价格。

图 6-6　设置价格从高到低排序

# 6.2 影响店铺搜索排名的因素

店铺权重是指店铺各项指标的综合分数，例如动态评分、转化率、销量等。影响店铺权重的因素包括作弊程度、违规和扣分、退款率、投诉率、拍下发货时差、买家评分等。店铺权重直接影响店铺的搜索排名。本节将介绍如何提升店铺的搜索排名。

## 6.2.1 掌握宝贝的上下架规则，让宝贝获得更多曝光量

卖家不要一次性把所有宝贝全部上架。卖家应了解宝贝的上下架规则，有针对性地上下架。

### 1. 宝贝的上下架规则

宝贝的上下架规则如表 6-1 所示。

表 6-1 宝贝的上下架规则

| 规则一 | 高峰期：按每周、每日上架时间的流量高低排序，选择在客流高峰时段上架 |
|---|---|
| 规则二 | 时间间隔：每 5~10 分钟上架一件宝贝，保证一直都有宝贝呈现在店铺内 |
| 规则三 | 同类宝贝：错开宝贝的上下架时间，保证 7 日内每日都有一类宝贝出现在黄金时间段内 |

### 2. 宝贝的上架和下架

宝贝的上架和下架的具体操作步骤如下。

❶ 打开淘宝网，单击“宝贝管理”标签下的“仓库中的宝贝”链接，如图 6-7 所示，进入后台仓库管理页面。

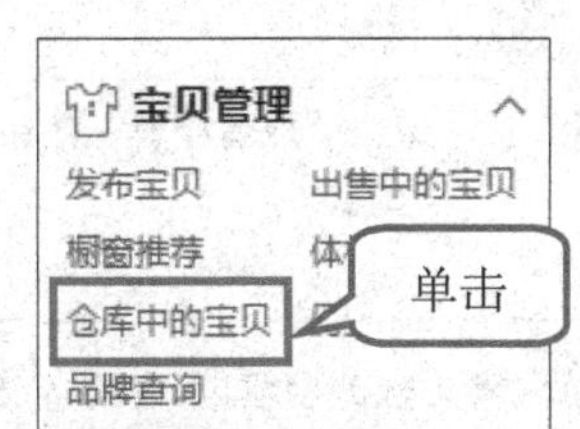


图 6-7 单击“仓库中的宝贝”链接

❷ 在指定的宝贝右侧单击“上架”按钮即可，如图 6-8 所示。

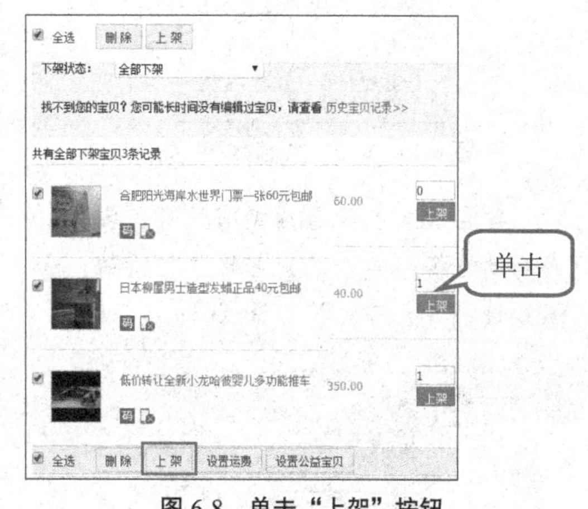


图 6-8 单击“上架”按钮

❸ 如果想批量下架宝贝，可以在“出售中的宝贝”页面中先依次勾选需要下架的宝贝前面的复选框，再单击“下架”按钮，如图 6-9 所示，即可批量下架多个宝贝。

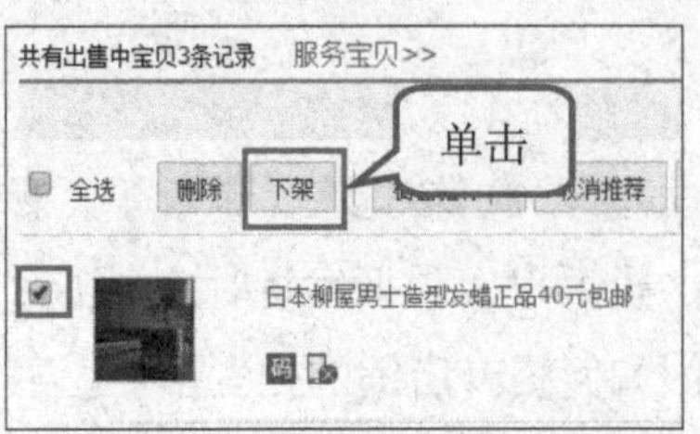


图 6-9　单击“下架”按钮

**提示**

除此之外，卖家还可以根据买家的作息时间来安排宝贝的上下架时间。

### 6.2.2　用橱窗推荐店铺优势宝贝

店铺内的优势宝贝会在橱窗推荐中展示，卖家可以根据店铺信用等级与商品销售情况获得不同数量的橱窗推荐位。橱窗推荐位可以让宝贝获得更多的浏览量及更高的点击量。设置橱窗推荐宝贝的具体操作步骤如下。

❶ 打开淘宝网，单击“宝贝管理”标签下的“橱窗推荐”链接，如图 6-10 所示，进入已经售出的宝贝页面。

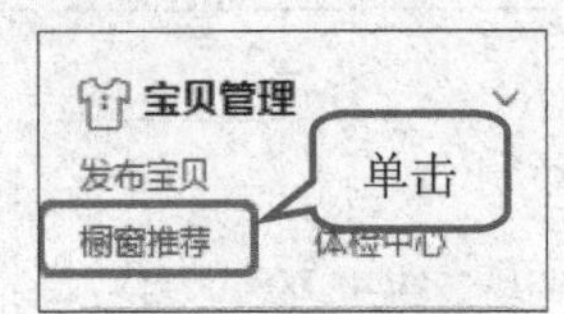


图 6-10　单击“橱窗推荐”链接

❷ 勾选需要设置为橱窗推荐的宝贝前面的复选框，单击“橱窗推荐”按钮，如图 6-11 所示，即可推荐该宝贝。

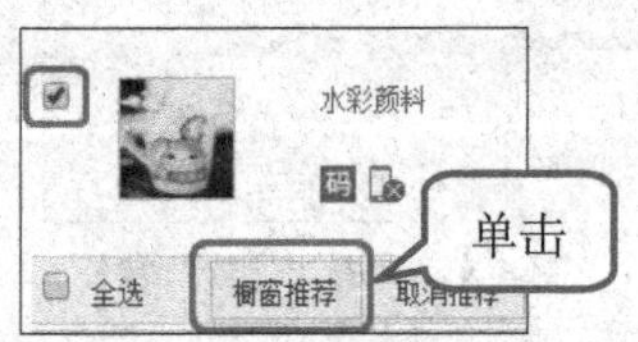


图 6-11　单击“橱窗推荐”按钮

❸ 设置好后，宝贝左侧显示“已推荐”字样，如图 6-12 所示。如果想取消此设置，可以勾选宝贝前面的复选框，单击“取消推荐”按钮即可。

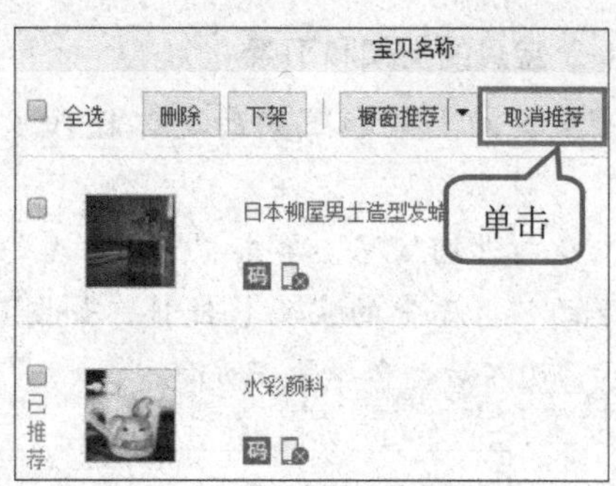


图 6-12　单击“取消推荐”按钮

**提示**

要想获得更多的橱窗位，卖家需要按时缴纳保证金，并升级为金牌卖家，也可以通过做任务获得更多橱窗推荐位。

### 6.2.3 店铺的违规情况介绍

违规行为根据严重程度分为严重违规行为和一般违规行为两种。严重违规行为是指严重破坏淘宝网经营秩序或涉嫌违反法律法规的行为。卖家因出售假冒商品的严重违规行为扣分将单独累计，不与其他严重违规行为合并计分。一般违规行为是指严重违规行为以外的违规行为。

本节将介绍严重违规行为和一般违规行为包含的内容和处罚手段。

**1. 严重违规行为包含的内容**

严重违规行为包含的内容如表 6-2 所示。

**表 6-2 严重违规行为包含的内容**

| 序号 | 包含的内容 |
| --- | --- |
| 1 | 注册行为不当 |
| 2 | 发布违禁信息 |
| 3 | 出售假冒商品 |
| 4 | 假冒材质成分 |
| 5 | 盗用他人账户 |
| 6 | 泄露他人信息 |
| 7 | 骗取他人财物 |
| 8 | 不正当牟利 |
| 9 | 扰乱市场秩序 |
| 10 | 拖欠贷款 |

**提示**

卖家因一般违规行为，每扣 12 分，将受到屏蔽店铺、限制发布商品及公示警告 7 天的处罚。

**2. 严重违规行为的处罚手段**

严重违规行为的处罚手段如表 6-3 所示。

**表 6-3 严重违规行为的处罚手段**

| 违规扣分累计 | 处罚手段 |
| --- | --- |
| 12 分 | 屏蔽店铺、限制发布商品、限制创建店铺、限制发送站内信、限制社区功能及公示警告 7 天 |
| 24 分 | 屏蔽店铺、下架店铺内所有商品、限制发布商品、限制创建店铺、限制发送站内信、限制社区功能及公示警告 14 天 |
| 36 分 | 关闭店铺、限制发送站内信、限制社区功能及公示警告 21 天 |
| 48 分 | 查封账户 |

**3. 一般违规行为包含的内容**

一般违规行为包含的内容如表 6-4 所示。

**表 6-4 一般违规行为包含的内容**

| 序号 | 包含的内容 |
| --- | --- |
| 1 | 发布禁售信息 |
| 2 | 滥发信息 |
| 3 | 虚假交易 |
| 4 | 描述与实物不符 |
| 5 | 违背承诺 |
| 6 | 竞拍不买 |

# 6.3 加入消费者保障服务

为了提高卖家的服务质量，淘宝网要求卖家在发布商品时必须签署消费者保障服务协议，否则无法发布宝贝。本节将介绍加入消保的优势以及如何缴纳保证金和取消消保服务。

## 6.3.1 加入消费者保障服务的好处

加入消费者保障服务的好处如表 6-5 所示。

表 6-5 加入消费者保障服务的好处

| 序号 | 具体说明 |
|---|---|
| 1 | 有专属标识，会被筛选并找到 |
| 2 | 可信度更高 |
| 3 | 可以享受专属促销活动 |
| 4 | 可以获得更多奖励 |

**提示**

卖家签署消保协议以后，保证金可以根据实际情况立即缴纳或暂时不交。暂时不缴纳保证金的卖家，一旦卖家违反淘宝规则，或者出现未履行承诺行为，将被要求立即缴纳保证金。

## 6.3.2 申请消费者保障服务

加入消保服务并缴纳保证金之后，卖家可以享受更多的优质服务。本节将介绍需要缴纳保证金的商品类目及其保证金金额。

**1. 需要加入消保服务的商品类目及其保证金金额**

需要加入消保服务的商品类目及其保证金金额如图 6-13 和图 6-14 所示。

| 保证金（元） | 类目名称 |
|---|---|
| 10 000 | 手机 |
| 6000 | 宠物/宠物食品及用品/狗狗 |
| | 宠物/宠物食品及用品/猫猫 |
| 1000 | 度假线路/签证送关/旅游服务 |
| | 景点门票/实景演出/主题乐园 |
| | 特价酒店/特色客栈/公寓旅馆 |
| | 手机号码/套餐/增值业务 |
| | 网游装备/游戏币/帐号/代练 |
| | 台式机/一体机/服务器/ |
| | 电脑硬件/显示器/电脑周边 |
| | MP3/MP4/iPod/录音笔 |
| | 个人护理/保健/按摩器材/车 |
| | 办公设备/耗材/相关服务 |
| | 厨房电器 /大家电/生活电器 |
| | 闪存卡/U盘/存储/移动硬盘 |

图 6-13 不同商品类目需要缴纳的保证金金额（1）

| 保证金（元） | 类目名称 |
|---|---|
| 1000 | 网络设备/网络相关 |
| | 音乐/影视/明星/音像 |
| | 板电脑/MID/笔记本电脑 |
| | 书籍/杂志/报纸 |
| | 国货精品数码/影音电器 |
| | 电子词典/电纸书/文化用品 |
| | 电玩/配件/游戏/攻略 |
| | 彩妆/香水/美妆/护肤/美体 |
| | 精油/美发护发/假发 |
| | 电玩/相机/摄像机/3C数码配件 |
| | 腾讯QQ专区/网络游戏点卡 |
| | 移动/联通/电信充值中心 |
| | 玩具/模型/童装/童鞋 |
| | 家装主材/床上用品 |
| | 零食/坚果/特产/休闲娱乐 |
| | 本地化生活服务/演出 |

图 6-14 不同商品类目需要缴纳的保证金金额（2）

**提示**

发布属于以上类目的商品时，如果卖家没有缴纳保证金，就只能发布“二手”或“闲置”商品。

消保保证金只需缴纳一次，即便店铺中的商品覆盖多个类目，也不需要分别缴纳消保保证金。

### 2. 缴纳消保保证金

缴纳消保保证金的具体操作步骤如下。

❶ 打开淘宝网，单击“客户服务”标签下的“消费者保障服务”链接，如图 6-15 所示，进入“消费者保障服务”页面。

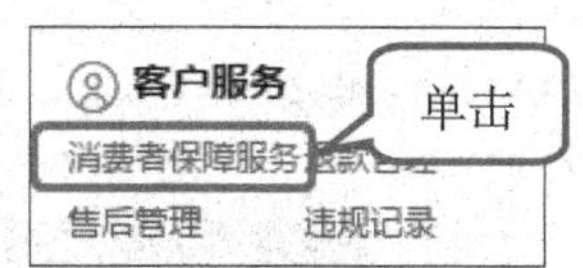


图 6-15　单击“消费者保障服务”链接

❷ 单击“缴纳”按钮（见图 6-16），进入缴纳保证金页面。

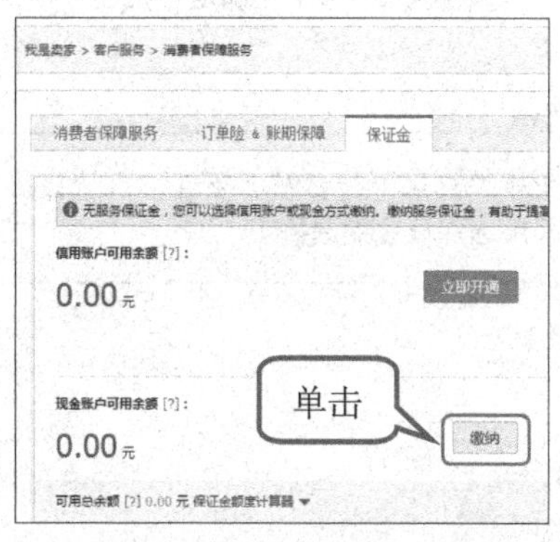


图 6-16　单击“缴纳”按钮

❸ 选择需要缴纳的保证金金额，输入支付宝密码和手机校验码，单击“确定”按钮，即可成功缴纳保证金，如图 6-17 所示。

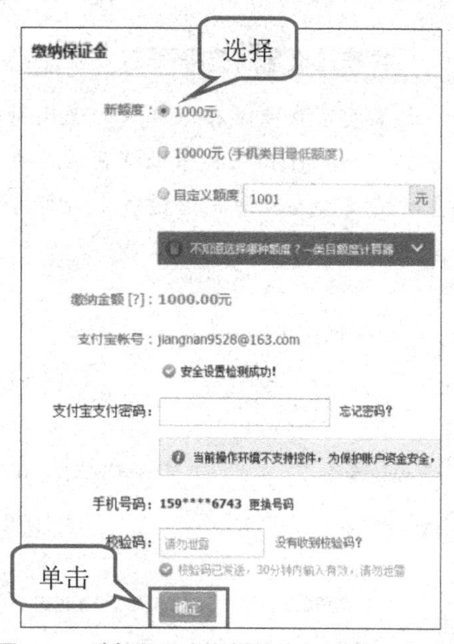


图 6-17　选择保证金金额并单击“确定”按钮

**提示**

缴纳保证金之后，保证金金额将在支付宝账户中被冻结，在收入 / 支出明细中不会有记录，只是支付宝余额从可用余额转换成不可用余额。

### 6.3.3 如何解冻保证金

如果卖家不想继续在淘宝网经营了，或者经营情况发生了变化（如不再经营强制缴纳保证金的类目的商品），卖家可以向淘宝网申请解冻保证金。

#### 1. 解冻保证金的流程

如果卖家申请解冻保证金的理由符合解冻条件，即可立即解冻保证金，否则需要重新申请，直至审核通过。申请解冻保证金的流程如图 6-18 所示。

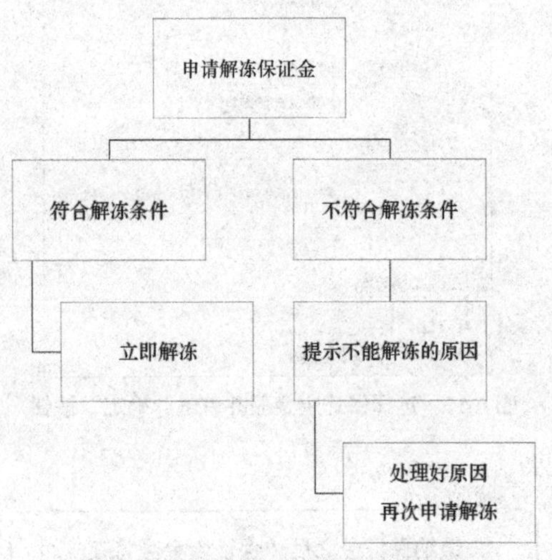


图 6-18　申请解冻保证金的流程

#### 2. 解冻保证金的步骤

解冻保证金的具体操作步骤如下。

❶ 在“消费者保障服务”页面中单击“保证金”标签下的“解冻”按钮，如图 6-19 所示，进入保证金页面。

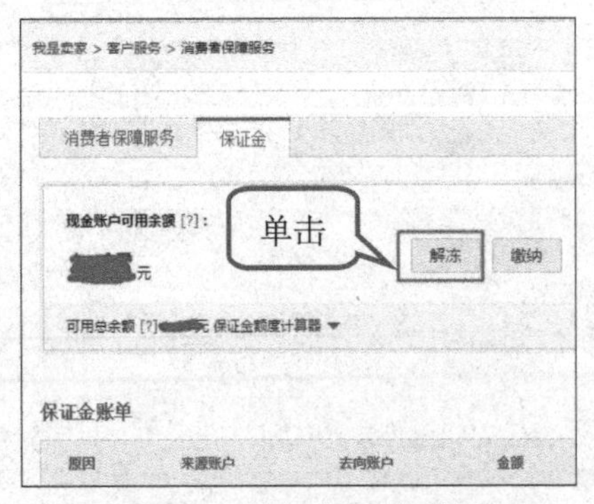


图 6-19　单击“解冻”按钮

❷ 申请解冻保证金成功以后，系统会判断卖家是否符合解冻保证金条件，如果符合，系统会立刻解冻保证金，单击“确定”按钮，如图 6-20 所示，即可成功解冻保证金。

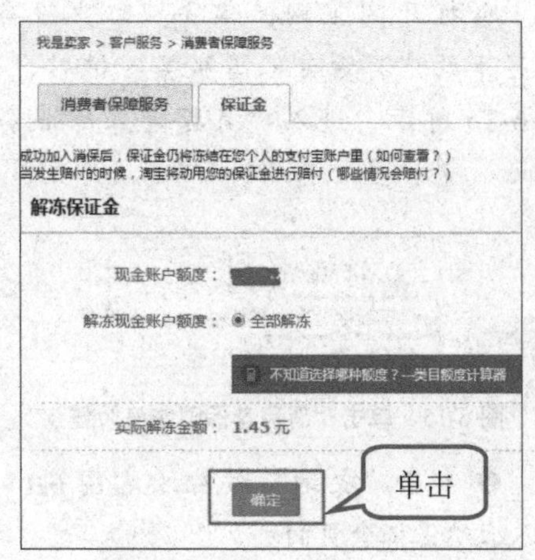


图 6-20　单击“确定”按钮

> **提示**
>
> 如果卖家不符合解冻条件，系统会提示不能解冻保证金的原因。

# 第 7 章

# 为店铺引流的方法

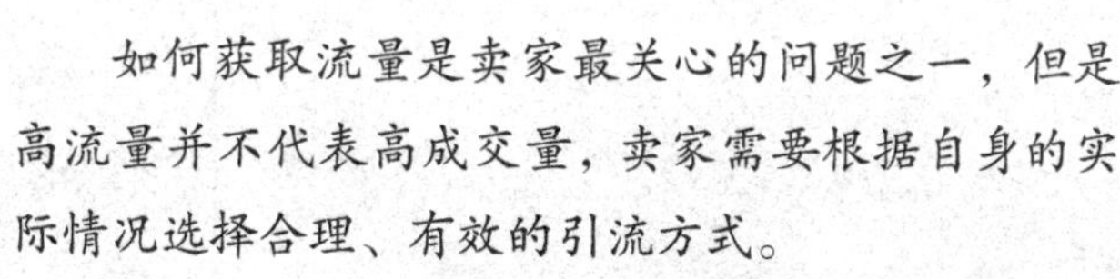

如何获取流量是卖家最关心的问题之一，但是高流量并不代表高成交量，卖家需要根据自身的实际情况选择合理、有效的引流方式。

本章将介绍一些常用的引流工具，以及如何通过这些引流工具给店铺带来更多免费流量。

## 7.1 先要读懂店铺数据

卖家做好了店铺优化工作之后，接下来就需要查看店铺的运营数据了，看看目前的引流方式是否有效。本节将介绍千人千面和生意参谋这两种工具，帮助卖家掌握店铺的运营情况，更好地为店铺引流。

### 7.1.1 用千人千面实现精准营销

千人千面是淘宝网在 2013 年推出的新型排名算法，它能从细分类目中找出与顾客兴趣点匹配的宝贝，将其展示在目标顾客浏览的网页上，帮助卖家快速锁定潜在顾客，实现精准营销。

千人千面能根据当前顾客的特征和需求，以及其平时的搜索习惯、加购 / 收藏行为等各种因素，筛选、推荐符合顾客预期的个性化宝贝，从而提高店铺访客成交转化率。

#### 1. 客户运营指数

图 7-1 为千人千面给出的客户运营指数，包含成交客户指数、会员指数、访客指数以及粉丝指数。

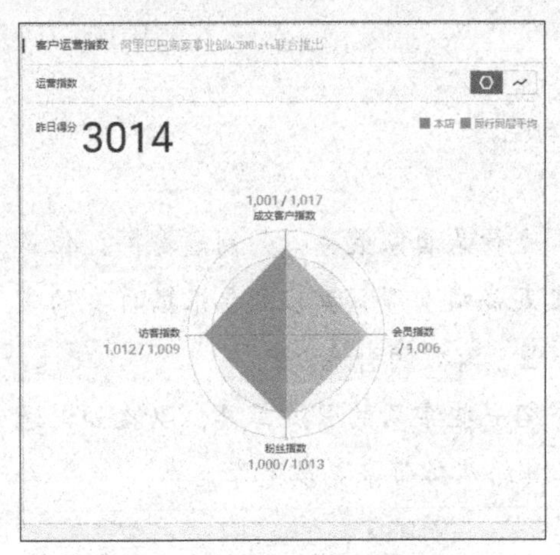


图 7-1　千人千面客户运营指数

图 7-2 为店铺运营指数排名数据，包含行业排名和与昨日对比数据。

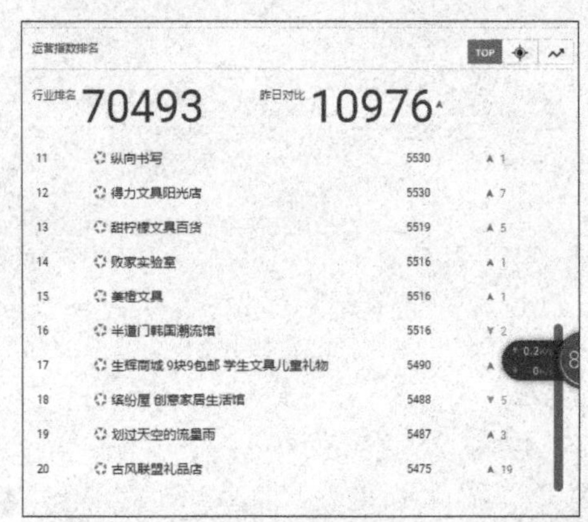


图 7-2　店铺运营指数排名数据

#### 2. 创建智能卖家推荐

创建智能卖家推荐的具体操作步骤如下。

❶ 在店铺装修页面（淘宝旺铺智能版）中单击“千人千面”标签下的“详情智能推荐”链接，如图 7-3 所示，进入“客户运营平台”页面。

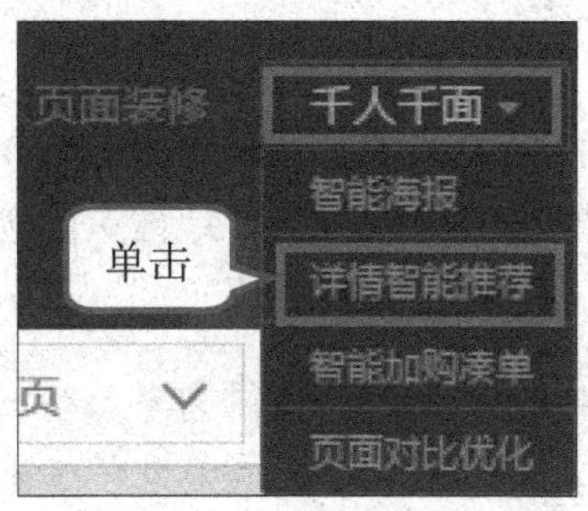


图 7-3 单击"详情智能推荐"链接

❷ 单击"智能卖家推荐"按钮（见图 7-4），进入创建页面。

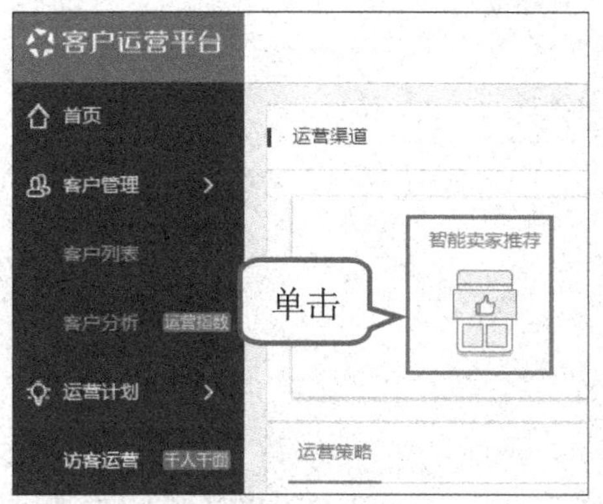


图 7-4 单击"智能卖家推荐"按钮

❸ 单击"手动设置"按钮（见图 7-5），进入"新建策略"页面。

图 7-5 单击"手动设置"按钮

❹ 填写策略名称、展示位以及加权商品（见图 7-6）。填写完毕后，单击"确定"按钮即可。

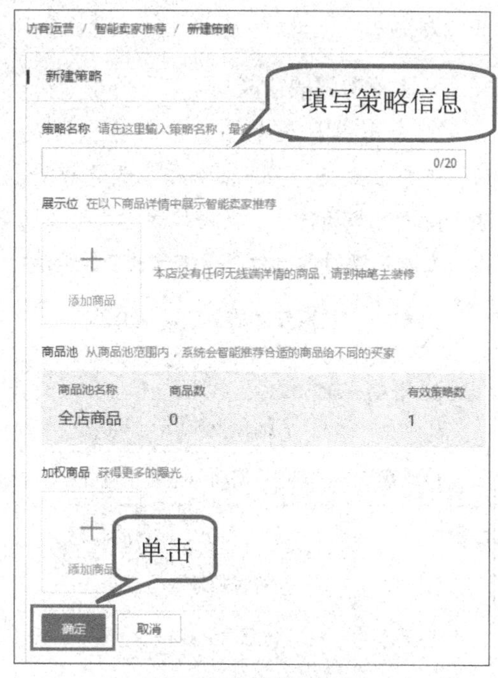


图 7-6 填写策略信息

**提示**

（1）展示位。想要升级为卖家推荐模块的商品。

（2）商品池。设置好商品池后，系统将从商品池中选择商品进行推荐展示。

（3）加权商品。至少会在一个展示位的卖家推荐模块展示该加权商品，给店铺内的其他商品带来更多曝光量和流量。

### 7.1.2 生意参谋帮你分析店铺运营情况

卖家通过生意参谋可以掌握店铺目前的整体运营情况，也可以了解店铺在整个行业内的推广情况。生意参谋会为卖家提供具体的优化建议，帮助卖家更好地推广自己的店铺和商品。

#### 1. 生意参谋的功能

生意参谋标准包免费开放给商家使用，部分高级功能如来源分析、装修分析、竞争情报、市场行情、数据作战室为收费功能。生意参谋的各项功能介绍如表 7-1 所示。

表 7-1 生意参谋的各项功能介绍

| 功能 | 介绍 |
| --- | --- |
| 首页 | 店铺核心数据一目了然 |
| 实时直播 | 实时数据助你抢占生意先机 |
| 经营分析 | 流量、商品、交易和营销 |
| 自助取数 | 随时随地查看数据 |
| 市场行情 | 全面的无线行业数据 |
| 专题工具 | 专项问题专项解决 |

#### 2. 订购生意参谋

登录千牛工作台，单击“生意参谋”图标（见图 7-7），进入“生意参谋”页面。

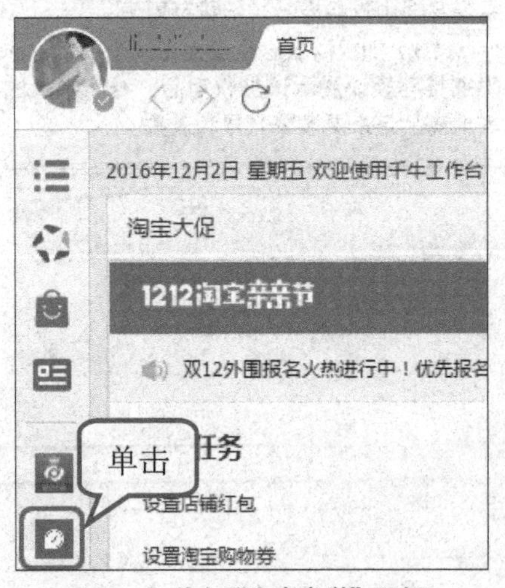


图 7-7 单击“生意参谋”图标

卖家首次使用时需要订购产品，在相应的订购步骤中可以按照提示依次操作完成订购，如图 7-8 所示。

图 7-8 订购产品

#### 3. 如何借助生意参谋分析店铺数据

卖家可以借助生意参谋，并结合行业的实际情况来分析店铺数据，也可以从行业、市场数据入手，分析如何根据行业热卖商品的属性选择适合自己店铺的推广方式。生意参谋的首页功能可以帮助卖家快速了解店铺指标分析数据，如图 7-9 所示。

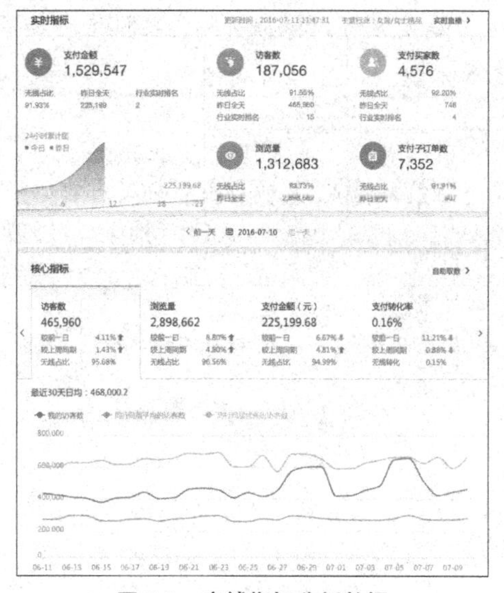


图 7-9　店铺指标分析数据

图 7-10 为自己店铺内的商品在同行业内的排名情况。

商品访客榜TOP10　今天　昨天　实时榜单 >

| 名次 | 商品名称 | 访客数 |
| --- | --- | --- |
| 1 | 精品2016夏季女装潮款新款 水溶性衬衫大码 | 13,226 |
| 2 | 精品2016夏季男装潮款新款 胖哥衬衫大码 | 12,890 |
| 3 | 潮男2016夏季男装 新款深V T恤 拼色气质款 | 11,581 |
| 4 | 潮男2016夏季男装 新款深V T恤 拼色款 | 10,393 |

图 7-10　商品在同行业内的排名情况

#### 4. 生意参谋各类指标含义

生意参谋各类指标含义如表 7-2 所示。

表 7-2　生意参谋各类指标含义

| 指标 | 含义 |
| --- | --- |
| 支付转化率 | 统计时间内，支付买家数 / 访客数，即来访客户转化为支付买家的比例 |
| 客单价 | 统计时间内，支付金额 / 支付买家数，即平均每个支付买家的支付金额 |
| 分层级支付金额 | 商家最近 30 天所在层级的最高支付金额 |

## 7.2　使用营销工具获取免费流量

为了获得更多的免费流量，卖家可以使用营销工具。本节将介绍一些常用的店铺营销工具，帮助卖家获得更多的免费流量。

### 7.2.1　聚划算

聚划算遵循薄利多销的原则，用低价来获得更多成交量。报名聚划算活动的具体操作步骤如下。

❶ 单击“营销中心”标签下的“我要推广”链接（见图 7-11），进入“聚划算”页面。

❷ 单击“聚划算”标签下的“GO”按钮（见图 7-12），进入报名页面。

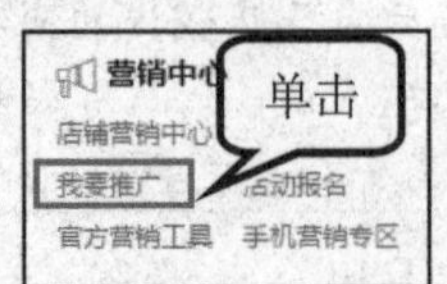


图 7-11 单击“我要推广”链接

图 7-12 单击“GO”按钮

❸ 单击“我要报名”按钮（见图 7-13），进入聚划算活动报名页面。

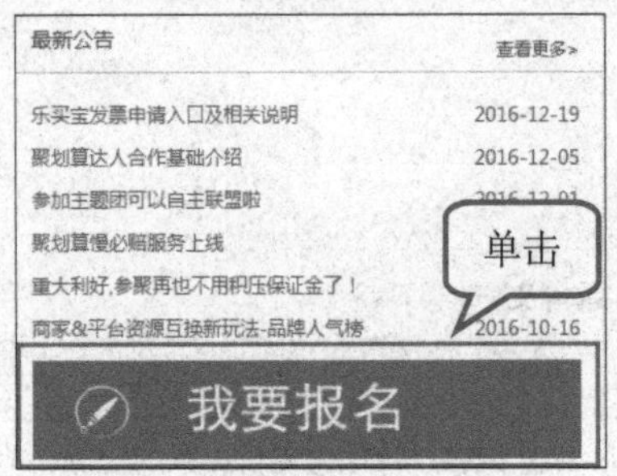


图 7-13 单击“我要报名”按钮

❹ 卖家可以根据实际需要报名参加聚划算活动，如图 7-14 所示。

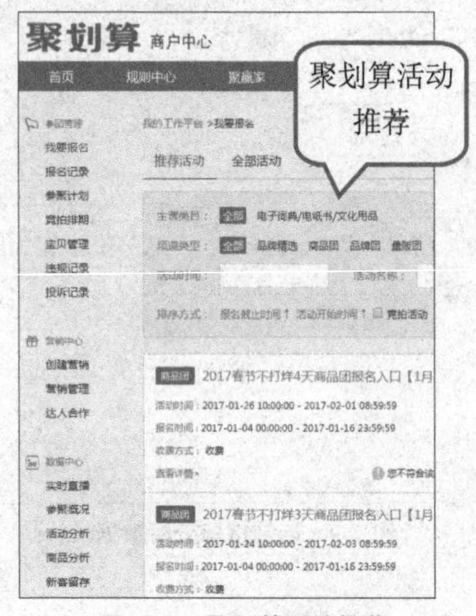


图 7-14 聚划算活动推荐

## 7.2.2 天天特价以低价引流

天天特价是淘宝网扶持小卖家的平台，可以为小卖家提供流量增长的支持。报名天天特价活动的具体操作步骤如下。

❶ 在淘宝网卖家中心中单击“营销中心”标签下的“店铺营销中心”链接，如图 7-15 所示，进入营销入口页面。单击“天天特价”图标（见图 7-16），进入“天天特价”页面。

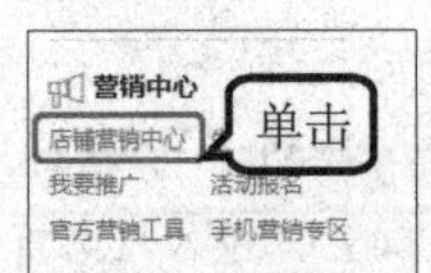


图 7-15 单击“店铺营销中心”链接

图 7-16 单击“天天特价”图标

❷ 单击“我要报名”按钮（见图 7-17），进入天天特价活动报名页面。

图 7-17　单击“我要报名”按钮

❸ 选择报名日期后在右侧选择一项活动，如图 7-18 所示。单击该活动名称下方的“立即报名”按钮（见图 7-19），进入活动说明页面。

图 7-18　选择一项活动

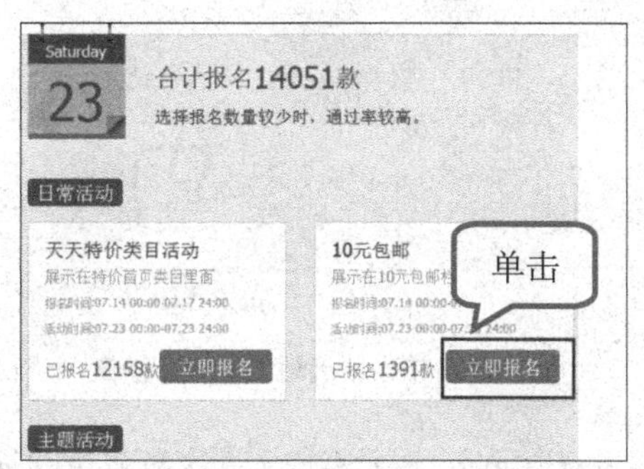


图 7-19　单击“立即报名”按钮

❹ 单击“我要报名”按钮（见图 7-20），进入“报名表单”页面。

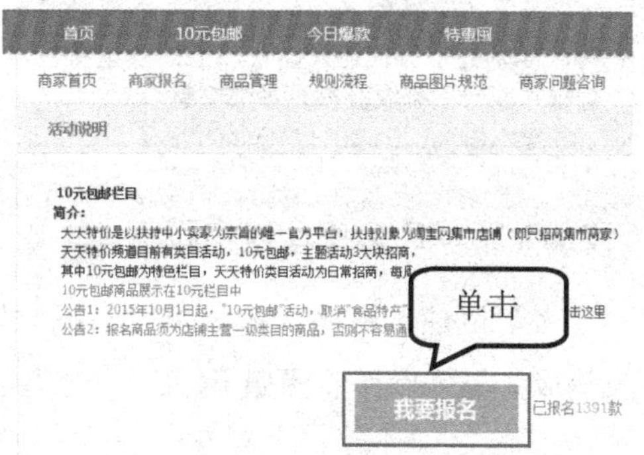


图 7-20　单击“我要报名”按钮

❺ 填写商品和商家的基本信息后，单击“提交申请”按钮即可，如图 7-21 所示。

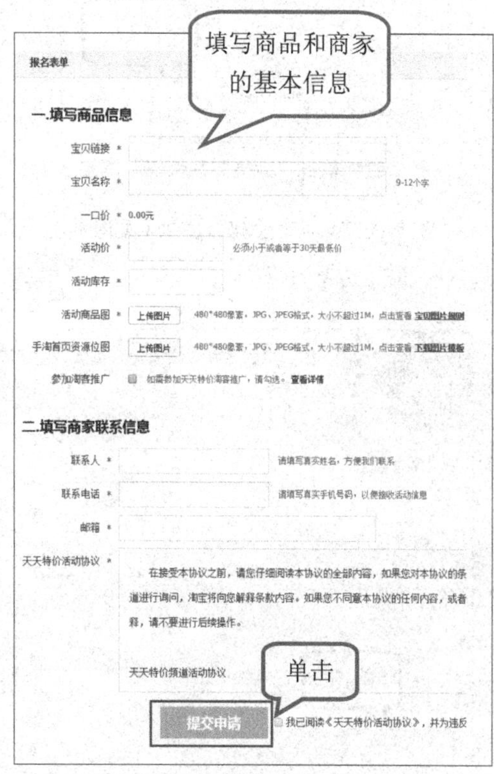


图 7-21　填写商品和商家的基本信息并单击“提交申请”按钮

提示

参加天天特价活动的商品要有充足的库存、详尽的宝贝描述，以及较低的快递费，这样才能帮助卖家获得更多成交量。

### 7.2.3 用 VIP 会员留住老顾客

为了留住老顾客，卖家可以根据顾客的购买金额和次数，设置与之对应的 VIP 会员等级。具体操作步骤如下。

❶ 在淘宝网卖家中心中单击“营销中心”标签下的“会员关系管理”链接（见图 7-22），进入“客户关系管理”页面。

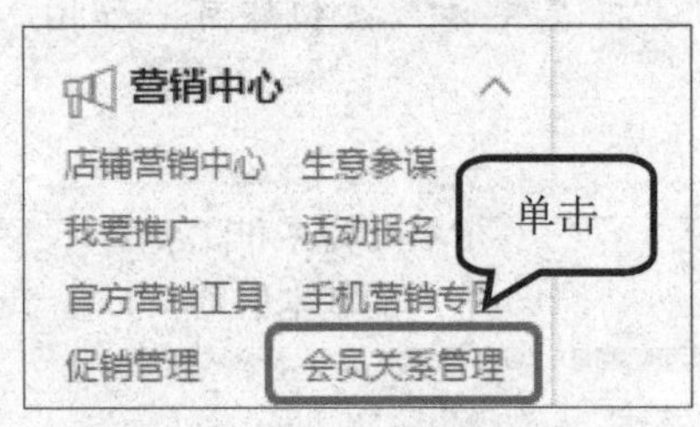


图 7-22 单击“会员关系管理”链接

❷ 单击“会员卡管理”按钮（见图 7-23），进入会员设置页面。

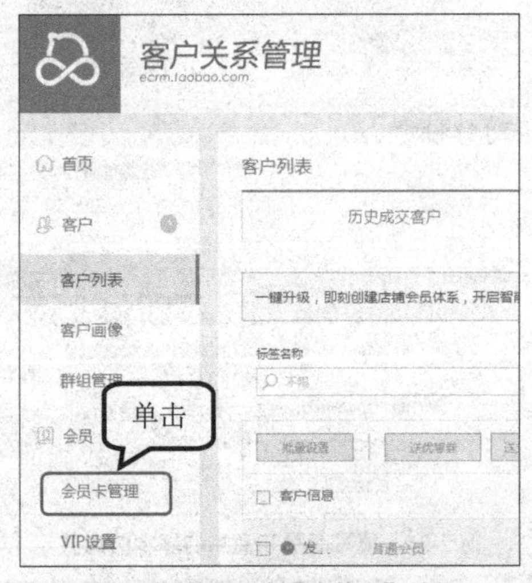


图 7-23 单击“会员卡管理”按钮

❸ 单击“VIP 设置”按钮（见图 7-24），进入会员设置页面。

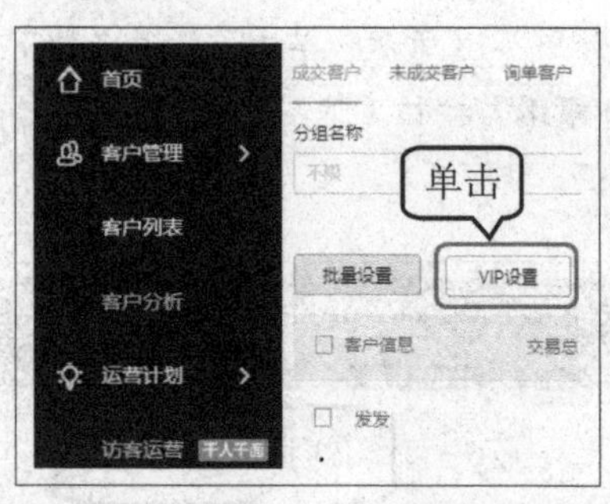


图 7-24 单击“VIP 设置”按钮

❹ 单击“至尊 VIP 会员”标签下的“启用该等级”按钮（见图 7-25），进入等级设置页面。

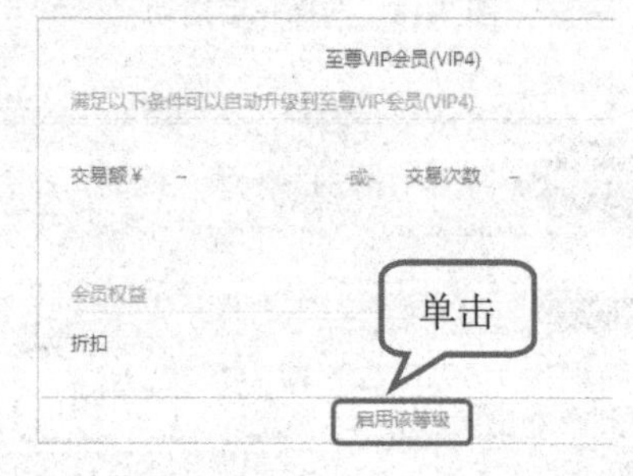


图 7-25 单击“启用该等级”按钮

❺ 输入交易金额、交易次数以及折扣后，单击“保存”按钮，如图 7-26 所示，即可成功设置 VIP 会员等级。

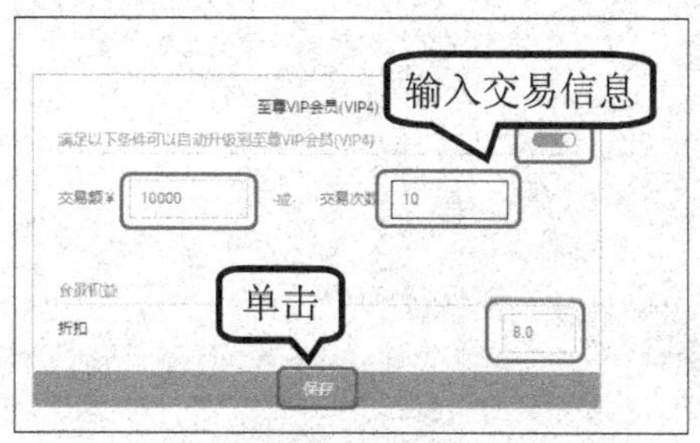


图 7-26　输入交易信息并单击“保存”按钮

## 7.2.4　通过发放支付宝红包为店铺引流

卖家可以通过支付宝给顾客发送红包，为店铺带来更多流量。在发送红包之前，卖家需要添加顾客为好友。创建支付宝红包模板的具体操作步骤如下。

❶ 在客户关系管理页面中选择要发送支付宝红包的顾客，然后单击“送支付宝红包”按钮，如图 7-27 所示，进入“送支付宝红包”页面。

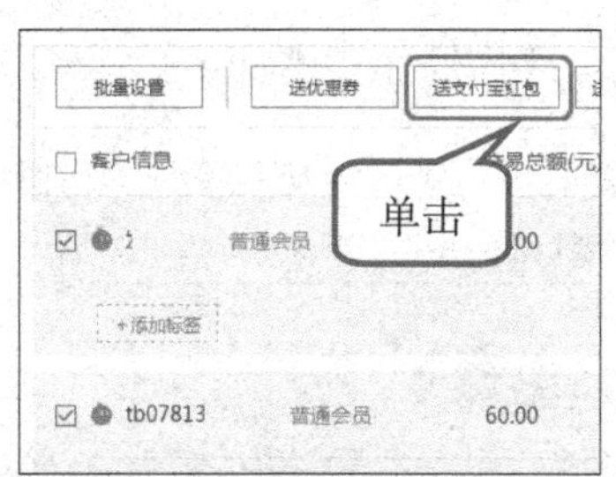


图 7-27　单击“送支付宝红包”按钮

❷ 此时页面提示需要先签约才能使用支付宝红包，单击“立即签约”按钮，如图 7-28 所示，进入“支付宝红包”页面。

图 7-28　单击“立即签约”按钮

❸ 阅读支付宝红包协议，确认无误后单击“确定”按钮，如图 7-29 所示，弹出“送支付宝红包”对话框。

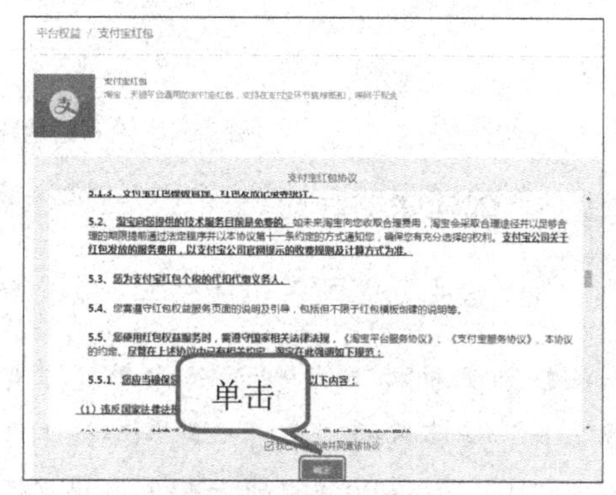


图 7-29　阅读支付宝红包协议并单击“确定”按钮

❹ 单击“创建新模板”链接（见图 7-30），进入“支付宝红包模板”页面。

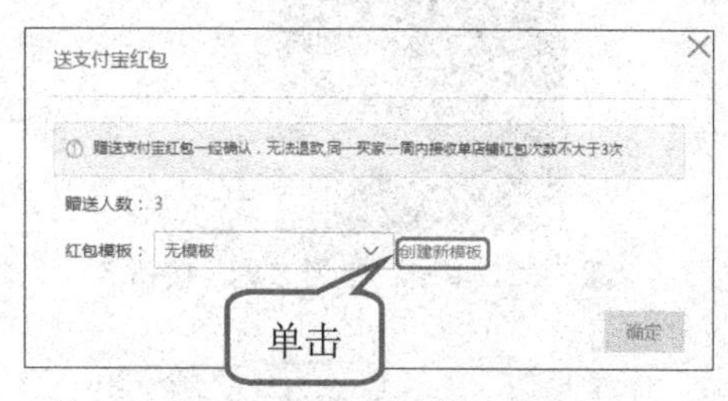


图 7-30　单击“创建新模板”链接

❺ 填写模板名称、红包名称、红包金额、发放数量以及发放时间后，单击“确认创建”按钮，如图 7-31 所示，即可创建支付宝红包模板。

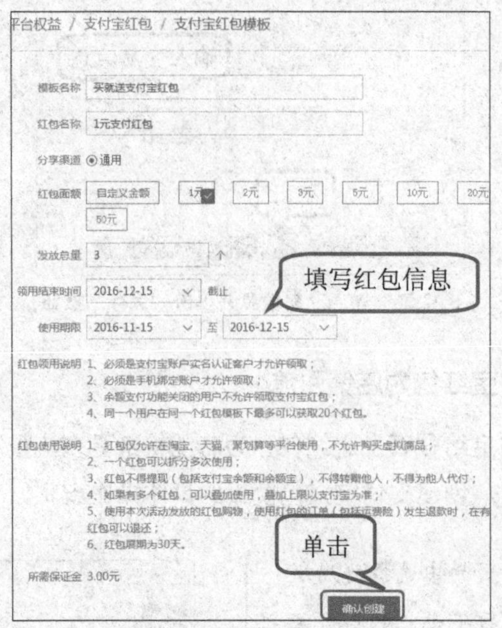


图 7-31　填写红包信息并单击“确认创建”按钮

### 7.2.5　创建店铺红包

为了吸引新老顾客进店，卖家可以创建店铺红包。具体操作步骤如下。

❶ 在客户关系管理页面中单击“营销工具”标签下的“常用工具”按钮（见图 7-32），进入官方工具页面。单击“店铺红包”图标（见图 7-33），进入店铺红包页面。

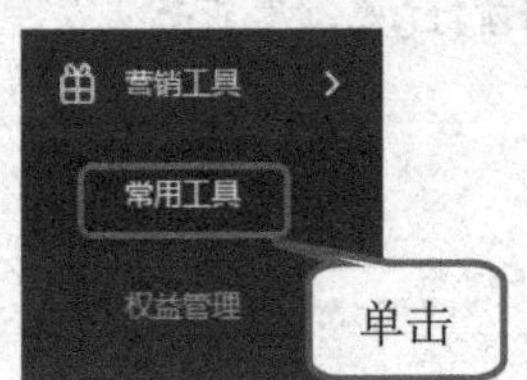


图 7-32　单击“常用工具”按钮

7-33　单击“店铺红包”图标

❷ 单击“创建活动”按钮（见图 7-34），进入“创建活动”页面。

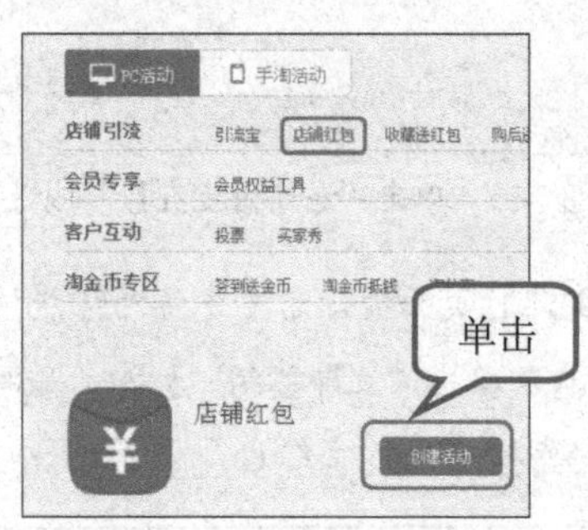


图 7-34　单击“创建活动”按钮

❸ 填写活动名称、活动时间、红包金额、发放数量、让利总额以及买家领取条件后，单击“确定并保存”按钮，如图 7-35 所示，即可成功创建店铺红包。

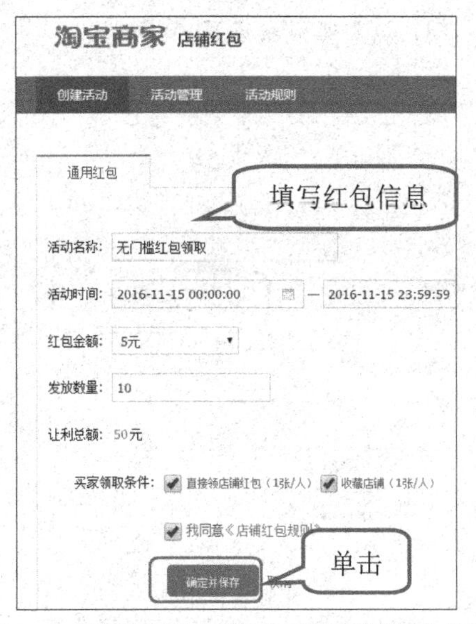


图 7-35　填写红包信息并单击“确定并保存”按钮

❹ 只要顾客收藏了该店铺的商品，就可以在店铺名称右侧看到可领取的店铺红包，如图 7-36 所示。

图 7-36　店铺红包

## 7.2.6　满就送

满就送是一种常用的店铺促销手段。满就送是淘宝网基于旺铺提供给商家的一个店铺营销平台，它可以给商家带来更多流量。设置满就送活动的具体操作步骤如下。

❶ 在淘宝网卖家中心中单击“营销中心”标签下的“促销管理”链接，如图 7-37 所示，进入“商家营销中心”页面。

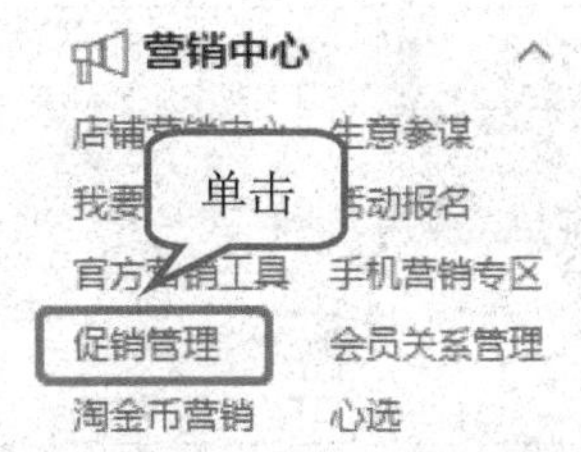


图 7-37　单击“促销管理”链接

❷ 单击“满就送”标签下的“马上订购”按钮（见图 7-38），进入满就送订购页面。

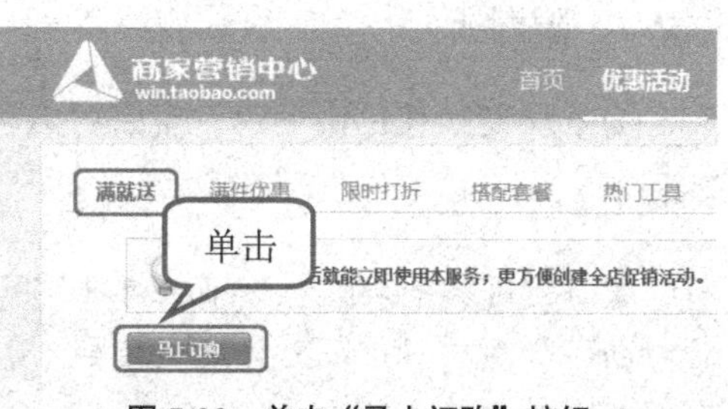


图 7-38　单击“马上订购”按钮

❸ 选择订购周期，单击“立即订购”按钮，如图 7-39 所示，进入订购页面。单击“同意协议并付款”按钮（见图 7-40），即可成功订购满就送。

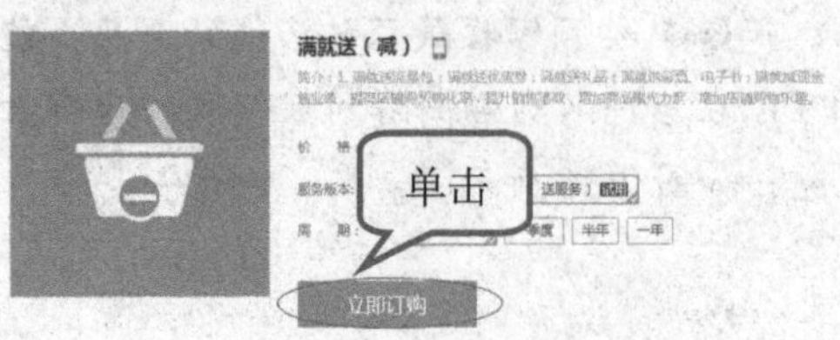


图 7-39　单击“立即订购”按钮

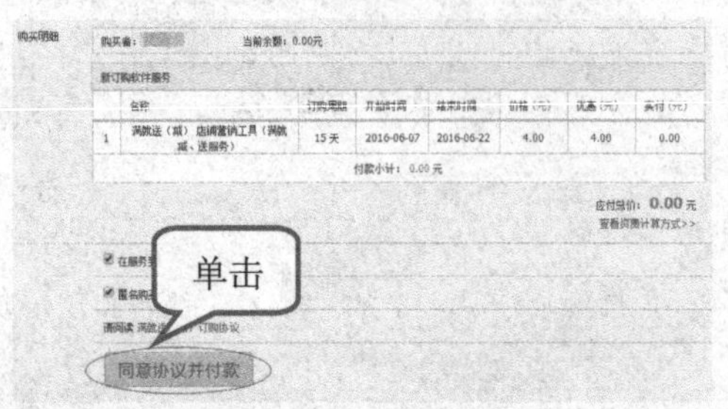


图 7-40　单击“同意协议并付款”按钮

❹ 在“满就送设置”页面中填写活动名称、活动时间、优惠方式、优惠条件以及优惠内容后，单击“保存”按钮（见图 7-41），即可成功设置满就送活动。

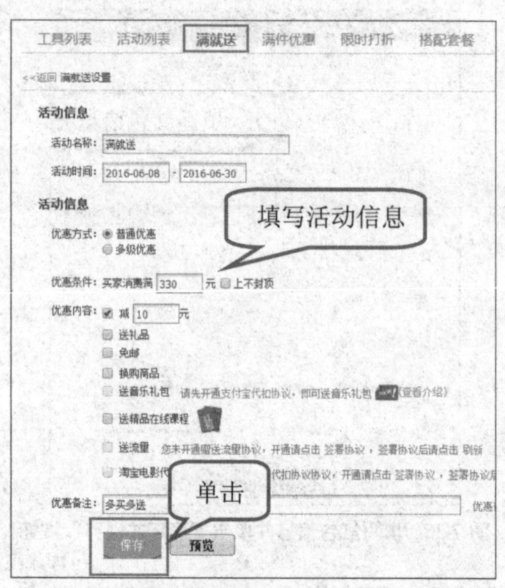


图 7-41　填写活动信息并单击“保存”按钮

## 7.2.7　限时折扣

为了促使顾客尽快下单，卖家可以为店铺内的某个商品设置限时折扣。具体操作步骤如下。

❶ 在“商家营销中心”页面中单击“限时打折”标签下的“马上订购”按钮（见图 7-42），进入限时打折订购页面。

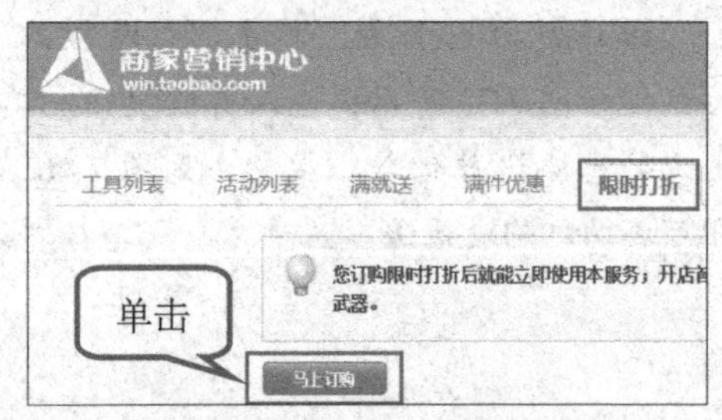


图 7-42　单击“马上订购”按钮

❷ 选择订购周期后，单击“立即订购”按钮（见图 7-43），进入付款页面。

图 7-43　单击“立即订购”按钮

❸ 单击“同意并付款”按钮（见图 7-44），即可成功订购限时折扣。

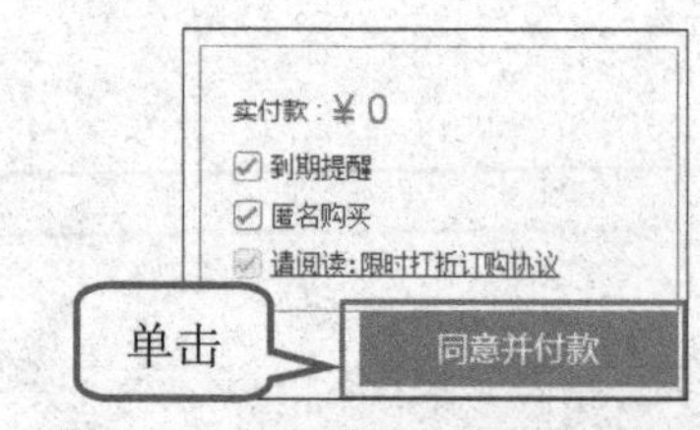


图 7-44　单击“同意并付款”按钮

❹ 在淘宝网卖家营销中心中单击“限时打折”图标（见图 7-45），进入“限时打折”页面。

图 7-45 单击“限时打折”图标

❺ 单击“创建活动”按钮（见图 7-46），进入“限时打折首页”页面。

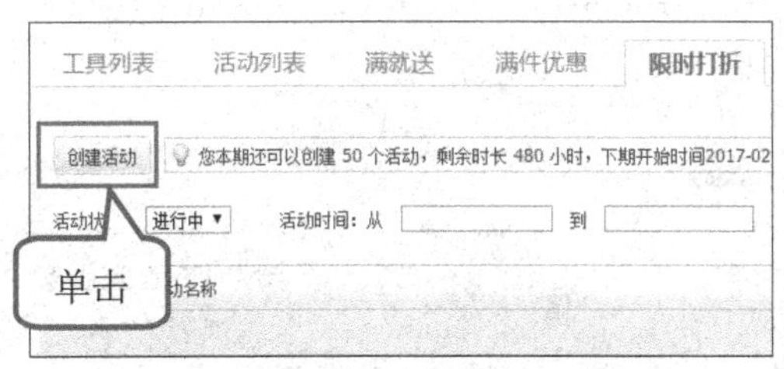


图 7-46 单击“创建活动”按钮

❻ 填写促销活动名称、促销开始和结束时间后，单击“确定”按钮，如图 7-47 所示。

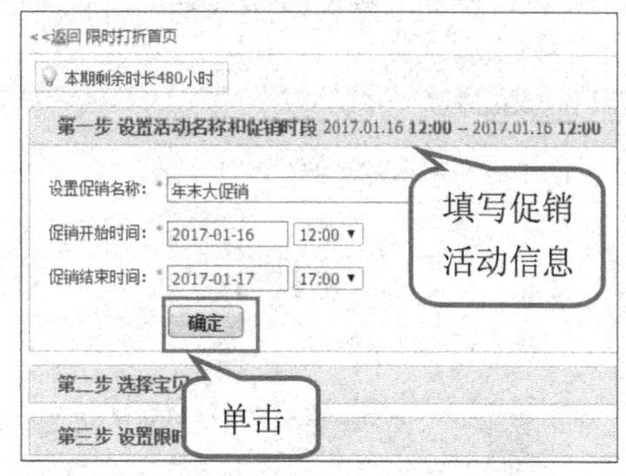


图 7-47 填写促销活动信息并单击“确定”按钮

❼ 最后选择参加活动的宝贝和折扣，即可成功创建限时折扣活动。

## 7.2.8 为店铺设置优惠券

卖家为店铺设置优惠券，可以吸引大量顾客购买自己的产品。具体操作步骤如下。

### 1. 店铺优惠券设计

图 7-48 所示的女装店铺的优惠券采用了图形和数字结合的设计方式。

图 7-48 女装店铺优惠券设计

图 7-49 所示的食品店铺的优惠券用大红色作为背景，以衬托年货节的气氛。

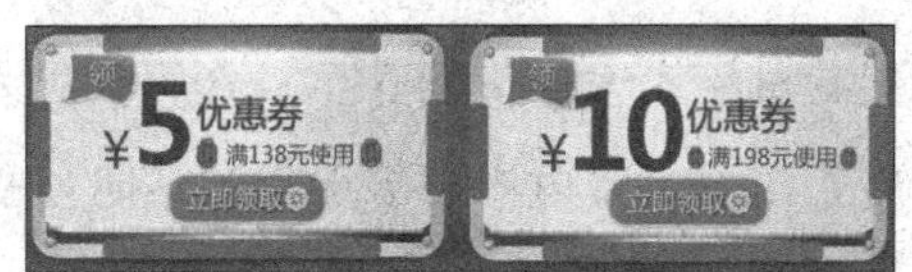


图 7-49 食品店铺优惠券设计

### 2. 创建店铺优惠券活动

创建店铺优惠券活动的具体操作步骤如下。

❶ 在淘宝网卖家中心中单击“营销中心”标签下的“促销管理”链接，进入“商家营销中心”页面。单击“淘宝卡券”标签下的“马上订购”按钮（见图 7-50），进入“优惠券”页面。

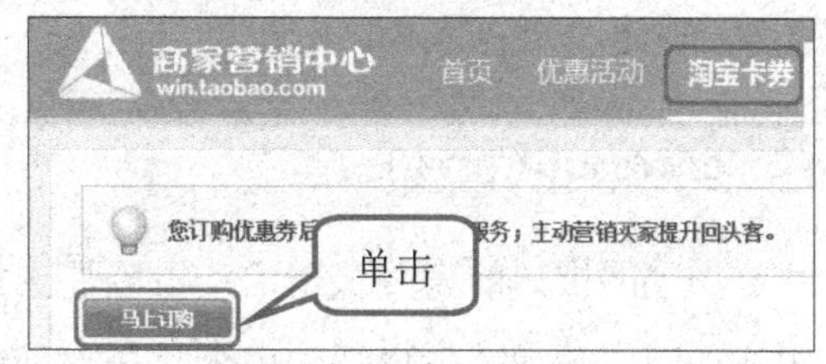


图 7-50 单击“马上订购”按钮

❷ 选择使用周期后，单击“立即订购”按钮，如图 7-51 所示，进入协议签署页面。单击“同意协议并付款”按钮（见图 7-52），即可成功订购优惠券。

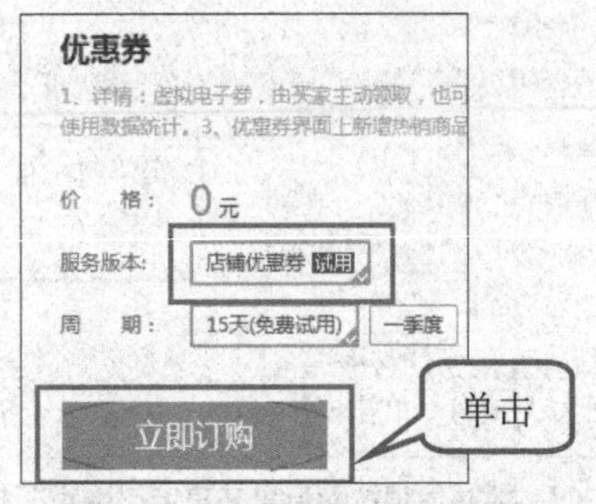


图 7-51　单击“立即订购”按钮

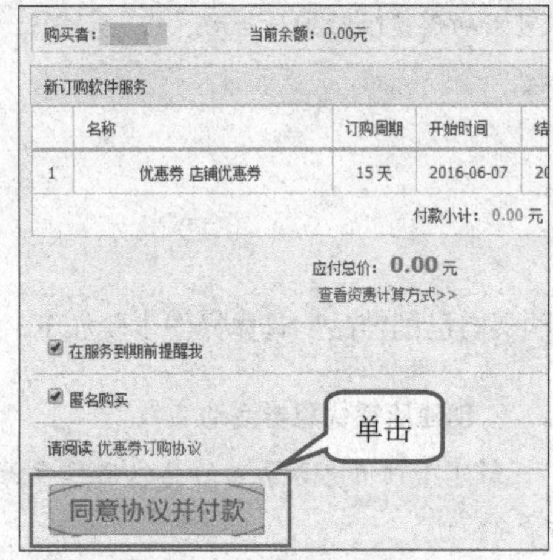


图 7-52　单击“同意协议并付款”按钮

❸ 优惠券包括店铺优惠券、商品优惠券和包邮券三种形式。卖家可以根据实际需要选择合适的优惠券。这里单击“店铺优惠券”下的“立即创建”按钮（见图 7-53），进入“新建 店铺优惠券”页面。

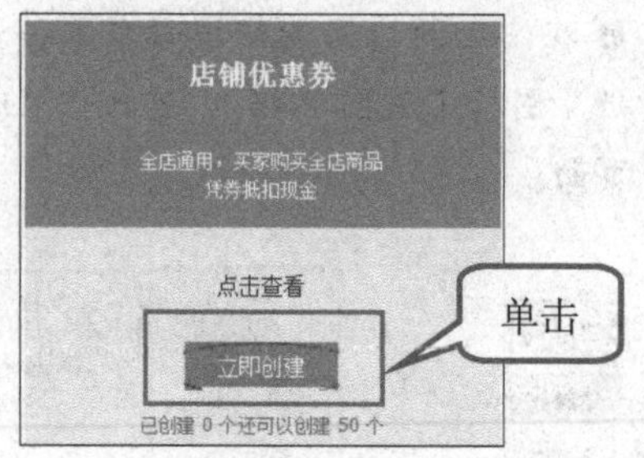


图 7-53　单击“立即创建”按钮

❹ 填写优惠券的名称、面额、使用条件、发行量以及优惠时段后，单击“保存”按钮，如图 7-54 所示，即可成功创建店铺优惠券活动。

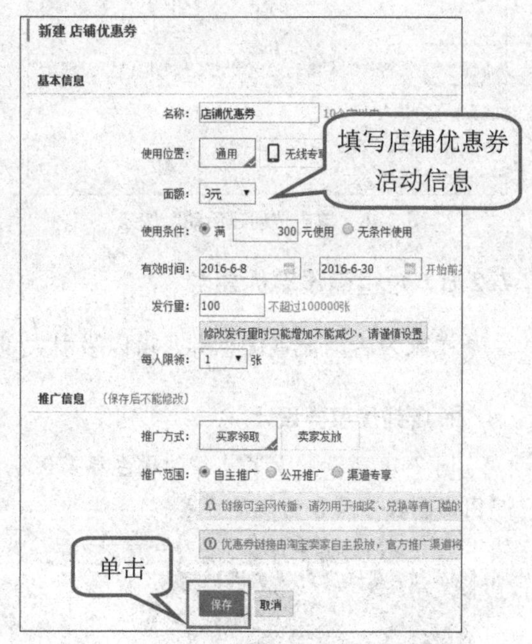


图 7-54　填写店铺优惠券活动信息并单击“保存”按钮

### 7.2.9　免费试用活动

淘宝网推出的免费试用活动可以让买家不花钱就试用卖家提供的商品。参加免费试用活动的商品最终会得到多份来自买家的试用报告，这些报告可以有效地告知其他买家该产品是否值得购买，因此免费试用可以有效地推广店铺和商品。

### 1. 参加免费试用活动可获得的利益

参加免费试用活动可获得的利益如图 7-55 所示。

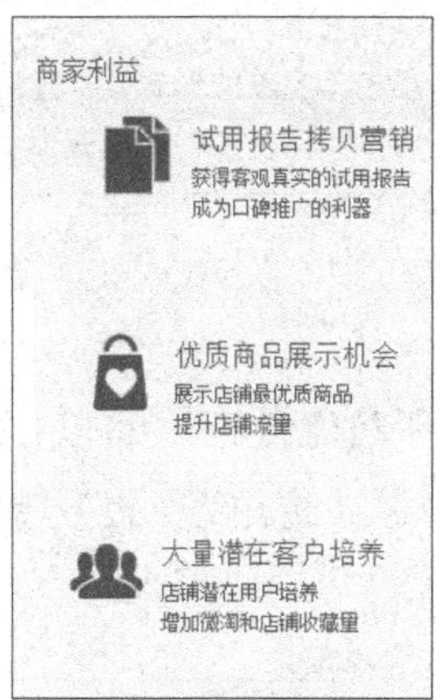


图 7-55　参加免费试用活动可获得的利益

### 2. 免费试用活动报名流程

要想报名参加免费试用活动，卖家需要遵循图 7-56 所示的流程。

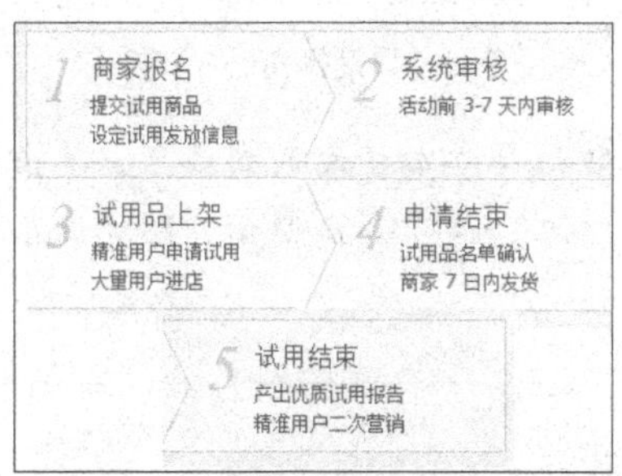


图 7-56　免费试用活动报名流程

**提示**

参加免费试用活动的店铺需要满足以下三个条件。

（1）集市店铺：一钻以上或店铺评分 4.6 分以上或加入消保。

（2）商城店铺：店铺综合评分 4.6 分以上。

（3）店铺无严重违规及售假处罚扣分。

### 3. 报名参加免费试用活动的步骤

报名参加免费试用活动的具体操作步骤如下。

❶ 登录免费试用网站，单击“商家报名”按钮，如图 7-57 所示，进入免费试用活动报名页面。

图 7-57　单击“商家报名”按钮

❷ 单击“报名免费试用”按钮（见图 7-58），进入“选择排期”页面。

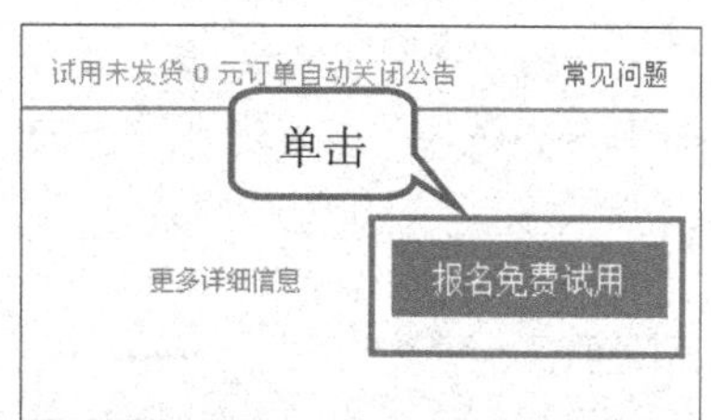


图 7-58　单击“报名免费试用”按钮

❸ 在该页面中可以查看排期中的活动，卖家可以根据实际需要报名参加活动，如图 7-59 所示。

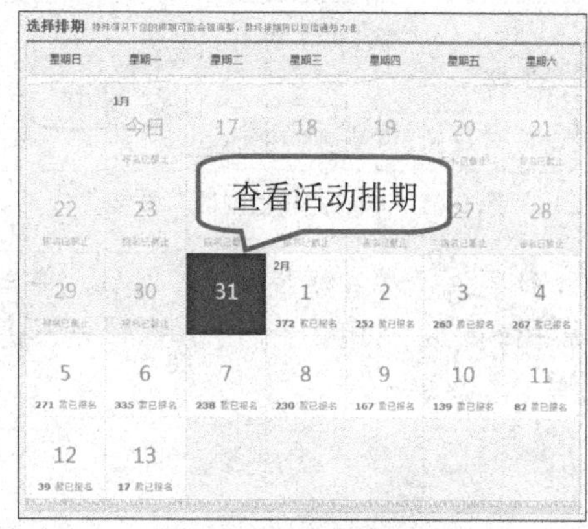


图 7-59　查看活动排期

提示

报名参加免费试用活动的商品需要满足以下四个条件：

（1）试用品必须为原厂出产的合格、全新且在保质期内的产品；

（2）试用品总价值（报名价 × 数量）不低于 1500 元；

（3）试用品免费发放给顾客，顾客提供试用报告，商品无须返还给卖家；

（4）大家电入驻菜鸟仓库、天猫物流宝及天猫国际的商品会采用名单发放的形式，不会生成订单，商家可按试用后台名单发货。

### 7.2.10 通过“分享有礼”挣无线流量

为店铺内的宝贝设置“分享有礼”（如支付宝红包、手机流量等），可以有效激励顾客在自己的社交圈里分享该宝贝，并配合宝贝活动（如满减、折扣等）提升转化率。具体操作步骤如下。

❶ 在淘宝网卖家中心中单击“营销中心”标签下的“手机营销专区”链接，如图 7-60 所示，进入“分享有礼”页面。

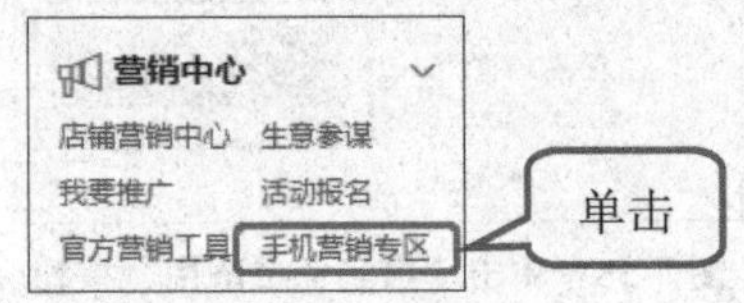


图 7-60 单击“手机营销专区”链接

❷ 单击“马上创建”按钮（见图 7-61），进入“分享有礼，活动创建”页面。

图 7-61 单击“马上创建”按钮

❸ 填写活动名称和活动时间后，单击“请选择商品”链接，如图 7-62 所示，进入商品选择页面。

图 7-62 填写活动名称和活动时间并单击“请选择商品”链接

❹ 选择参加活动的商品后，单击“确定”按钮，如图 7-63 所示，继续设置其他信息。

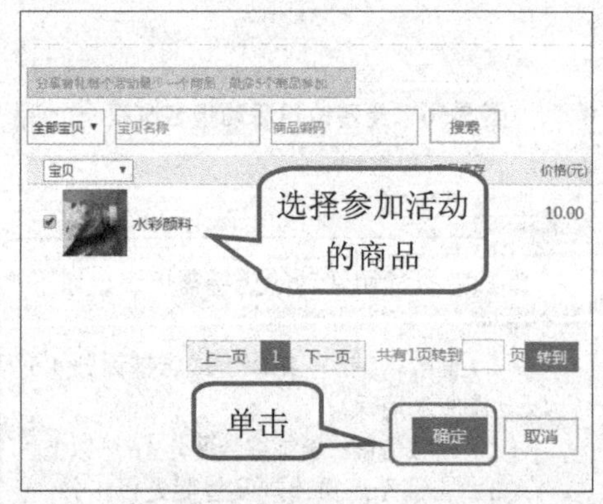


图 7-63 选择参加活动的商品并单击“确定”按钮

❺ 填写分享者的获奖次数以及支持者的获奖次数，单击“创建”按钮，如图 7-64 所示，即可成功创建分享有礼活动。

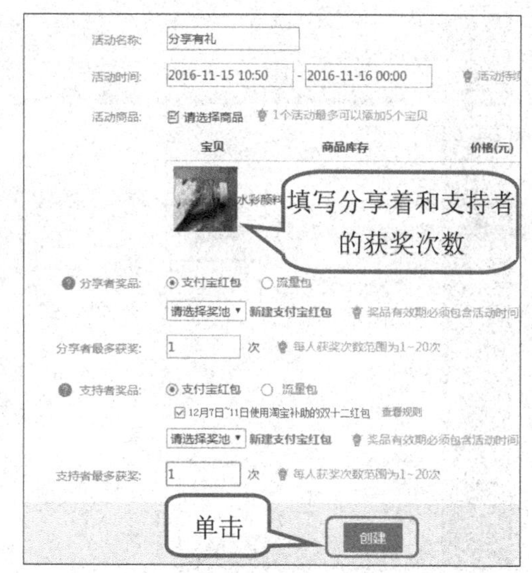

图 7-64　填写分享者和支持者的获奖次数并单击“创建”按钮

## 7.2.11　用淘金币推广店铺

在淘宝网上，买家可以用淘金币获得高品质、低价格甚至完全免费的宝贝，卖家可以通过淘金币兑换活动展示机会来推广自己的店铺并提升品牌知名度。

### 1. 什么是淘金币

淘金币是可以在淘宝网里使用的虚拟货币。用户可以通过每日登录领取淘金币以及购物分享、晒宝贝、玩应用、做任务等方式来获得淘金币，也可以用淘金币在兑换中心免费兑换礼品、购买折扣宝贝。

### 2. 淘金币在哪里引流

淘金币营销为全网集市（天猫商城暂时只支持天猫国际）卖家通用，既不限类目（虚拟类和二手闲置除外），也不限店铺等级，完全免费。在最新版手机淘宝端，淘金币宝贝有特殊标志及专项筛选。

图 7-65 为手机淘宝网搜索结果页面，通过点触右上角的“筛选”按钮，可以在筛选列表中选择“淘金币抵钱”选项，即可进入宝贝详情页面，如图 7-66 所示。

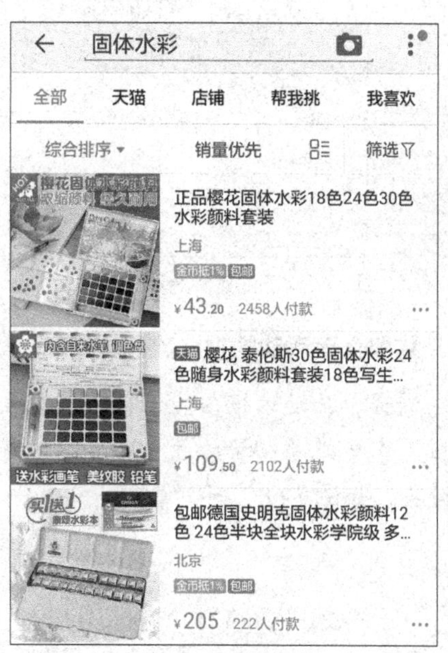

图 7-65　手机淘宝网搜索结果页面

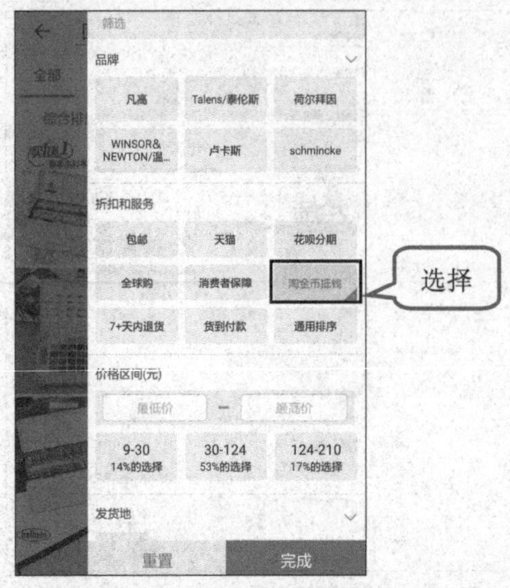


图 7-66　选择“淘金币抵钱”选项

在该页面中可以看到已设置淘金币的宝贝，如图 7-67 所示。

图 7-67　已设置淘金币的宝贝

### 3. 淘金币活动的报名流程

淘金币活动的报名流程分为报名准备阶段、审核排期、活动上线和活动结束四个阶段，如图 7-68 所示。

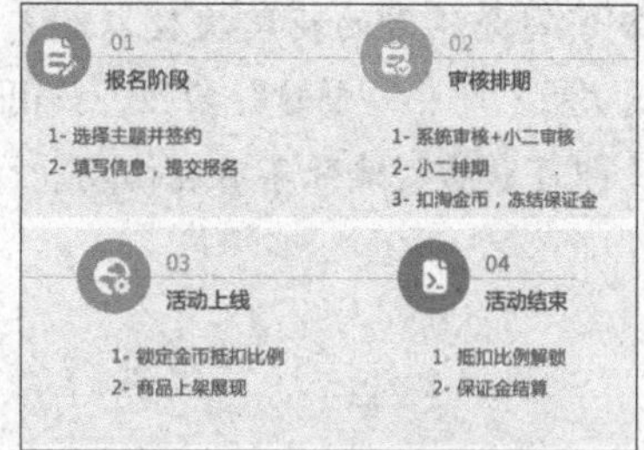


图 7-68　淘金币活动的报名流程

**提示**

开通淘金币的店铺需要满足以下五个条件:

（1）店铺星级须为三钻以上；

（2）实物交易占比须为 80% 以上；

（3）须为旺铺且加入基础消费者保障服务;

（4）店铺动态评分的个数须达 50 个以上;

（5）符合淘宝网营销活动规则，且未在被禁止参加淘金币活动期限内。

### 4. 如何开通淘金币

开通淘金币的具体操作步骤如下。

❶ 在淘宝网卖家中心中单击“营销中心”标签下的“我要推广”链接，如图 7-69 所示，进入我要推广页面。

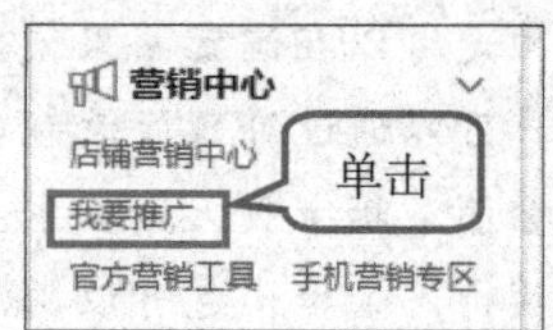


图 7-69　单击“我要推广”链接

❷ 单击“常用入口”标签下的“淘金币”按钮（见图 7-70），进入“淘金币卖家服务中心”页面。

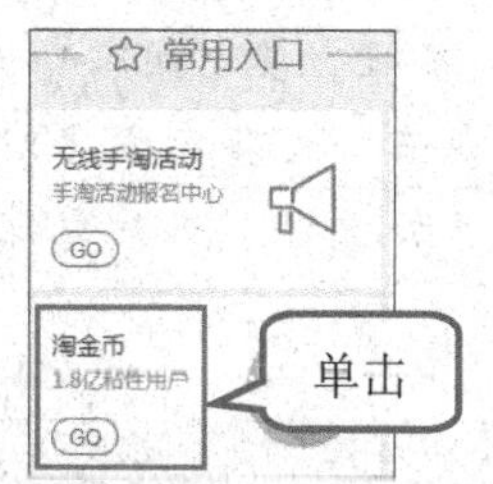


图 7-70　单击“淘金币”按钮

❸ 单击“报名活动”按钮（见图 7-71），进入淘金币账户申请页面。

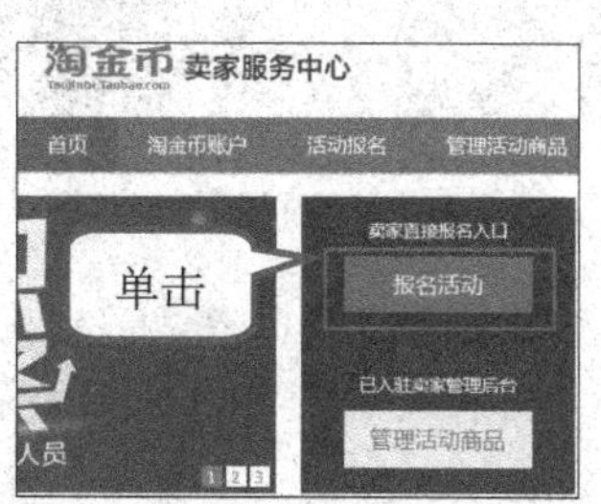


图 7-71　单击“报名活动”按钮

❹ 单击“立即申请淘金币账户”按钮（见图 7-72），进入用户协议签署页面。

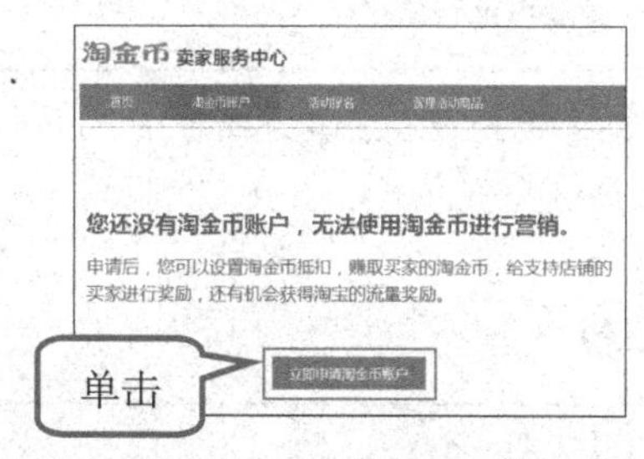


图 7-72　单击“立即申请淘金币账户”按钮

❺ 签署成功后，即可开通淘金币账户，如图 7-73 所示。

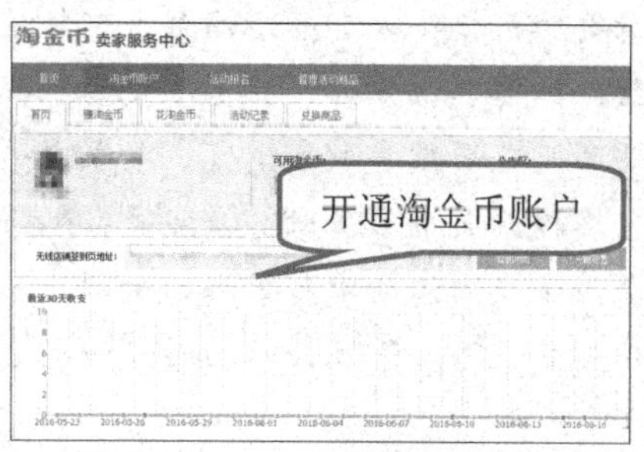


图 7-73　开通淘金币账户

**提示**

开通淘金币账户之后，如果卖家想参加淘金币活动，就要绑定支付宝，便于淘宝进行代扣。

### 5. 用淘金币为店铺引流

淘宝网官方提供了送金币工具，如收藏店铺、分享店铺、购买商品、签到送金币，卖家可自由支配卖家金币，发放给进店买家。

表 7-3 为花金币赚流量活动介绍。

表 7-3　花金币赚流量活动介绍

| | |
|---|---|
| 签到送金币 | 通过买家每日进入店铺签到获得相应的淘金币，给卖家的店铺带来更多流量 |
| 收藏送金币 | 对于收藏本店铺的买家，可以获得一定数量的淘金币 |
| 淘口令送金币 | 商品会展示在淘口令活动专区 |
| 淘金币换流量 | 卖家用淘金币兑换流量 |
| 购物送金币 | 对购买了卖家店铺内宝贝的买家进行淘金币奖励 |
| 评价送金币 | 可以帮助卖家获得更多高质量的评价 |

6. 设置淘金币抵钱为店铺引流

卖家设置了淘金币抵钱后，每个宝贝详情页的价格下方会显示淘金币可抵用的金额，如图 7-74 所示。设置了淘金币抵钱的商品能吸引更多顾客浏览。买家在手机淘宝网搜索某个宝贝时，该宝贝标题下方也会显示使用淘金币可抵用的金额，其展示位置更显眼。设置该活动的店铺也会获得更多流量。

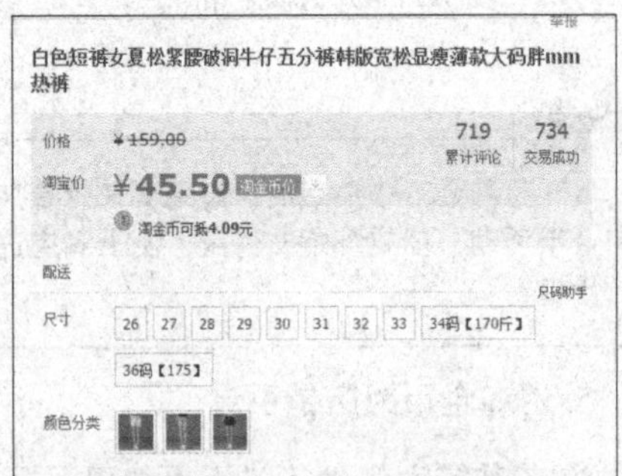


图 7-74　设置了淘金币抵钱的宝贝

卖家设置淘金币抵钱活动之后，其店铺会在淘金币的店铺街页面中展示，如图 7-75 所示。店铺街类似于网址导航网站，将淘宝网上信誉和声望比较高的店铺进行收集、整理，便于顾客查找，具有较高的收藏价值。大多数顾客对店铺街推荐的店铺更加信任，店铺自然会获得更多流量。

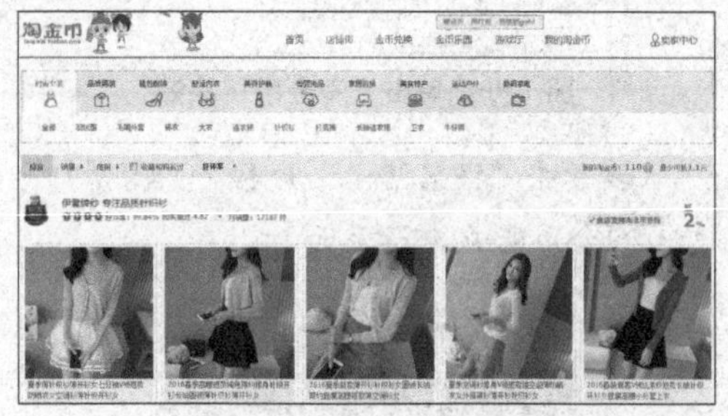

图 7-75　淘金币店铺街页面

卖家设置全店商品或单品的淘金币抵钱活动，顾客在购物时可用淘金币抵现，顾客的 70% 金币会存入卖家淘金币账户。

**提示**

卖家可以通过挂签名、店铺公告及群发消息等方式，通知新老顾客自己的店铺正在参加淘金币抵钱活动。

赚金币的方式如表 7-4 所示。

表 7-4　赚金币的方式

| | |
|---|---|
| 淘金币抵钱 | 即全店支持买家使用淘金币抵扣部分商品金额，买家用于抵扣的淘金币，70% 存入卖家淘金币账户，供后期店铺营销活动发放使用 |
| 优惠券赚金币 | 买家通过淘金币兑换卖家设置的优惠券 |
| 充红包送金币 | 卖家创建充红包送金币活动，即卖家设置冻结支付宝账户金额来获得相应的淘金币 |
| 金币兑换工具 | 设置此功能可以有效促进顾客下单，更有针对性地维护老顾客 |

## 7.2.12　通过店铺联盟为店铺引流

如何轻松获取更多流量？如何快速提升流量转化率？淘宝店铺联盟可以帮助卖家解

决这些问题。通过淘宝店铺联盟，卖家可以将店铺的末端流量和同等级其他店铺交换，从而为自己的店铺带来更多有效的精准流量。

### 1. 店铺联盟的引流方式

图 7-76 为店铺联盟的引流方式，即卖家在为其他店铺提供推广的同时，也可以获得在同等级其他店铺的精准推广的机会，增加自己的店铺访客数量。

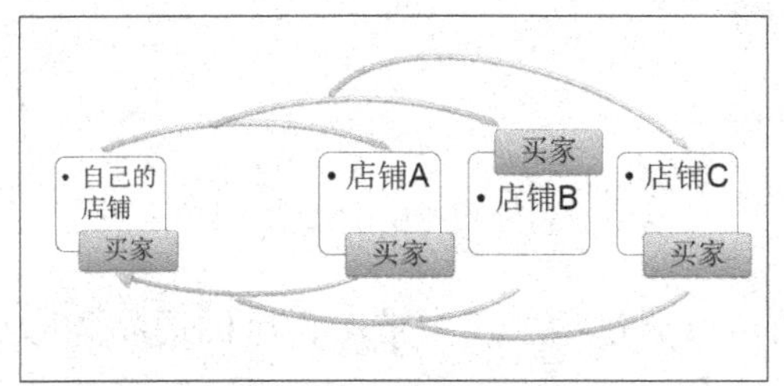


图 7-76　店铺联盟的引流方式

### 2. 店铺联盟的引流位置

参与店铺联盟推广的卖家需要在宝贝详情页“看了又看”下方增加一个“邻家好货”模块，该模块可展示四个商品。图 7-77 显示的是其他店铺的宝贝，同时自己店铺内的宝贝也会在其他店铺的宝贝详情页中展示，充分实现了店铺间的优势互补。这些推荐的商品属于同类目商品，自然会吸引顾客浏览，从而使店铺获得更多流量。

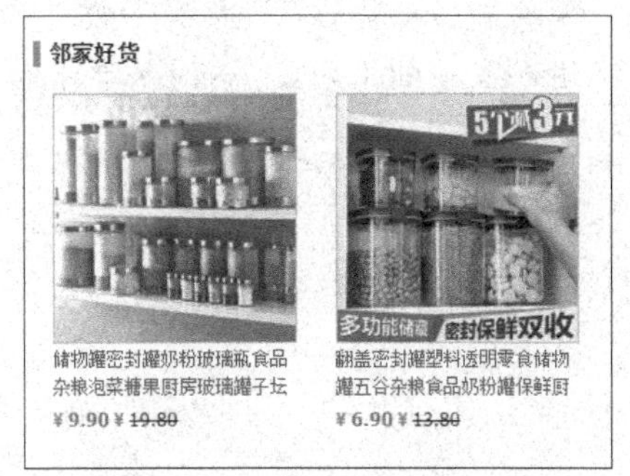


图 7-77　邻家好货展示位

### 3. 如何加入店铺联盟

加入店铺联盟的具体操作步骤如下。

❶ 在淘宝网卖家中心中单击“营销中心”标签下的“官方营销工具”链接，如图 7-78 所示，进入官方营销中心页面。

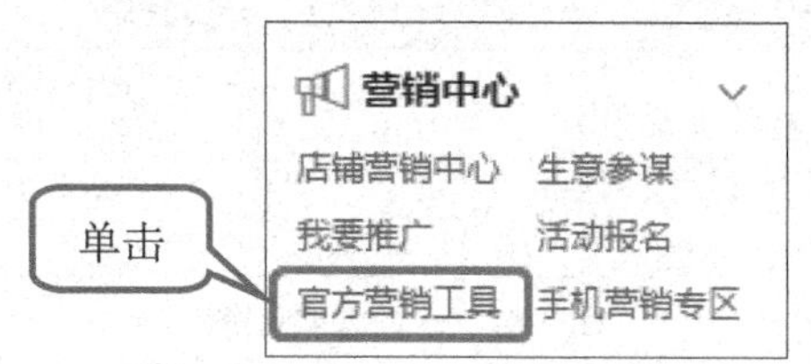


图 7-78　单击“官方营销工具”链接

❷ 单击“店铺联盟”左侧的“立即设置”按钮，如图 7-79 所示，进入“店铺联盟”页面。

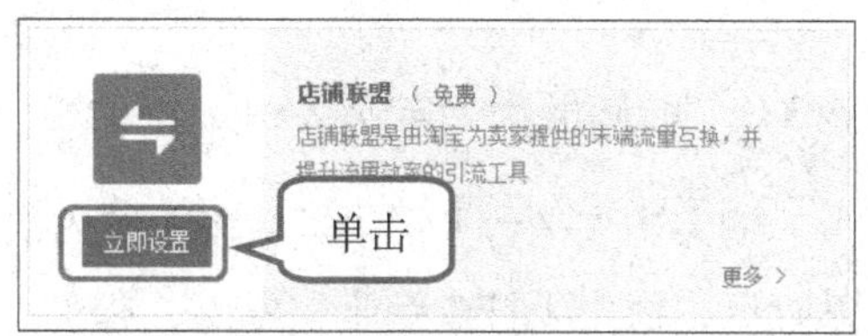


图 7-79　单击“立即设置”按钮

❸ 单击“立即开通”按钮（见图 7-80），即可开通店铺联盟。

图 7-80　单击“立即开通”按钮

❹ 在店铺联盟后台可以查看指定期限内的宝贝点击人数以及买家支付数等数据，

如图 7-81 所示。

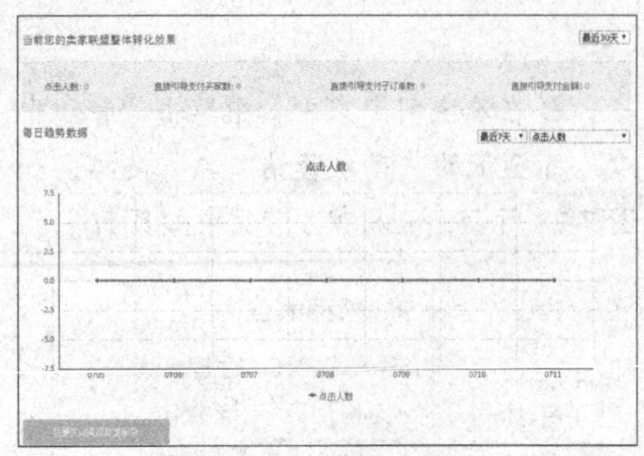

图 7-81　查看店铺数据

**提示**

成功加入淘宝店铺联盟的卖家不用做任何操作，在产品上线后，系统会根据进店顾客行为自动推荐联盟商品，轻松跨店获取更多流量。

# 7.3　寻找淘宝达人做无线端推广

卖家除了可以使用营销工具推广店铺，还可以通过淘宝达人推广自己的商品和店铺。

## 7.3.1　如何成为淘宝达人

淘宝达人平台上汇集了众多领域内的优秀达人、意见领袖、新媒体以及垂直导购网站社区，致力于打造专业、可信、真实、生动的内容开放平台，为顾客提供周到、舒适的购物体验。

### 1. 成为淘宝达人的条件

要想在无线端使用淘宝头条、淘抢购、有好货以及必买清单等引流工具，用户必须成为淘宝达人。成为淘宝达人需要满足的三个条件如表 7-5 所示。

表 7-5　成为淘宝达人需要满足的三个条件

| 条件 | 内容 |
| --- | --- |
| 条件一 | 内容发布数超过 5 条 |
| 条件二 | 微淘粉丝数量超过 100 人 |
| 条件三 | 内容质量分超过 20 分 |

### 2. 认证淘宝达人

认证淘宝达人的具体操作步骤如下。

❶ 在达人管理中心中单击“达人成长”按钮，进入达人申请页面，如图 7-82 所示。

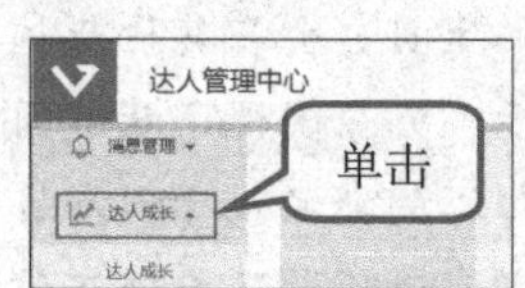


图 7-82　单击“达人成长”按钮

❷ 单击“大 V 达人”标签下的“申请大 V 达人”按钮（见图 7-83），即可申请大 V 达人。

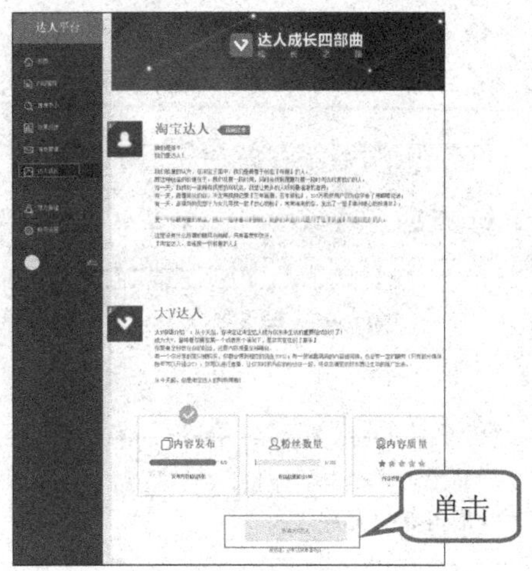

图 7-83　单击“申请大 V 达人”按钮

### 3. 如何寻找淘宝达人

寻找淘宝达人的具体操作步骤如下。

❶ 在手机淘宝网有好货页面中点触某个宝贝链接（见图 7-84），进入该宝贝的推荐详情页面。

图 7-84　点触某个宝贝链接

❷ 该宝贝价格下方会显示达人 ID，点触该 ID，如图 7-85 所示，进入其达人主页。

图 7-85　点触达人 ID

❸ 点触“达人”按钮（见图 7-86），进入“达人首页”。

图 7-86　点触“达人”按钮

❹ 点触搜索框（见图 7-87），打开达人类目列表。

图 7-87　点触搜索框

❺ 选择合适的类目名称（见图 7-88），

即可进入该类目的达人列表。

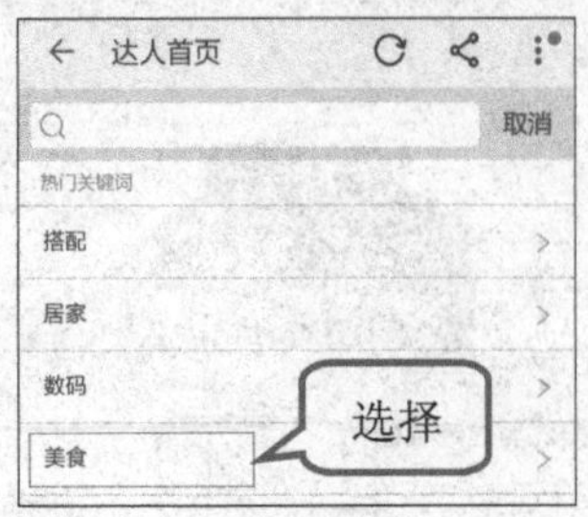


图 7-88　选择合适的类目名称

❻ 点触某个达人链接的缩略图（见图 7-89）。

图 7-89　点触某个达人链接的缩略图

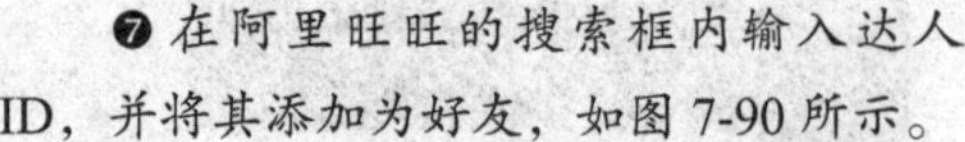

❼ 在阿里旺旺的搜索框内输入达人 ID，并将其添加为好友，如图 7-90 所示。

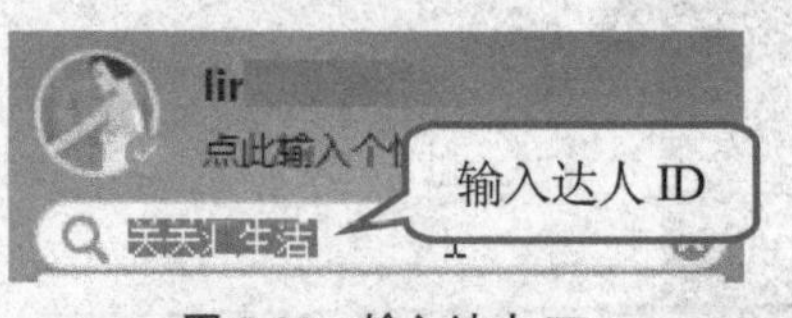


图 7-90　输入达人 ID

**提示**

要想获得稳定的流量，建议在淘宝头条、有好货里寻找淘宝达人。

## 7.3.2　无线端首页引流位置

下面介绍四个无线端首页引流位置，有助于卖家店铺获得更多流量。

### 1. 淘宝头条助你抢流量

淘宝头条位于淘宝网首页的最上方，主要是以有趣、流行或时下季节性的话题吸引顾客浏览。图 7-91 为 PC 端淘宝网的淘宝头条页面。

图 7-91　PC 端的淘宝头条页面

报名淘宝头条的商品和店铺要求如表 7-6 所示。

表 7-6　报名淘宝头条的商品和店铺要求

| 店铺类型 | 集市店铺或天猫商城卖家 |
|---|---|
| 产品价格 | 0~9999 元 |
| 产品质量 | 质量过关 |
| 服务要求 | 加入消保 |

### 2. 淘抢购靠多销赚流量

目前，淘抢购的活动形式是以时间为维度，每天 11 个场次进行商品展示，所有商品限时限量售卖。图 7-92 为手机淘宝网的“淘抢购”入口。

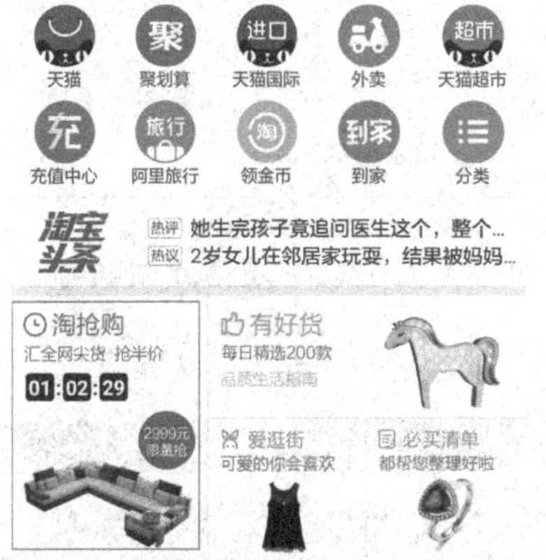


图 7-92　手机淘宝网的淘抢购入口

报名淘抢购的店铺和商品要求如表 7-7 所示。

表 7-7　报名淘抢购的店铺和商品要求

| 序号 | 报名要求 |
|---|---|
| 1 | 开店时间在 90 天及以上 |
| 2 | 卖家信用等级在 3 钻及以上 |
| 3 | 产品销售量在 10 件以上 |
| 4 | 本年度内无严重违规处罚 |

### 3. 有好货用品质吸引顾客

有好货主要以品质和独特的设计来吸引顾客浏览。图 7-93 为手机淘宝网的有好货页面。

图 7-93　手机淘宝网的有好货页面

报名有好货的店铺要求如表 7-8 所示。

表 7-8　报名有好货的店铺要求

| 序号 | 店铺要求 |
|---|---|
| 1 | 近 1 个月内的退款成功笔数与交易笔数的比值不超过 0.1% |
| 2 | 个人店铺信用等级在 5 心及以上 |
| 3 | 天猫商家动态评分综合在 4.5 分以上 |
| 4 | 处罚期间禁止参加 |

**提示**

参加有好货的商品必须是品牌商品，且是精品定位的商品。

**注意**

参加有好货商品的图片设计要求如下：

（1）图片背景以黑、灰、白为主；

（2）商品要居中摆放，且图片上不得添加水印。

#### 4. 必买清单推荐更多好货

手机淘宝网首页上的必买清单可以根据顾客的浏览记录，为其自动推荐必买的商品，如图 7-94 所示。

图 7-94　手机淘宝网的必买清单页面

报名必买清单的店铺和商品的要求如表 7-9 所示。

表 7-9　报名必买清单的店铺和商品的要求

| 序号 | 要求 |
| --- | --- |
| 1 | 店铺信用等级在 1 钻及以上 |
| 2 | 商品实物与详情页中的描述是否一致，且综合评分在 4.6 分及以上 |
| 3 | 推荐商品月销量不少于 10 件 |
| 4 | 清单商品图无水印 |
| 5 | 每个清单包含 5 个及以上纯白底图商品 |

**提示**

参加必买清单活动的商品主题要具有时效性、趣味性和功能性。

### 7.3.3　掌握社区营销推广店铺的技巧

目前，社区营销是主流的店铺推广渠道之一，如在各大论坛中发帖或回帖等。

#### 1. 论坛软文写作技巧

软文推广是一种很好的店铺推广方式。在编写软文之前，需要为文章起一个恰当的、吸引人的标题，这样才能吸引用户浏览。

图 7-95 所示的软文采用了图文结合的方式，标题足够吸引人，自然能获得高点击量。

终于 多动能汽车开始用安全诠释豪华！

2016年08月08日 11:53　来源：　|　类型：新闻资讯

4S店保养大促5折起 更多优惠等你来!

青春剧的主角永远是一群初出茅庐的校园新人，而这群人中总有一个“先富起来”的买了人生中的第一辆车，然后一群人驾驶着这辆车，红尘作伴，活得潇潇洒洒。

2007年，《奋斗》中的向南开着一辆黄色QQ和一帮哥们儿去北京郊区烧烤，邂逅了杨晓芸。十年之后，时代精神已然改变，年轻人从北京郊外废弃厂房的“乌托邦”搬入了上海滩高楼林立的《欢乐颂》，但在追求人生第一辆车这件事上，依然没什么变化。

艺术永远源于生活，走出校门就买车早就不是什么新鲜事，在“汽车社会”的今天，拥有一辆代步车不仅利于适应紧张的工作生活节奏，还便于进入更多圈子，邂逅更多机会。休息时间带着爱人或者朋友出行，也能令幸福指数直线上升。

在车型选择上，一款体积不大、价格适中、空间和配置都令人满意的小车最适合不过了。一来，“职场菜鸟”也多是“马路新人”，小车的操控性更好；二来作为社会新鲜人，车型选择上最好做到品牌不张扬，经济负担小，燃油经济性高。

图 7-95　软文创作示例

软文标题写作类型如表 7-10 所示。

表 7-10　软文标题写作类型

| 类型 | 具体说明 |
| --- | --- |
| 知识型 | 传播企业和产品相关知识 |
| 经验型 | 互惠原理影响和引导用户 |
| 问答型 | 标题采用提问的形式，全文内容围绕标题展开 |
| 故事型 | 以讲故事的形式推广店铺 |

### 2. 微信朋友圈推广店铺

现在微信已经成为众多卖家推广店铺的首选工具。

图 7-96 为保健品的微信朋友圈广告展示，图文搭配合理，文字内容简洁、直观，足以吸引用户浏览。

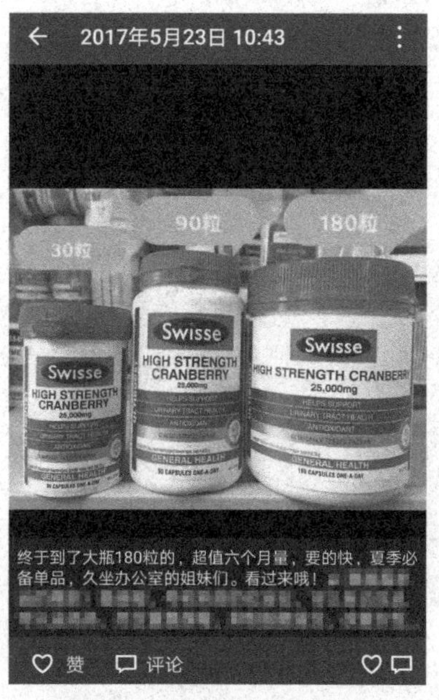


图 7-96　图文结合发布形式

图 7-97 为九宫格发布形式。

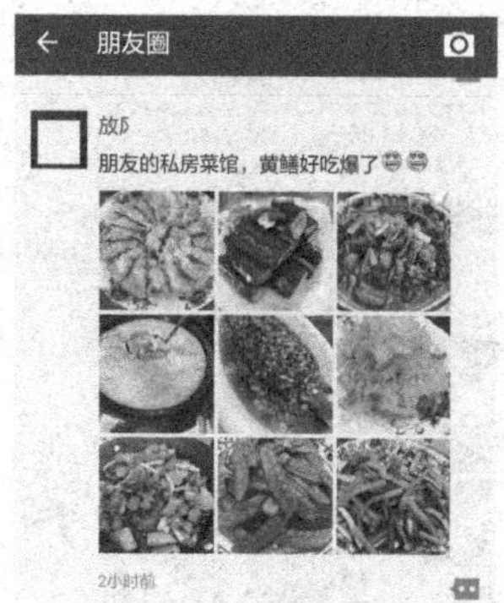


图 7-97　九宫格发布形式

微信朋友圈推广技巧如表 7-11 所示。

表 7-11　微信朋友圈推广技巧

| 推广技巧 | 具体说明 |
| --- | --- |
| @好友 | 经常@好友可以吸引好友查看你发送的信息 |
| 发布时间 | 发布朋友圈的最佳时间是上午 10:30~11:30；中午 12:40~13:30；下午 4:30~5:30；晚上 10:00 以后 |
| 重复发布 | 在朋友圈里发布的信息很快就会被淹没，要想引起他人的关注，可以适当地重复发布 |

### 3. 微博推广店铺

卖家通过微博推广店铺需要长期坚持。图 7-98 为通过在微博中发布信息来推广自己的店铺。

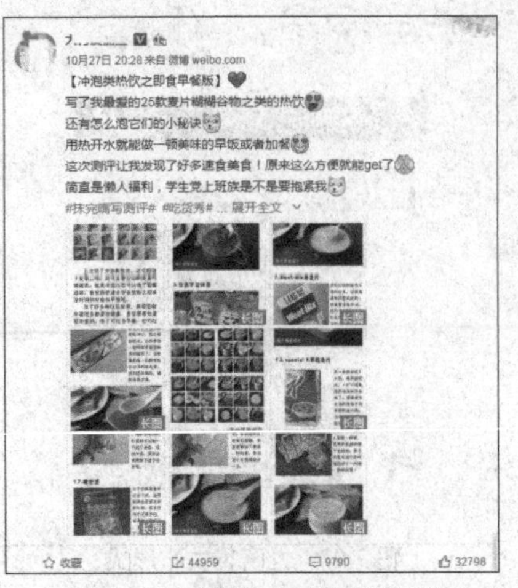
图 7-98　找微博红人为商品做广告

新注册的微博是没有粉丝关注的，所以卖家要想办法增加粉丝数量。微博增长粉丝的技巧如表 7-12 所示。

表 7-12　微博增长粉丝的技巧

| 技巧 | 具体说明 |
| --- | --- |
| 关注他人 | 微博有一个标签工具，它会自动推荐与你具有相同标签的人，并推荐让你关注他 |
| 提高发博、转博频率 | 并非一味地发布商品和店铺推广信息，而是转发或发布一些有趣的新闻 |
| 多评论、@别人 | 在知名博主的博文下方写评论，出彩的评论可以获得更多用户的点赞，他们也会间接关注你的微博 |

**4. 阿里巴巴商友圈推广店铺**

阿里巴巴为广大卖家提供了“商友圈”功能，通过在圈子里发帖或回帖，提升店铺的曝光量。

申请加入商友圈的具体操作步骤如下。

❶ 在商友圈首页中单击“去发现”链接（见图 7-99），进入“论坛圈的圈子”页面。

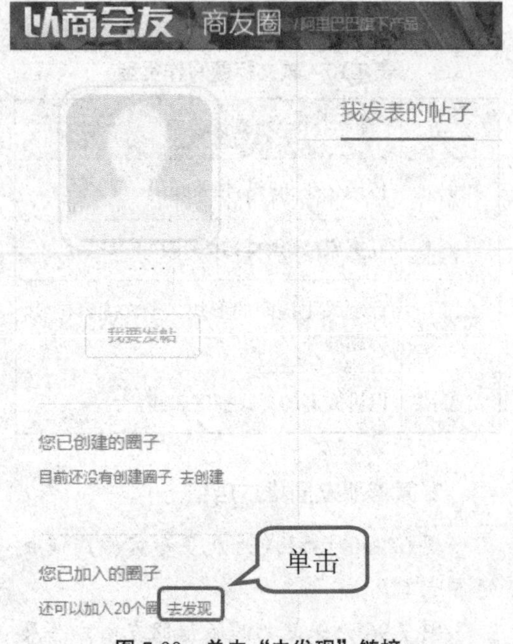

图 7-99　单击“去发现”链接

❷ 单击“服装服饰”链接（见图 7-100），进入该圈子申请加入页面。

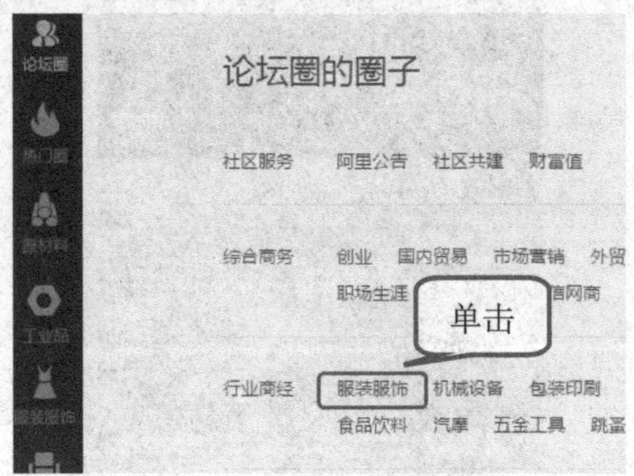

图 7-100　单击“服装服饰”链接

❸ 单击“申请加入”按钮（见图 7-101）即可。

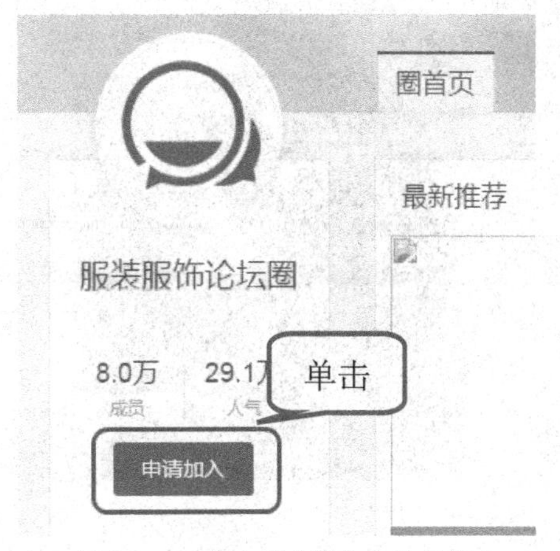


图 7-101　单击“申请加入”按钮

**提示**

卖家要想办法在商友圈里提升店铺的知名度，进而提升店铺内产品的曝光量。

### 5. 生意经领主获得更多展示机会

生意经是 1688 为广大用户提供的专注于商业领域的商业实战知识平台。任何有关商业方面的疑问、求助和知识都会在这里快速得到系统的、高质量的答案。生意经的服务对象包括企业主、企业管理者、业务员（如销售、采购）等。

生意经领主是由网友自荐报名并且通过管理员审核才能上任的职位，领主是各行各业的精英，有权限管理专家团队，帮助商友解决行业难题，以此获得更多的展示机会，如图 7-102 所示。

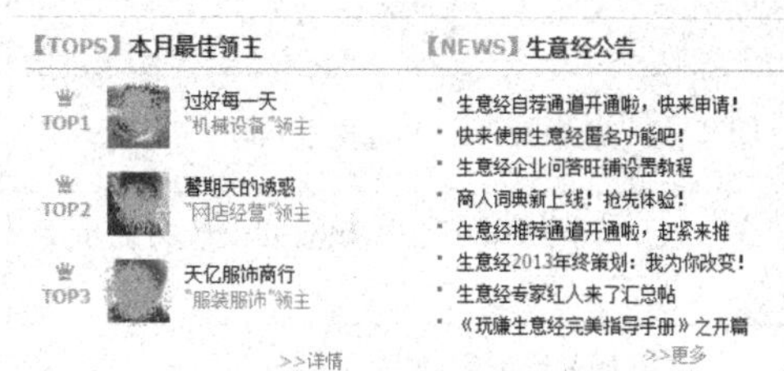


图 7-102　生意经

**提示**

生意经领主可以在社区、生意经以及各行业类目首页获得展示位。

## 7.3.4　淘宝直播

淘宝直播是阿里巴巴推出的直播平台，涵盖母婴、美妆、潮搭、美食、运动健身等品类，定位于“消费类直播”，用户可“边看边买”。随着淘宝直播的热度不断增加，有越来越多的人申请加入淘宝直播。主播在直播的过程中可以添加与直播相关的商品，推荐给观看直播的用户。

在直播的过程中，主播可以通过直播界面唤起商品列表，用于选择直播过程和粉丝分享的商品，也可以根据场景需要切换前后置摄像头。淘宝直播为店铺提供了在微淘与粉丝实时互动的场景与功能。

1. 视频发布的步骤

视频发布的步骤如表 7-13 所示。

表 7-13　视频发布的步骤

| | |
|---|---|
| 步骤一 | 入驻阿里淘宝达人 |
| 步骤二 | 认证成为淘宝达人 |
| 步骤三 | 发布一条视频内容 |
| 步骤四 | 申请“淘宝直播”权限 |
| 步骤五 | 等待审核，审核时间一般为七个工作日 |

2. 直播封面图规范

直播封面图规范如表 7-14 所示。

表 7-14　直播封面图规范

| | |
|---|---|
| 规范一 | 填写标题 |
| 规范二 | 图片上不要出现文字 |
| 规范三 | 图片色彩鲜明 |
| 规范四 | 杜绝牛皮癣 |
| 规范五 | 图片尺寸大小为 750×360 像素，且不留白 |

3. 不同商品类目的直播

（1）服饰类。主播可以将多种搭配穿上身进行示范，如一套服装的改造方案，包、鞋子和衣服的搭配方案，如图 7-103 所示。

图 7-103　服装视频直播封面

（2）母婴类。主播可以讲解母婴知识、选品的经验等。

（3）美食类。主播可以直播某道美食的制作过程，也可以直播寻觅吃食店铺的过程，还可以直播品尝某些特色食品的过程。

（4）运动户外类。主播可以介绍正确健身的方式，也可以介绍各种健身器材的使用方法等。

（5）数码类。主播可以直播新品发布会等内容。

（6）彩妆类。主播可以直播完整的（当然也可以是局部的）彩妆上妆过程，也可以介绍护肤心得。图 7-104 为美妆博主分享的直播视频内容。

图 7-104　彩妆类视频直播封面

4.“博人眼球”的直播

（1）主题要明确。做淘宝直播之前，主播首先要明确直播的主题，然后根据所要直播的产品对受众进行准确的分析。

图 7-105 所示的直播主题是介绍脱毛膏的使用方法，对于有脱毛需求的人来说，该直播主题非常明确，一目了然，受众也非常明确。

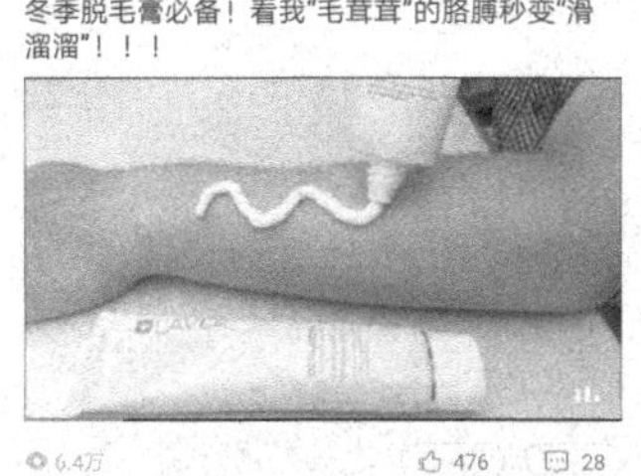


图 7-105　主题明确的直播内容

（2）封面要有吸引力。一张创意十足且充满美感的直播封面可以让用户不由自主地点击。当然，直播封面要与直播内容贴合。图 7-106 为美食直播封面，很好地向用户展示了色泽诱人的美食。

（3）积极与用户互动。直播最大的优势就是主播和用户可以实时互动，提升用户的参与感。用户的提问也可以得到及时答复，在下单之前就对产品有了大概的了解。

图 7-106　美食直播封面

图 7-107 为某店铺推出的“看视频拿彩蛋”活动。

图 7-107　和顾客互动

（4）内容优质有料。直播平台只是一个载体，利用这个平台打造优质的内容才是关键。在淘宝网上做直播的店铺有很多，有些店铺屡创销售传奇，有些店铺却无人问津，二者的差别就在于内容。在这个“内容为王”的时代，没有优秀的内容，再好的商品也白搭。

淘宝直播的内容要定期更新，主播要结合产品和顾客的需求不断优化直播内容。

（5）做好前期宣传。直播之前，主播可以通过微淘、微博等方式提前告知顾客直播的时间和内容，提高曝光量。这样在没有直播之前就已经迅速积累了一部分顾客。

# 第 8 章

# 提高无线端转化率的方法

不论是淘宝网“双十一”的营销数据，还是各电商的销售数据，都表明无线端流量占比越来越高。

本章将介绍无线促销活动的设置方法，以及无线端的引流方式和技巧。

# 8.1 无线端店铺首页的设计技巧

手机店铺首页不要设计得复杂花哨。本节将介绍如何在无线运营中心使用模块和付费设计师模板设计出令人满意的无线端店铺首页。

## 8.1.1 使用无线店铺装修模板

购买无线店铺装修模板之后，卖家可以选用该模板内所有设计师模块，并可以进行位置调整、模块增删等自定义操作。具体操作步骤如下。

❶ 在淘宝网卖家中心中单击“店铺管理”标签下的“手机淘宝店铺”链接，如图 8-1 所示，进入“无线店铺”页面。

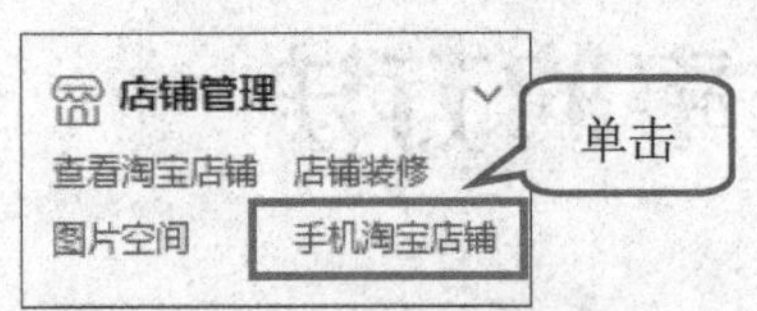


图 8-1 单击“手机淘宝店铺”链接

❷ 单击“无线店铺”标签下的“立即装修”按钮（见图 8-2），进入“无线运营中心”页面。

图 8-2 单击“立即装修”按钮

❸ 单击“装修市场”按钮，进入模板装修页面。在右侧找到合适的模板后，单击该模板的缩略图，如图 8-3 所示，进入模板订购页面。

图 8-3 单击模板的缩略图

❹ 单击“立即购买”按钮（见图 8-4），即可成功购买该装修模板。

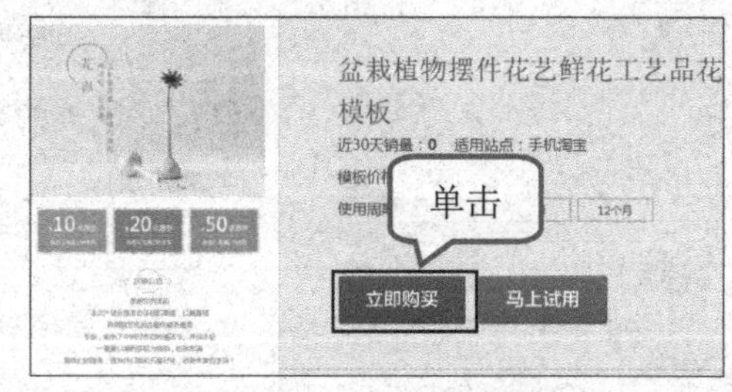


图 8-4 单击“立即购买”按钮

### 8.1.2　无线端会员营销活动

卖家在无线运营中心中也可以设置无线端会员营销活动。具体操作步骤如下。

❶ 单击“营销中心”标签下的“手机营销专区”链接（见图 8-5），进入无线营销页面。

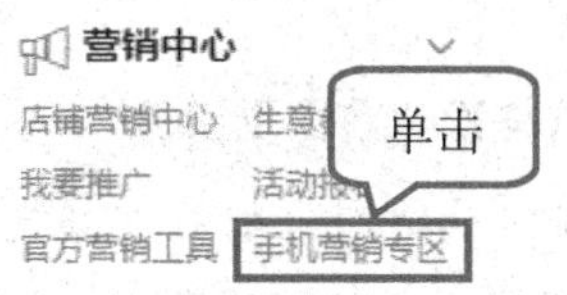


图 8-5　单击“手机营销专区”链接

❷ 单击“会员专享活动”下方的“马上创建”按钮（见图 8-6），进入会员活动创建页面。

图 8-6　单击“马上创建”按钮

❸ 填写好活动名称、活动日期、活动对象、活动类型以及免邮地区后单击“提交”按钮，如图 8-7 所示，即可成功设置无线端会员营销活动。

图 8-7　填写活动信息并单击“提交”按钮

## 8.2　店铺首页设计

店铺首页设计会直接影响顾客的购物体验和店铺转化率。店铺首页主要由店招、导航栏、海报、产品分类、客服旺旺、产品展示、店铺页尾、店铺背景等几部分组成。本节将介绍如何合理规划店铺首页布局，并详细介绍各模块的设计要点。

#### 1. 店铺首页规划布局

图 8-8 为店铺首页规划布局模块，主要包括标题、焦点图、优惠券等模块，卖家可以根据实际需要进行选择。例如，在大促活动期间，卖家可以将促销页放在首页的最上方，这样可以让顾客一目了然地看到活动内容，提升店铺转化率。

| 店招 | |
|---|---|
| 标题模块 | |
| 焦点图模块 | |
| 优惠券模块 | |
| 双列图片-店铺子分类 | 爆款推荐 |
| 微淘（微淘专享） | 商品上市 |
| 左图右文 | |
| 套餐搭配 | |
| 宝贝模块 A | B |
| C | D |
| 底部自定义导航分类 | |

图 8-8 店铺首页规划布局模块

### 2. 店铺首页的组成模块

下面介绍店铺首页的组成模块及其作用。

（1）店招。这部分用于展示店铺推出的促销活动，如聚划算活动、店铺活动等。

**提示**

店招的尺寸为 640×200 像素；大小在 100 KB 以内；图片可以为 JPG 或 PNG 格式。

（2）标题模块。这部分用于展示店铺的优势及品牌理念等。

（3）焦点图模块。这部分用于展示店铺的主打活动或主推宝贝等。

（4）优惠券模块。卖家可以通过使用多图模块和左文右图模块细化活动分类。

（5）双列图片模块。这部分既可以是店铺活动分类，也可以是产品分类。

（6）左文右图模块。这部分既可以是店铺活动分类，也可以是店铺相关信息。

（7）搭配套餐模块。这部分用于展示店铺内产品搭配套餐，可以大大提高客单价。

（8）双列宝贝模块。这部分用于展示店铺的热卖或主推宝贝。

（9）自定义菜单。这部分可做宝贝分类使用，可以有效促进顾客分流。

**提示**

进行首页产品的布局和分类时，建议以宝贝数量与流量大小来决定首页布局和模块功能。

### 3. 这样设计首页更引流

（1）风格鲜明。卖家可以根据自己的产品定位设计店铺首页。图 8-9 所示的女装风格属于少女类，店铺首页色彩搭配鲜明，店铺模块组合活泼、简约。

图 8-9 女装类店铺首页设计效果

（2）集中促销板块。图 8-10 所示的百货类店铺首页由店铺公告、优惠券和满就送三个模块组成，这样设计可以使顾客一目了然地看到店铺内的所有活动。

图 8-10　百货类店铺首页设计效果

（3）简洁类。有些顾客不喜欢过于花哨的店铺首页，如珠宝饰品类店铺可以走简约路线，这样能够更好地突出产品的款式和材质，如图 8-11 所示。

图 8-11　珠宝饰品类店铺首页设计效果

# 8.3 无线端详情页优化的方式

现在越来越多的卖家意识到优化无线端详情页的重要性。本节将介绍如何使用神笔工具来设计无线端宝贝详情页。

## 8.3.1 无线端详情页的设计要求

根据相关统计，买家浏览宝贝详情页时，浏览三屏以上的人不超过 50%，浏览十屏以上的人不超过 15%，大多数人在浏览了前三屏后就会关闭页面离开，所以卖家必须意识到前三屏（不包括海报和关联页）的重要性。无线端详情页的设计要求如表 8-1 所示。

**表 8-1 无线端详情页的设计要求**

| | |
|---|---|
| 图片尺寸要求 | 宽度为 480~620 像素 |
| | 高度≤ 960 像素 |
| | 图片支持 JPG、GIF 和 PNG 格式 |
| 文字要求 | 在图片上添加文字时，中文字体应不小于 30 号字，英文和阿拉伯数字字体应不小于 20 号字 |
| | 建议使用纯文本的方式编辑大篇幅文字 |
| 音频要求（可选） | 每个手机详情页只能增加一个音频，时长不宜超过 30 秒，大小不超过 200 KB，支持 MP3 格式 |
| | 音频内容可以围绕产品卖点、品牌故事、产品特色、产品优惠等展开 |

## 8.3.2 详情页的组成元素

手机端宝贝详情页和 PC 端宝贝详情页的排版和包含的元素基本一致，卖家应根据实际需要选择合适的元素进行设计。表 8-2 为详情页的组成元素。

**表 8-2 详情页的组成元素**

| | |
|---|---|
| 收藏和关注 | 收藏和关注商品或店铺可以获得优惠和积分 |
| 热卖单品推荐 | 推荐与该商品类似的商品，如适合搭配的商品、做特卖的商品等 |
| 产品详情和尺寸表 | 展示商品各个细节以及材质介绍 |
| 模特图 | 全方位、全角度展示商品的模特图 |
| 实物平铺图 | 如果没有模特图，可以将商品平铺拍摄 |
| 产品细节图 | 展示商品细节的高清图 |
| 购物须知 | 包括快递、发货、包装以及顾客购物前要知道的店规 |
| 品牌文化简介 | 一般展示在详情页的最底端 |

### 8.3.3　用神笔优化无线端详情页

神笔是淘宝网为卖家提供的专门用于优化无线端详情页的工具，卖家可以在神笔市场里选择由专业设计团队提供的大量精美模板（免费）。具体操作步骤如下。

1. **神笔工具**

❶ 打开手机淘宝，点触“我的淘宝”标签下的“我是商家”图标（见图 8-12），进入我的店铺页面。

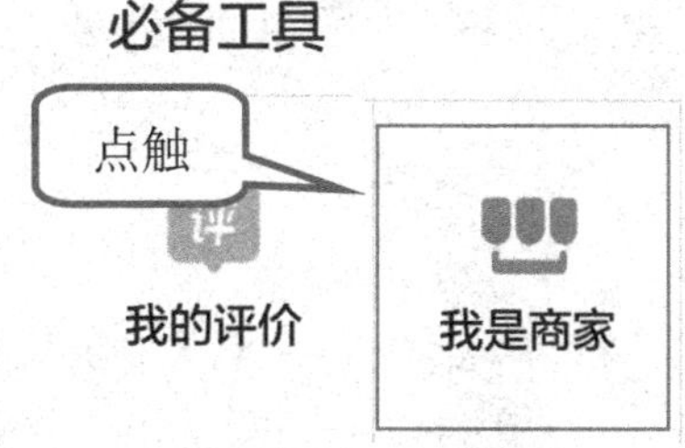


图 8-12　**点触“我是商家”图标**

❷ 点触“营销推广”图标（见图 8-13），进入“营销推广”页面。

图 8-13　**点触“营销推广”图标**

❸ 点触“秒赞”按钮（见图 8-14），进入“神笔海报”页面。点触加号按钮（见图 8-15），进入“神笔海报”页面。

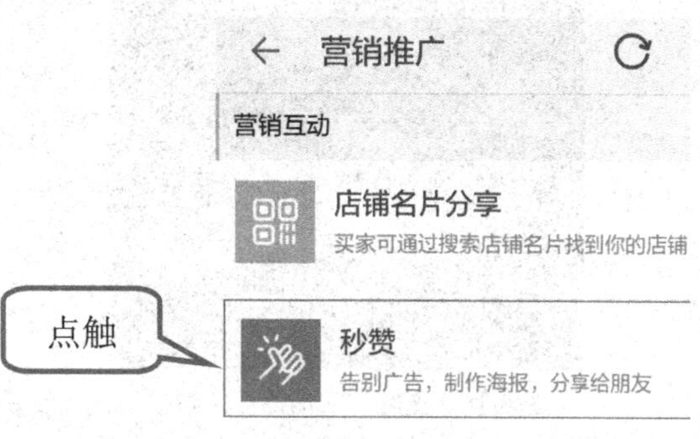


图 8-14　**点触“秒赞”按钮**

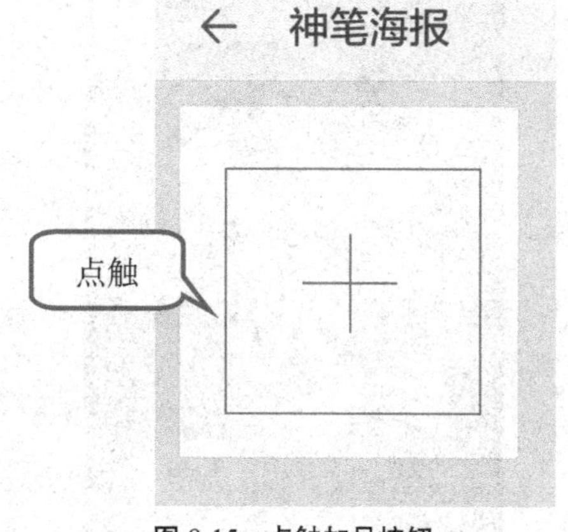


图 8-15　**点触加号按钮**

❹点触“活动推广”按钮（见图8-16），进入“编辑页”页面。选择模板后，点触“使用”按钮（见图8-17）。

图8-16　点触“活动推广”按钮

图8-17　点触　“使用”按钮

❺按照提示依次修改文字和图片，即可完成详情页的设计。

**提示**

使用模板时，卖家需要将模板中的图片、文字等内容替换成自己的宝贝图片和信息，如果未对模板做任何修改，将无法同步到宝贝详情页。

### 2. 优秀的详情页设计实例

图8-18所示的箱包类宝贝详情页中展示了产品的颜色及细节，每个细节图还搭配了相应的文案，用于说明产品的特性和技术性能。

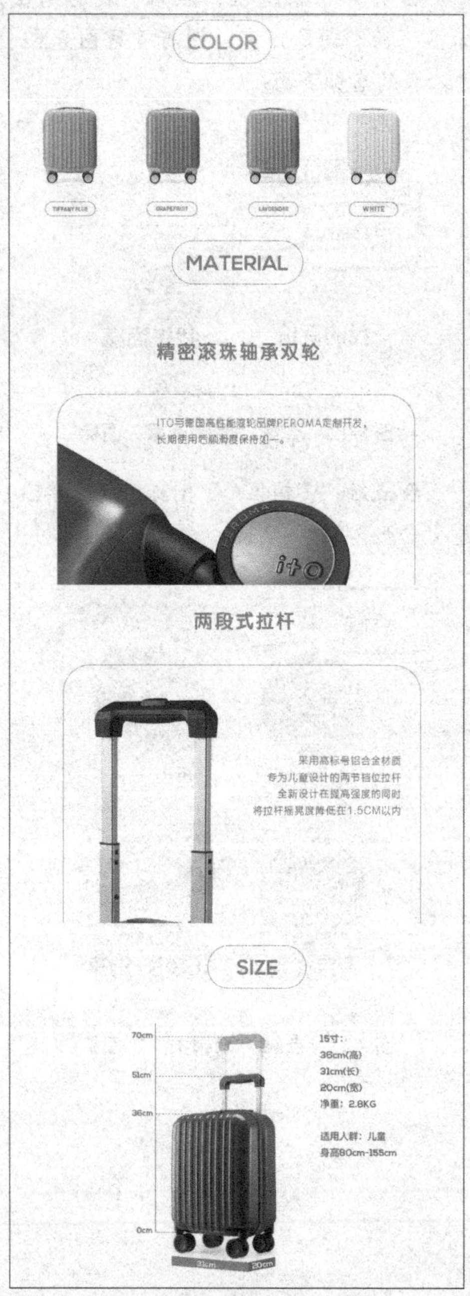


图8-18　箱包类宝贝详情页设计效果

护肤类宝贝的详情页应展示产品的主要功能和使用效果，如图 8-19 所示。

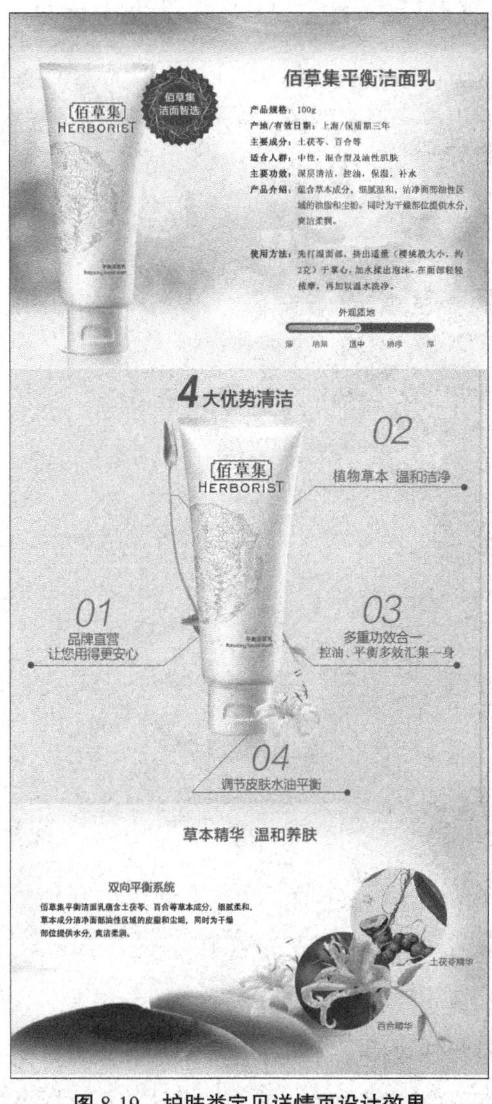


图 8-19　护肤类宝贝详情页设计效果

服饰类宝贝详情页应展示服装的细节、材质和颜色，最好有模特图，如图 8-20 所示。

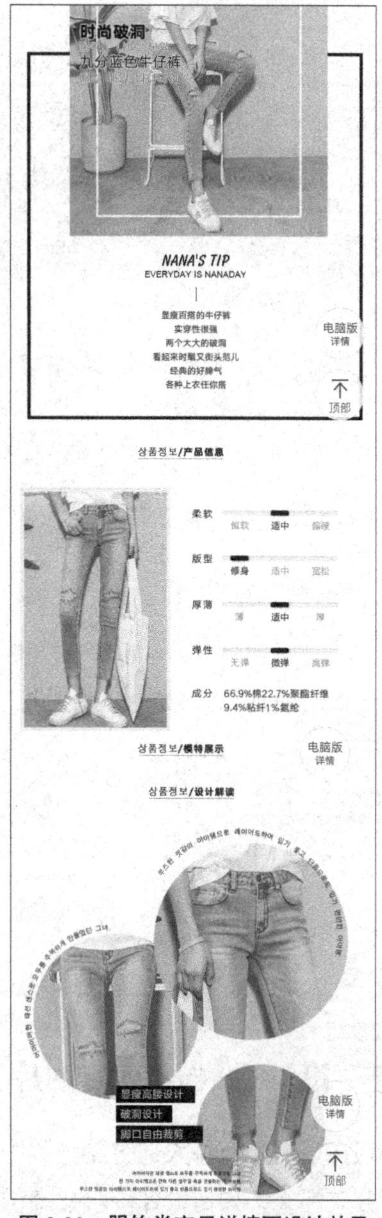


图 8-20　服饰类宝贝详情页设计效果

食品类宝贝详情页应展示食品的产地等。图 8-21 为夏威夷果的宝贝详情页设计效果，背景和产品图片很好地融合在了一起，并搭配了合适的文案。

图 8-21　食品类宝贝详情页设计效果

# 8.4　设计高转化率的图片

现在很多卖家将大部分精力集中在提升流量和转化率上。流量与展现量和点击率密不可分。那么，如何设计高转化率的图片呢？本节将介绍无线端图片的设计技巧，以及优化无线端宝贝主图的方法。

## 8.4.1　无线端图片的设计技巧

下面将从色彩搭配和构图技巧两个方面来介绍无线端图片的设计技巧。

### 1. 色彩搭配技巧

色彩搭配是否合理直接影响顾客的视觉体验，所以卖家要掌握色彩搭配技巧，如表 8-3 所示。

表 8-3　色彩搭配技巧

| 序号 | 具体介绍 |
| --- | --- |
| 1 | 使用高明度或高纯度色彩 |
| 2 | 使用互补色，这样可以很好地起到对比作用 |
| 3 | 色彩不宜超过三种 |

### 2. 构图技巧

除此之外，卖家还要掌握简单的构图技巧，如表 8-4 所示。

表 8-4　构图技巧

| 序号 | 具体介绍 |
| --- | --- |
| 1 | 图片元素要简洁 |
| 2 | 要突出展示内容 |
| 3 | 图片要清晰 |

图 8-22 为纸质笔记本的产品展示图，图片中展示了笔记本的侧面、配件、内里等效果。

图 8-22　纸质笔记本的产品展示

## 8.4.2　优化无线端宝贝主图

优化宝贝主图能够在一定程度上提升店铺权重。下面具体介绍无线端宝贝主图的设计要求。

### 1. 无线端宝贝主图的设计要求

无线端宝贝主图的设计要求如表 8-5 所示。

表 8-5　无线端宝贝主图的设计要求

| 序号 | 具体说明 |
| --- | --- |
| 1 | 主图色系统一 |
| 2 | 一张图片搭配一段文案 |
| 3 | 不可使用过多的促销词 |
| 4 | 展示高清细节图 |
| 5 | 展示正、反面图 |

**提示**

手机淘宝网宝贝主图的图片大小不能超过 500 KB，图片尺寸最小为 310×310 像素。

### 2. 设计无线端宝贝主图的方法

图 8-23 所示的是常见的宝贝主图设计效果，左上角是产品的 Logo，中间展示产品，背景采用简洁的纯白色，可以很好地突出产品。

图 8-23　宝贝主图设计（1）

图 8-24 所示的宝贝主图中将文案和宝贝图片结合，背景采用低调的灰色，更好地突出了宝贝的外观和标题。

图 8-24　宝贝主图设计（2）

**提示**

上传的商品主图要能够真实地反映商品的外观、颜色、材质等。

图 8-25 所示的宝贝主图中展示了该产品的卖点，足以吸引顾客购买。

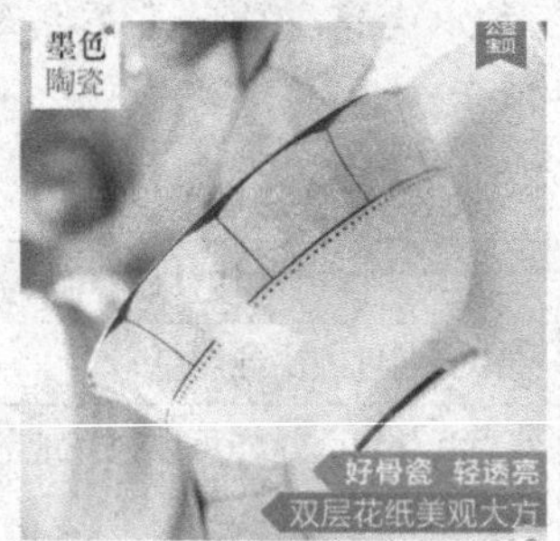


图 8-25　宝贝主图设计（3）

图 8-26 所示的宝贝主图中堆砌的文字过多，整个画面凌乱不堪，这种宝贝主图设计不可取。

图 8-26　宝贝主图设计（4）

**提示**

宝贝主图上的产品卖点要短小精悍，最多不能超过两个。

图 8-27 所示的宝贝主图中将促销文案设计在产品的四周，明确地向顾客传达了只要购买该产品就可以得到赠送的水彩本。

图 8-27　宝贝主图设计（5）

为了促使顾客尽快下单，卖家可以在宝贝主图中添加促销信息，如满就减、包邮、买就赠等，如图 8-28 所示。

图 8-28　宝贝主图设计（6）

卖家也可以在宝贝主图上突出产品的特点，如图 8-29 所示。

图 8-29　宝贝主图设计（7）

一般情况下，一张宝贝主图上可以展示同一个产品的不同颜色，如图 8-30 所示。

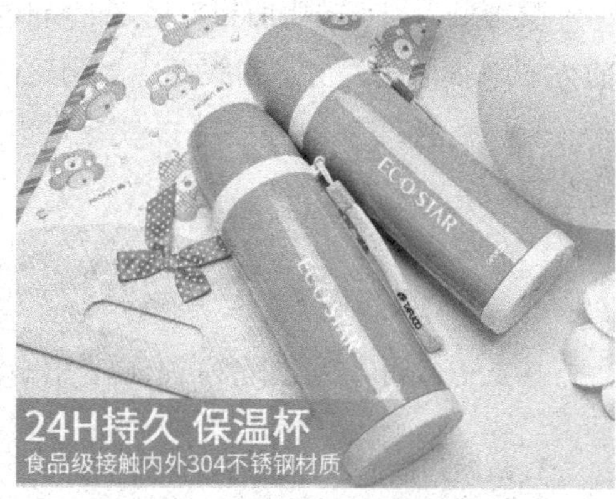


图 8-30　宝贝主图设计（8）

> **提示**
>
> 这里不建议新手卖家尝试使用过多的色彩搭配。

图 8-31 所示的宝贝主图中并没有介绍旅行包材质、颜色、面料技术等信息，而是将其贴上“轻旅行主义”的标签，这可以让顾客联想到这款旅行包非常轻便，适合旅行时使用。

图 8-31　宝贝主图设计（9）

## 8.5　微淘营销

微淘是在现有的店铺和宝贝之上新构建的一个可无限传播的信息层，用户通过订阅的方式来获取相关信息和服务。微淘可以帮助卖家宣传店铺的品牌文化、发布折扣活动、管理新老顾客。在微淘上，卖家可以拥有众多忠实粉丝，发布的内容可以被粉丝即时收到。

### 8.5.1　怎样发布微淘广播更有效

在发布微淘广播之前，卖家要了解微淘广播发布的原则和方式。

**1. 微淘广播的发布原则**

广播即通过一句话、一张图向顾客说明最核心的信息，顾客会被这些促销折扣信息和赏心悦目的图片吸引，进而通过点击它给店铺带来更多流量。

微淘广播的发布原则如表 8-6 所示。

表 8-6　微淘广播的发布原则

| 序号 | 发布原则 |
| --- | --- |
| 1 | 内容原创、可读性强 |
| 2 | 主题、文案和商品三者要有关联性 |
| 3 | 不得发布淘系之外的内容 |
| 4 | 链接正确，并适合无线端推广 |

**2. 微淘广播的发布方式**

（1）介绍化妆步骤。图 8-32 所示的微淘广播中展示了使用化妆品后的效果。

图 8-32　介绍化妆品

（2）以话题展开。卖家可以将时下的实事作为广播内容。话题越贴合当下，越能吸引顾客浏览，参与评论的人就越多。这在无形中给店铺增加了流量，如图 8-33 所示。

图 8-33　以话题展开（1）

卖家也可以通过当前的科技话题热点介绍数码新产品，如图 8-34 所示。

图 8-34　以话题展开（2）

（3）展示买家秀。图 8-35 所示的饰品类店铺将买家秀作为微淘广播内容，这样可以更好地展示产品。

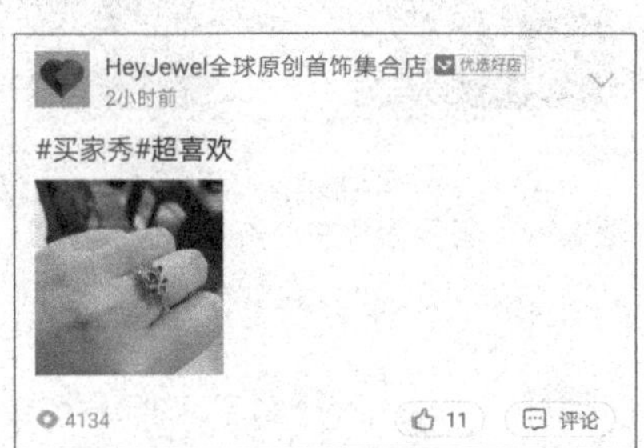


图 8-35　展示买家秀

（4）介绍新品。图 8-36 所示的微淘广播内容为店铺的新品介绍。这是最常用的一种微淘广播发布方式，老顾客会比较关注上新广播。

图 8-36　介绍新品

### 3. 如何发布微淘广播

发布微淘广播的具体操作步骤如下。

❶ 打开淘宝网，单击“店铺管理”标签下的“手机淘宝店铺”链接，如图 8-37 所示，进入“无线店铺”页面。

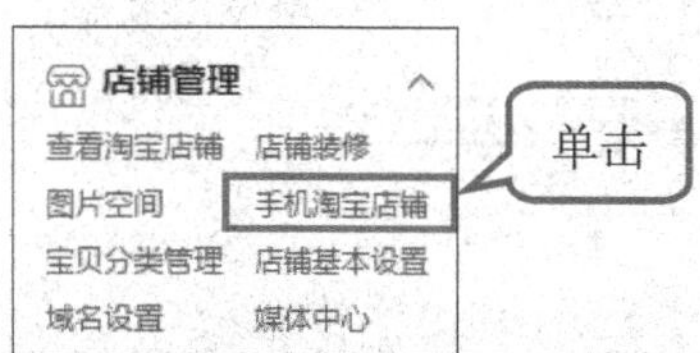


图 8-37　单击“手机淘宝店铺”链接

❷ 单击“发微淘”图标（见图 8-38），进入无线运营中心页面。

图 8-38　单击“发微淘”图标

❸单击“广播管理”标签下的“发微淘”链接（见图8-39），进入“发微淘”页面。

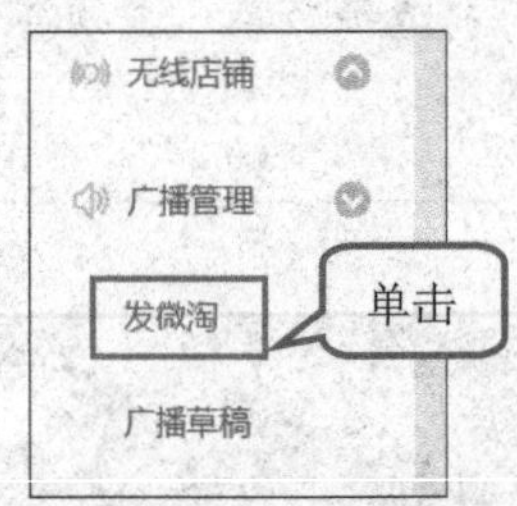


图8-39 单击“发微淘”链接

❹先在“图文广播”下方的“标题内容”文本框内输入标题内容，再单击“添加封面图”下方的加号按钮，如图8-40所示，弹出“选择图片”对话框。

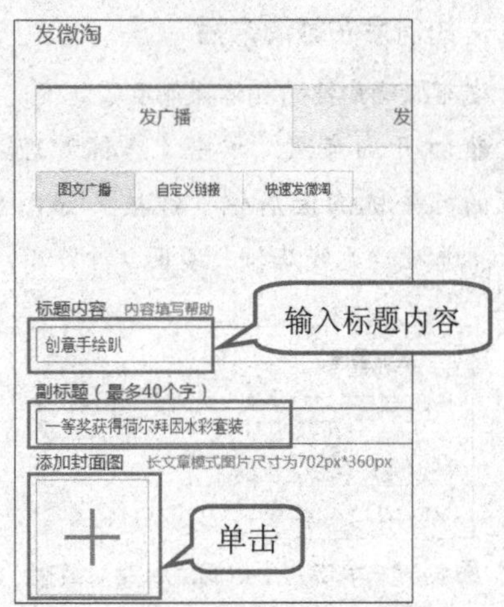


图8-40 输入标题内容并单击加号按钮

❺单击“添加图片”按钮（见图8-41），弹出“打开”对话框。选择一张图片后单击“打开”按钮（见图8-42），弹出“裁剪图片”对话框。

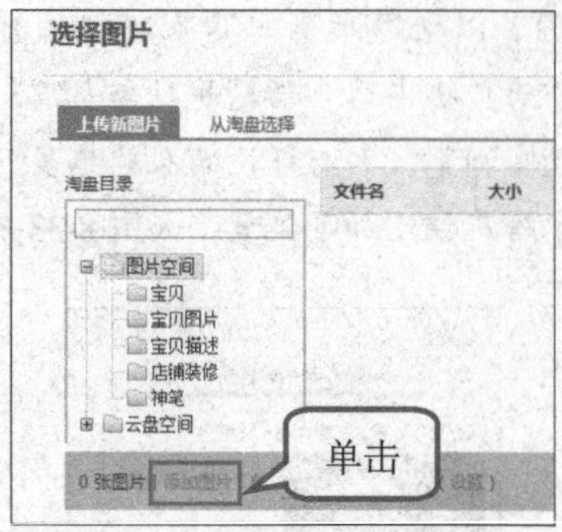


图8-41 单击“添加图片”按钮

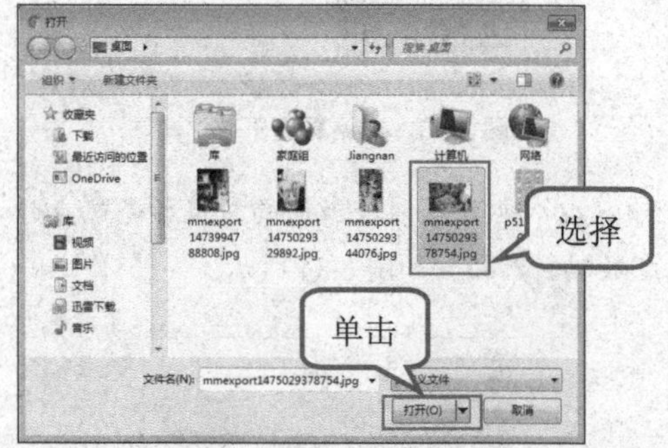


图8-42 选择一张图片并单击“打开”按钮

❻裁剪插入的图片并单击“确定”按钮（见图8-43），返回“发微淘”页面。

图8-43 剪裁图片并单击“确定”按钮

❼ 此时可以看到添加的封面图效果。单击“添加宝贝”按钮（见图 8-44），弹出“添加宝贝”对话框。

图 8-44　单击“添加宝贝”按钮

❽ 选择需要添加的宝贝缩略图，单击“确定”按钮，如图 8-45 所示，返回“发微淘”页面。此时可以看到已添加的宝贝图片。

图 8-45　选择宝贝缩略图并单击“确定”按钮

❾ 单击“发送”按钮（见图 8-46），弹出“发送广播”对话框。

图 8-46　单击“发送”按钮

❿ 单击“确定”按钮（见图 8-47），即可成功发布微淘广播。

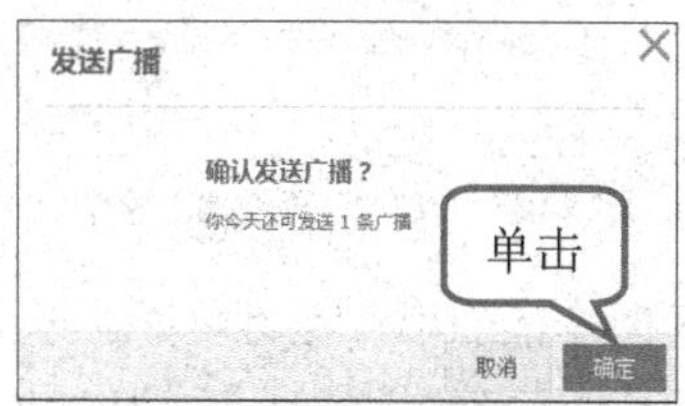


图 8-47　单击“确定”按钮

**提示**

在发布广播封面图时被提示元素过多是因为文字被识别成“牛皮癣”。文字越大、板块越多、位置越居中，就容易被识别为“牛皮癣”，卖家应恰当地选择图片。

## 8.5.2 发布微淘互动

卖家除了可以发布微淘广播，还可以发布微淘互动。具体操作步骤如下。

❶ 在“发微淘”页面中单击“发互动”标签下的“猜价格”图标，如图 8-48 所示，进入“猜价格”页面。

图 8-48 单击“猜价格”图标

❷ 设置猜价格需要购买第三方付费工具，单击“去购买”链接（见图 8-49），进入超级无线服务订购页面。

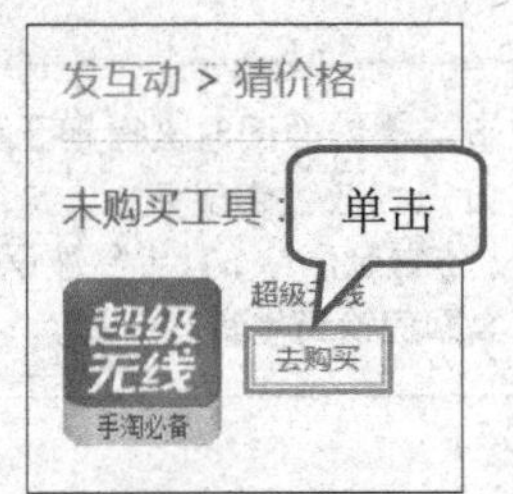


图 8-49 单击“去购买”链接

❸ 选择使用周期后，单击“立即订购”按钮，如图 8-50 所示，即可成功订购。

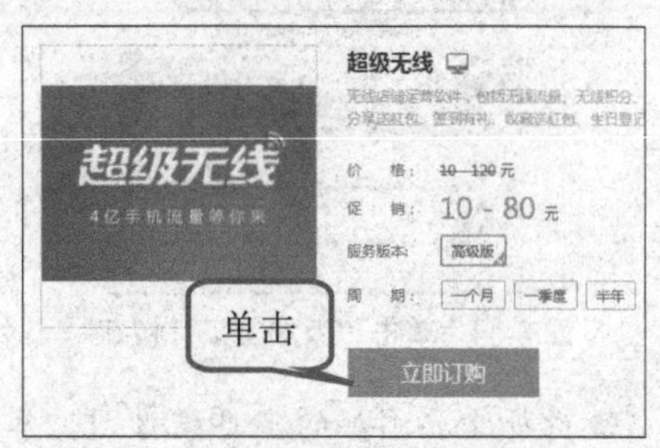


图 8-50 单击“立即订购”按钮

❹ 订购成功之后，可以按照页面提示设置猜价格互动活动内容。

**提示**

在与买家互动时，卖家需要留意买家的作息时间，这样买家参与互动的可能性会更大。

### 8.5.3 发布微淘新品提高人气

发布微淘新品的具体操作步骤如下。

❶ 在"发微淘"页面中单击"发商品"标签下的"发上新"图标（见图 8-51），进入"发上新"页面。

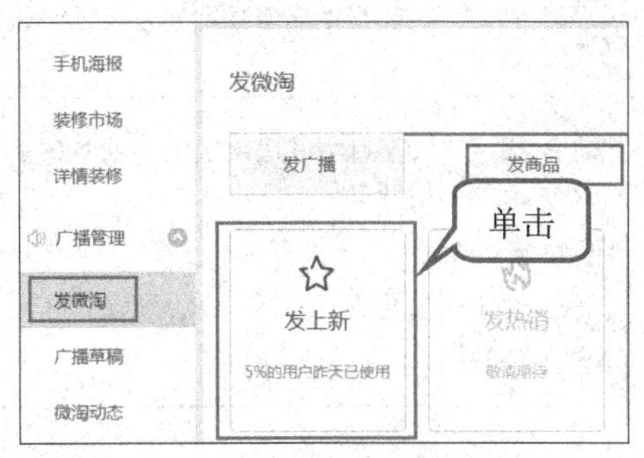


图 8-51　单击"发上新"图标

❷ 依次添加上新 Banner 图片，并在"上新内容描述"文本框内输入文字内容，如图 8-52 所示。

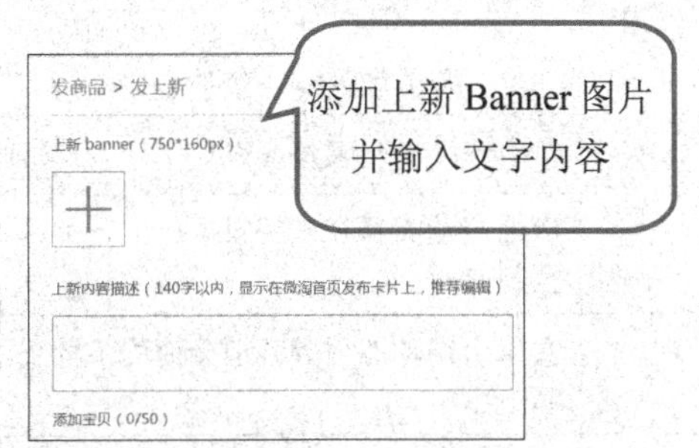


图 8-52　添加上新 Banner 图片并输入文字内容

❸ 单击"添加宝贝"下方的加号按钮，即可添加商品。单击"发布"按钮，即可发布微淘新品，如图 8-53 所示。

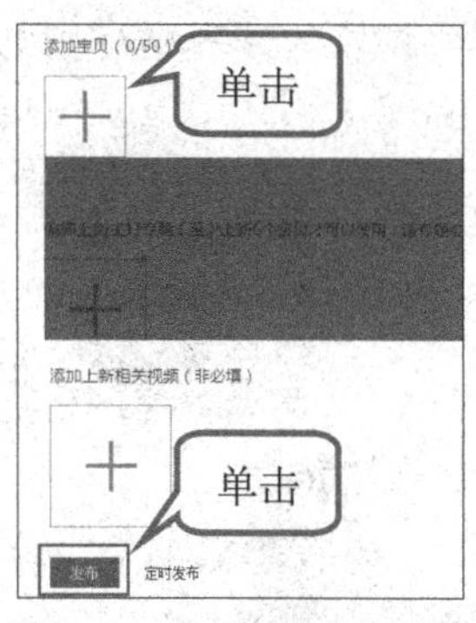


图 8-53　单击"发布"按钮

## 8.6 麻吉宝

麻吉宝是一款无线端推广营销工具。麻吉宝通过互动激励营销的创新推广模式，帮助卖家在无线端拓展流量渠道，进一步提升无线推广转化率。

## 8.6.1 什么是麻吉宝

### 1. 麻吉宝的概念

麻吉宝以问答的形式吸引顾客收藏卖家店铺，从而达到引流、加权、成交的目的。

麻吉宝通过互动激励营销的方式，一方面可以帮助商家获得流量，另一方面使买家通过做任务可以得到相应奖励，如图 8-54 所示。

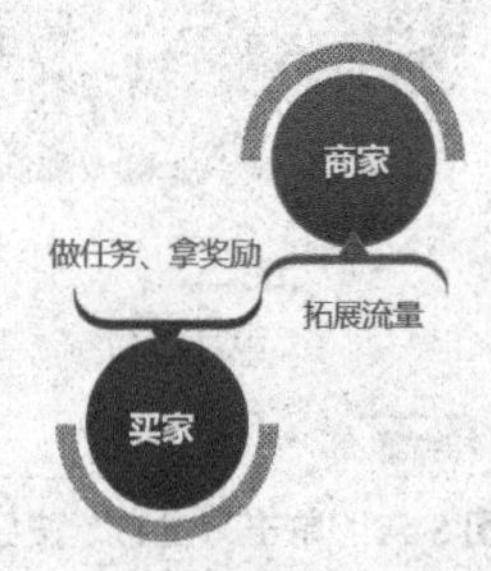


图 8-54 麻吉宝互动激励营销方式

买家为了赢得奖励，更愿意主动接受商家的推广信息，并进行深度的浏览。

麻吉宝的推广优势如表 8-7 所示。

表 8-7 麻吉宝的推广优势

| | |
|---|---|
| CPA 计费模式 | 麻吉宝采用的是营销行业领先的 CPA 计费模式，即买家只有完成卖家在麻吉宝设置的任务，才会产生费用 |
| 无线流量 | 麻吉宝拥有站内和站外多个无线端流量入口，能够帮助卖家精准地拓展无线端用户 |
| 互动激励 | 通过互动激励方式吸引买家主动参与卖家的营销活动 |
| 提升买家黏性 | 卖家通过与买家积极互动，可以提升买家黏性 |

### 2. 店铺加入麻吉宝的要求

目前，并不是所有的店铺都可以加入麻吉宝，阿里妈妈对于店铺的经营类目、店铺动态评分以及信用等级等都有一定的要求，具体内容如表 8-8 所示。

表 8-8 店铺加入麻吉宝的要求

| 序号 | 具体要求 |
|---|---|
| 1 | 店铺主营类目在支持投放的主营类目范围内 |
| 2 | 卖家店铺动态评分各项分值均不低于 4.5 分 |
| 3 | 商家店铺信用等级 ≥ 0，个人商家店铺信用等级须为一钻及以上 |

## 8.6.2 麻吉宝的引流方式

本节将主要介绍麻吉宝的引流方式。

### 1. 旺信手机版

打开旺信手机版，点触“我”标签下的“赚集分宝”图标（见图 8-55），进入“麻吉宝”页面（见图 8-56）。

图 8-55　点触“赚集分宝”图标

图 8-56　麻吉宝

### 2. 手机支付宝

卖家可以在手机支付宝上通过服务窗搜索添加麻吉宝，如图 8-57 所示。点触“麻吉宝 - 赚集分宝”即可转赚取集分宝，如图 8-58 所示。

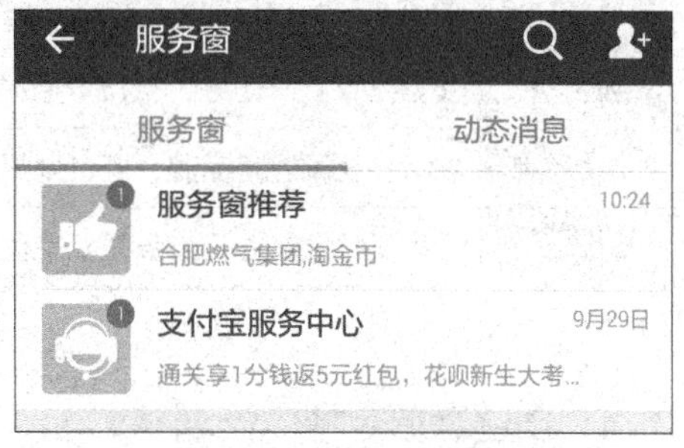


图 8-57　服务窗搜索麻吉宝

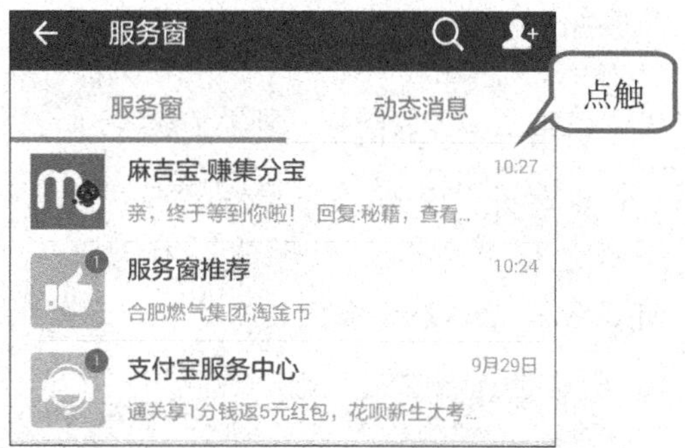


图 8-58　点触“麻吉宝 - 赚集分宝”赚取集分宝

### 8.6.3 麻吉宝的四种玩法

麻吉宝有答题推广、二阶任务、天猫猜品牌和猜价格四种玩法，具体内容如表 8-9 所示。

表 8-9 麻吉宝的四种玩法

| | |
|---|---|
| 答题推广 | 卖家在后台设计问题供顾客回答，实现与顾客互动 |
| 二阶任务 | 卖家发布召回任务，帮助卖家囤积无线流量，让目标顾客在指定时间内完成指定任务 |
| 天猫猜品牌 | 在后台让顾客猜品牌，既可以提高顾客的参与积极性，也可以提升品牌知名度 |
| 猜价格 | 卖家挑选产品并为其设置专享优惠价格，顾客猜对产品价格就可以享受其优惠价格 |

### 8.6.4 创建麻吉宝推广计划

了解了麻吉宝的各项基础知识后，接下来就可以创建麻吉宝推广计划了。具体操作步骤如下。

1. 第一步：充值

❶ 打开阿里妈妈，单击“营销产品平台”标签下的“麻吉宝”链接（见图 8-59），进入麻吉宝报名页面。

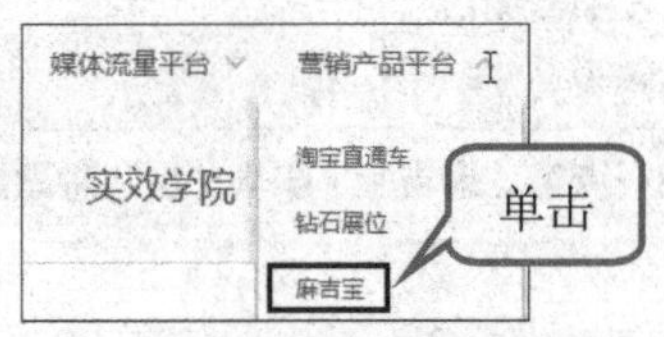


图 8-59 单击“麻吉宝”链接

❷ 单击“我要加入”按钮（见图 8-60），进入阿里妈妈登录页面。

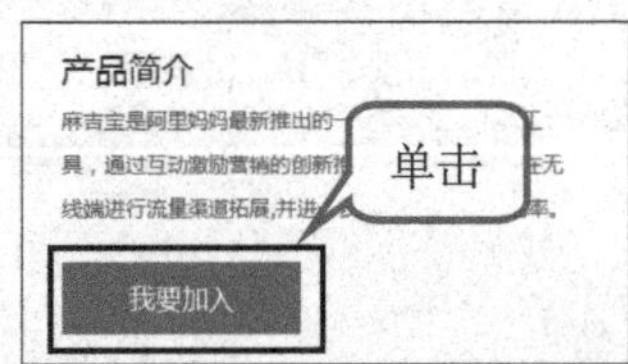


图 8-60 单击“我要加入”按钮

❸ 输入登录名和登录密码，单击“登录”按钮，如图 8-61 所示，进入“麻吉宝协议”页面。

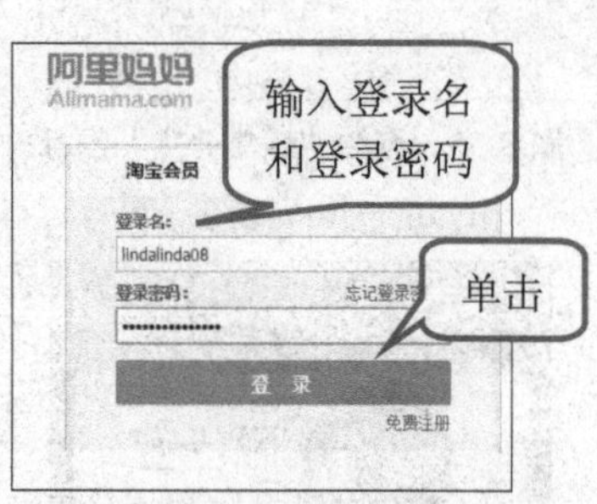


图 8-61 输入登录名和登录密码并单击“登录”按钮

❹ 单击“确定”按钮（见图 8-62），进入“麻吉宝营销平台”页面。

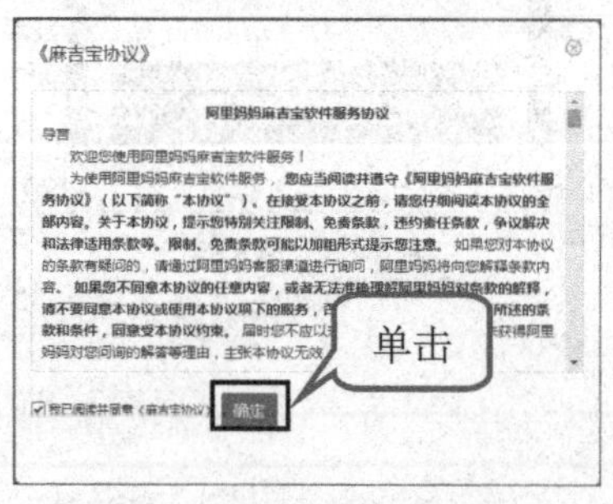


图 8-62 单击“确定”按钮

❺ 单击“计划管理”标签下的“充值”按钮（见图 8-63），进入“麻吉宝充值”页面。

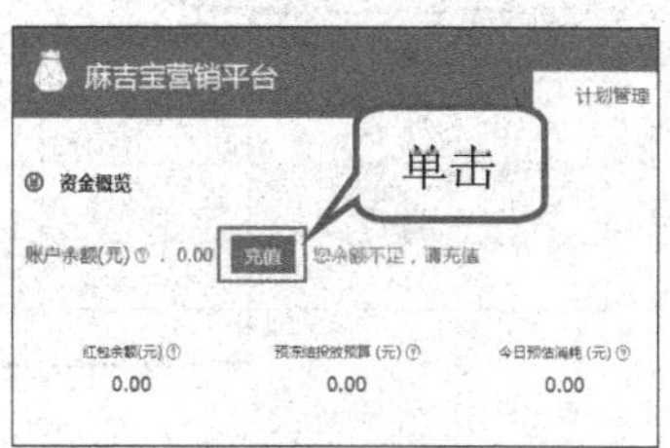


图 8-63　单击“充值”按钮

❻ 输入充值金额后，单击“立即充值”按钮，如图 8-64 所示，即可完成充值。

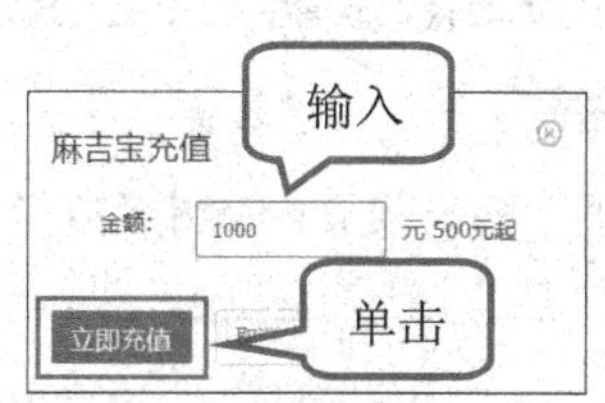


图 8-64　输入充值金额并单击“立即充值”按钮

**注意**

开通麻吉宝之前，卖家需要先充值，最低充值额度为 500 元。

## 2. 第二步：添加创意

❶ 打开麻吉宝，单击“创意管理”标签下的“新建创意”按钮，如图 8-65 所示，进入“新建创意”页面。

图 8-65　单击“新建创意”按钮

❷ 输入创意名称并单击“选择模板”下方的“选择”按钮，如图 8-66 所示，进入“选择模板”页面。

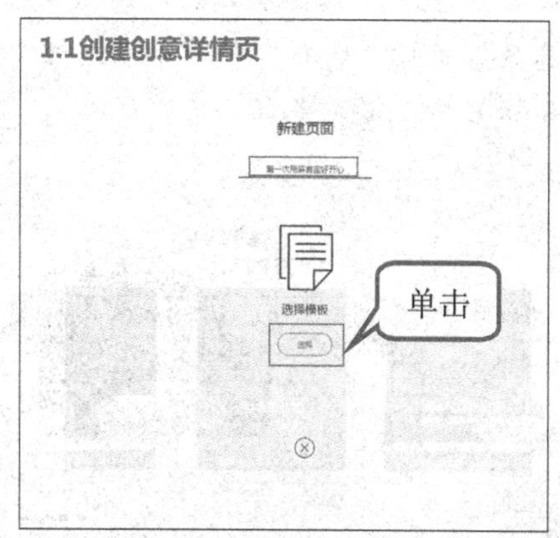


图 8-66　输入创意名称并单击“选择”按钮

❸ 单击“麻吉宝高级模板”标签下的“A 计划高级模板”链接（见图 8-67）。

图 8-67　单击“A 计划高级模板”链接

❹ 在“页面编辑”页面中设置左侧两个模板，单击“添加模块”按钮即可添加新模板。例如，“店铺宝贝列表”和“店铺优惠券”模板，单击其中的铅笔图标（见图 8-68），即可进行编辑。

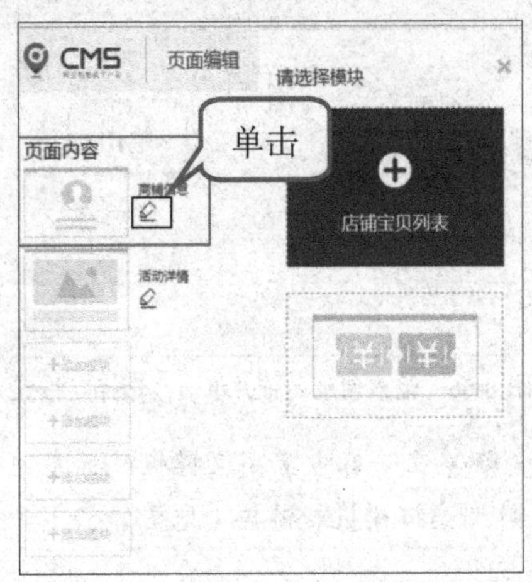


图 8-68　单击铅笔图标进行编辑

❺ 填写商品基本信息并设置图片展示模板，如图 8-69 所示。

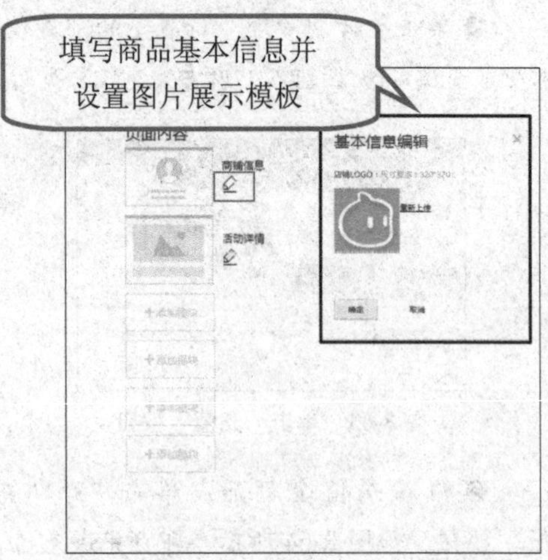


图 8-69　填写商品信息并设置图片展示模板

❻ 按照相同的方法设置“宝贝分类”和“店铺信息”两个模板，如图 8-70 所示。

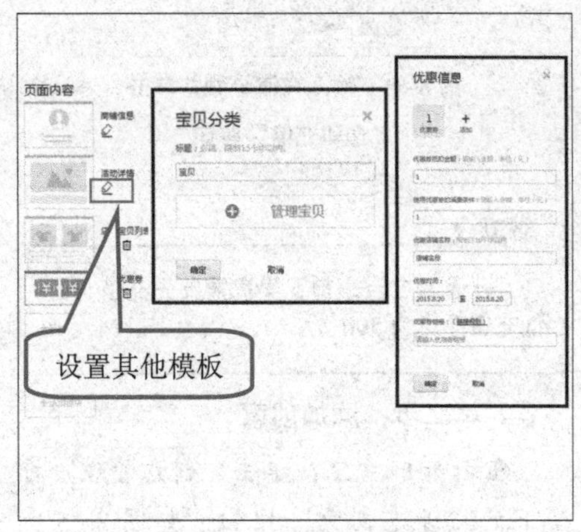


图 8-70　设置其他模板

❼ 设置完毕后，页面中间会显示无线端详情页面。单击“发布”按钮，即可成功添加创意，如图 8-71 所示。

图 8-71　单击“发布”按钮

**提示**

创意是指推广给消费者的内容。

### 3. 第三步：创建计划

❶ 单击“计划列表”右侧的“新建投放计划”按钮，（见图 8-72），进入“选择计划类型”页面。

图 8-72　单击“新建投放计划”按钮

❷ 单击“常规引流计划”单选按钮，再单击“下一步”按钮，如图 8-73 所示，进入“计划基本信息”页面。

图 8-73　单击“下一步”按钮

❸ 输入计划名称后，单击“下一步”按钮，如图 8-74 所示，进入“设置出价”页面。

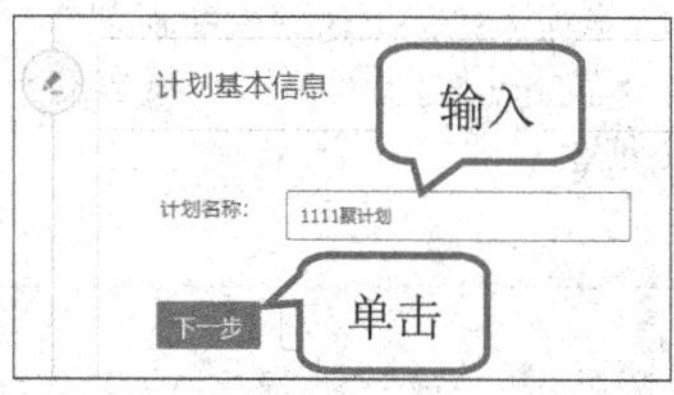


图 8-74　输入计划名称并单击“下一步”按钮

❹ 设置投放时间、重复周期、投放出价以及日预售后，单击“下一步”按钮，如图 8-75 所示，进入“计划投放”页面。在计划投放之前，需要完成第四步中的创意选择与投放。

图 8-75　设置出价内容并单击“下一步”按钮

**提示**

（1）如果单日预算在1000元以下，建议出价小于1元，如设置为0.1元。

（2）买家在正确回答问题后获得的集分宝数等于后台出价的20%。出价高排名自然靠前，但效果不一定好，所以在出价方面可以考虑先出低价，然后根据推广情况再进行调整。投放出价即每个消费者互动成功的扣费金额。

（3）在麻吉宝推广计划中，吸引消费者的主要是创意。

（4）这里的投放时间是指在创意审核通过后，系统根据起止时间和余额自动上线或者下线创意。

### 4. 第四步：投放创意

❶ 在"添加创意"页面中单击"点击选择创意"按钮（见图8-76），进入请选择创意页面。

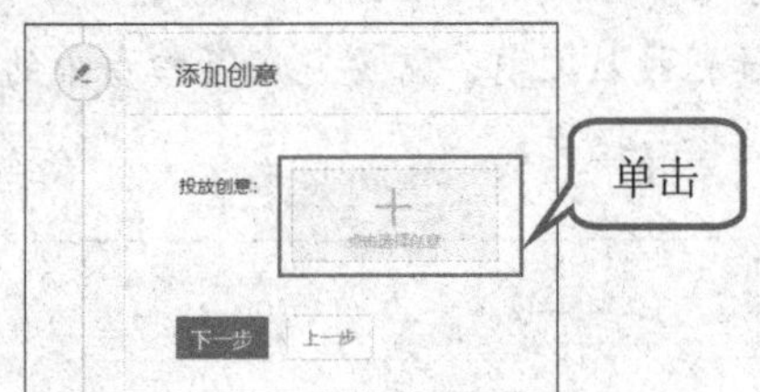


图8-76 单击"点击选择创意"按钮

❷ 单击"点击选择创意"按钮（见图8-77），进入创意选择页面。

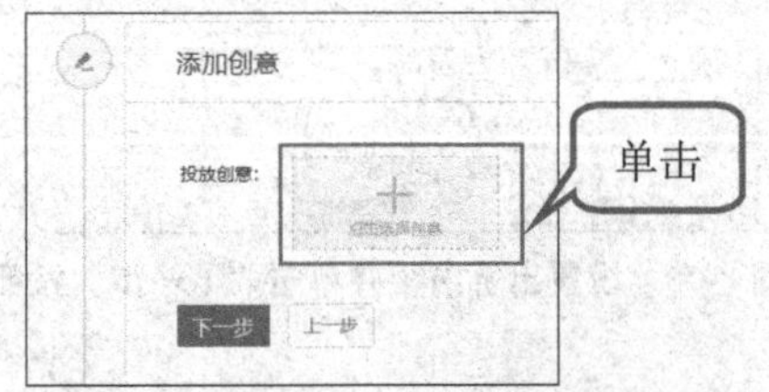


图8-77 单击"点击选择创意"按钮

❸ 此时可以看到提供创意选择的设置框，这里显示的都是已审核通过的创意。选择某个创意缩略图，单击"确认"按钮，再单击"下一步"按钮（见图8-78），进入"计划管理"页面。

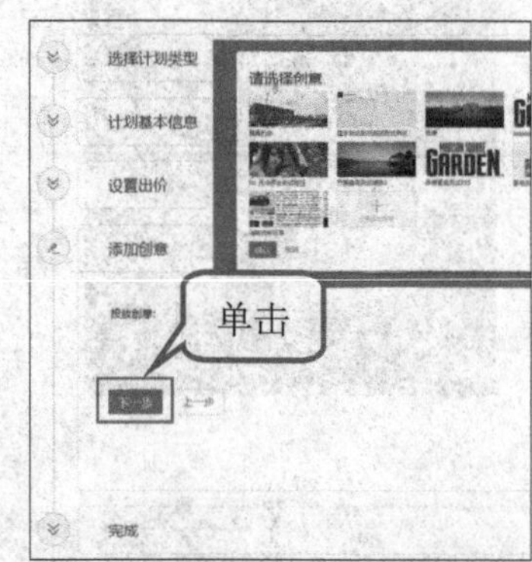


图8-78 选择某个创意缩略图并单击"下一步"按钮

❹ 单击"开始投放"按钮（见图8-79），即可投放麻吉宝推广计划。

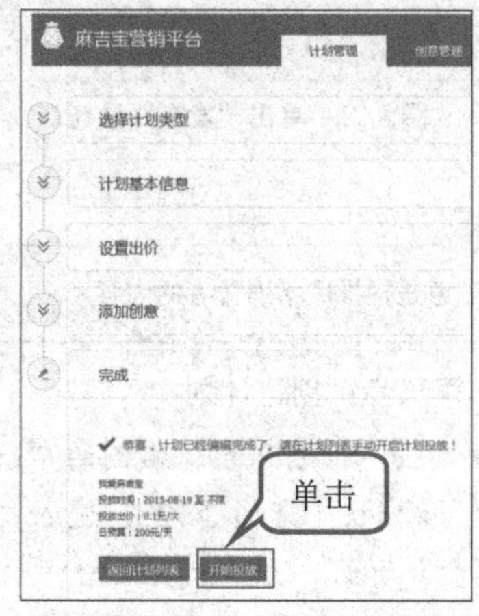


图8-79 单击"开始投放"按钮

### 5. 第五步：查看效果

图8-80为麻吉宝推广计划的投放效果，页面中显示了封面展现UV、点击数、点击率，以及创意详情点击率、店铺关注数和进店人数等数据。

图 8-80　查看麻吉宝推广计划的投放效果

> **提示**
>
> 麻吉宝推广计划投放之后，系统会冻结当天的预算，在 24 点时冻结第二天的预售，所以用户必须保证账户中的余额大于两天的预算。如果没有消耗的话则会返还。

## 8.7　粉丝营销的特点

现在很多卖家利用淘宝达人的知名度来吸引更多的粉丝浏览自己发布的微淘或者微博，从而达到推广店铺的目的。图 8-81 为粉丝营销的三个特点。

图 8-81　粉丝营销的三个特点

### 8.7.1　如何快速吸引粉丝

吸引粉丝不是一蹴而就的事情，卖家需要长期坚持。下面介绍如何快速吸引粉丝。

（1）卖家可以设置自动回复引导粉丝关注店铺，也可以在微淘中发布一些优惠活动吸引粉丝关注店铺。

（2）卖家也可以在微博上宣传自己的店铺，如图 8-82 所示。

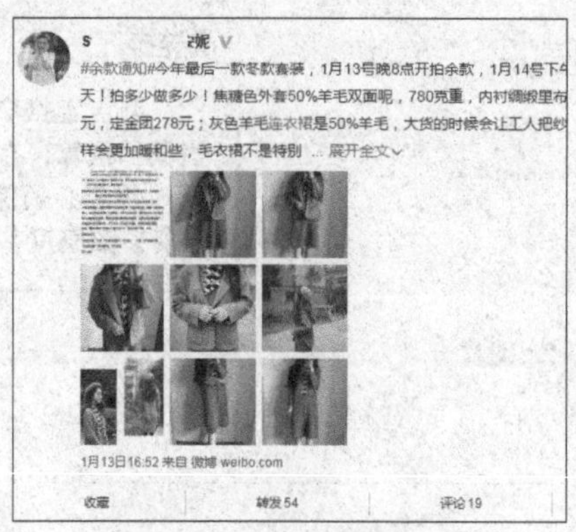


图 8-82　微博上宣传店铺

## 8.7.2　如何维护粉丝

积累了大量粉丝之后，卖家还要花心思维护这些粉丝，提升粉丝黏性。下面介绍维护粉丝的三种方法：

（1）逢年过节给活跃度高的粉丝发送问候短信；

（2）将天气变化或者店铺重要信息以短信的形式发送给粉丝，让其感受到卖家的关心；

（3）将店铺即将推出的促销活动告知粉丝。

## 8.7.3　通过哪些渠道可以获得更多粉丝

下面介绍在哪些渠道发布信息可以获得更多粉丝。

（1）快递包裹。在快递包裹的外包装上印上卖家的微信号，买家确认收货后，扫描二维码即可领现金红包或店铺优惠券，如图 8-83 所示。

图 8-83　扫描二维码吸引粉丝关注店铺

（2）猜爆款，送赠品。发布微淘或微博，让粉丝猜爆款，猜中即可领奖。这能够吸引更多粉丝关注店铺和商品活动。

（3）分销手段。只要他人帮助卖家推广店铺就可以获得购物券。卖家需要有一套分销系统，它能生成店铺或商品活动图片用于粉丝分享，只要获得他人关注，粉丝就可以得到卖家支付的佣金。

# 第 9 章

# 阿里妈妈助你引流

阿里妈妈为卖家提供了很多营销工具，本章将重点介绍直通车、淘宝客、“分享 +”和淘宝联盟。

本章将介绍直通车的基本概念，使用直通车推广店铺的优势，以及如何选词和推广宝贝。本章还将介绍如何用淘宝客为店铺和商品引流，提高店铺成交量。

# 9.1 什么是直通车

直通车是一款按点击付费的营销工具。直通车能给宝贝带来更多曝光量，同时精准的搜索匹配能够为宝贝锁定潜在的目标顾客。每件商品可以设置200个关键词，卖家可以针对每个竞价词自由定价。

买家看到感兴趣的推广信息之后，可以单击该宝贝进入宝贝详情页面。本节将介绍直通车的推广优势、引流方式以及如何选词和设置推广计划。

## 9.1.1 直通车的推广优势

直通车的推广优势如表9-1所示。

表9-1 直通车的推广优势

| 超省成本 | 即免费展示，卖家可以自由设置日消费限额，做到合理控制成本 |
|---|---|
| 超值服务 | 即独享增值服务，直通车小二指点卖家优化方案，帮助卖家迅速提高推广能力 |
| 超准推荐 | 当买家主动搜索与店铺有关的关键词时，卖家的宝贝会在最优位置获得展示，提高店铺成交量 |

## 9.1.2 直通车的推广方式

下面介绍直通车的三种推广方式。

### 1. 宝贝推广

宝贝推广是直通车最常使用的一种推广方式。通过设置相关关键词，并为宝贝设定一个合理的出价进行推广，当顾客搜索该关键词时，该推广宝贝就会得到展示。宝贝推广能够明确顾客的搜索意图，帮助卖家精准锁定潜在目标顾客。

使用关键词搜索后，展示位置即为页面右侧和页面底部的“掌柜热卖”区域，如图9-1所示。

图9-1 “掌柜热卖”区域

### 2. 店铺推广

店铺推广是基于宝贝推广的一种新型

推广方式。卖家可以对店铺页面（首页或分类集合页）进行精准推广，并设置与推广页面相关的关键词和出价。当顾客搜索相关关键词时，店铺会获得展现与流量，这样就满足了店铺同时推广多个同类型宝贝、传达店铺品牌形象的需求。

使用关键词搜索后，其展示位置即为页面右下方的“店家精选”区域，如图 9-2 所示。

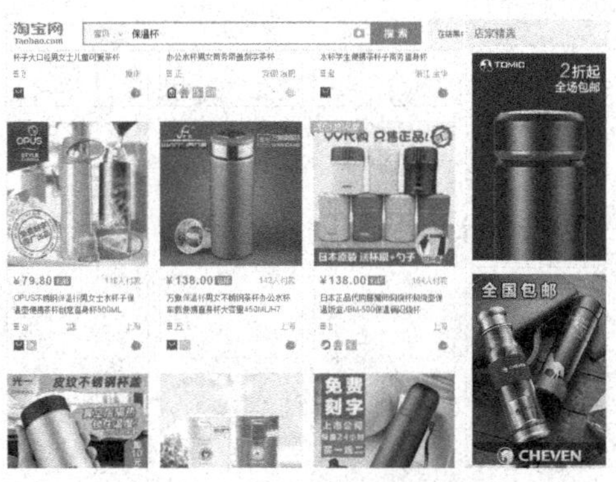


图 9-2　“店家精选”区域

**3. 明星店铺推广**

明星店铺推广是一种新型推广方式，不仅成交转化率高，而且有利于塑造店铺品牌形象。卖家开通明星店铺，并设置好关键词和出价后，当顾客搜索与店铺名及店铺品牌相关的关键词时，其对应的推广信息会展示在搜索结果页面首页最上方的黄金位置，如图 9-3 所示。

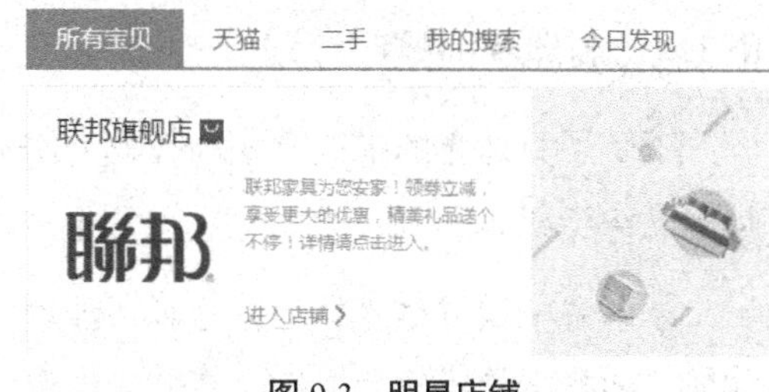


图 9-3　明星店铺

## 9.1.3　直通车找词方法

直通车为卖家提供了大量宝贝关键词，包括名称词、属性词、促销词、功能词。下面介绍如何在直通车里找关键词。

**1. 生意参谋选词**

生意参谋的市场行情数据里提供了行业热门搜索词的排行榜，这里可以看到 Top100 的热门搜索词和飙升搜索词，如图 9-4 所示。

行业排行

热销商品榜　流量商品榜　热门搜索词　飙升搜索词

| 热门排名 | 搜索词 | 搜索人气 | 支付转化率 | 直通车参考价 | 操作 |
|---|---|---|---|---|---|
| 1 | 连衣裙 | 73,969 | 1.06% | 0.41 | 相关词分析 |
| 2 | t恤女 | 41,546 | 2.98% | 0.80 | 相关词分析 |
| 3 | 雪纺衫 | 38,598 | 1.84% | 0.53 | 相关词分析 |
| 4 | 女装 | 38,020 | 0.26% | 0.41 | 相关词分析 |
| 5 | 真丝连衣裙 | 36,009 | 1.18% | 0.96 | 相关词分析 |
| 6 | 大码女装 | 32,553 | 1.86% | 0.61 | 相关词分析 |
| 7 | 棉麻连衣裙 | 29,871 | 1.56% | 0.62 | 相关词分析 |
| 8 | 蕾丝连衣裙 | 29,454 | 0.94% | 0.89 | 相关词分析 |
| 9 | 阔腿裤 | 29,045 | 2.09% | 0.98 | 相关词分析 |

图 9-4　生意参谋选词页面

#### 2. 直通车魔镜

直通车魔镜用于揭示同行业店铺和单品的直通车推广是通过哪些关键词获得曝光的，每一个关键词展示在搜索结果页面的什么位置以及曝光指数，如图 9-5 所示。卖家可以通过直通车魔镜分析自己宝贝的关键词推广与同行爆款的差异和不足，然后加以改进，提升推广效果。

图 9-5　直通车魔镜选词页面

### 9.1.4　创建宝贝推广计划

了解了直通车的推广方式和找词方法后，接下来就可以在后台创建宝贝推广计划了。具体操作步骤如下。

❶ 打开淘宝直通车，首先选择“推广计划”标签下的“标准推广”选项，然后单击“新建宝贝推广”按钮（见图 9-6），进入“新建宝贝推广”页面。

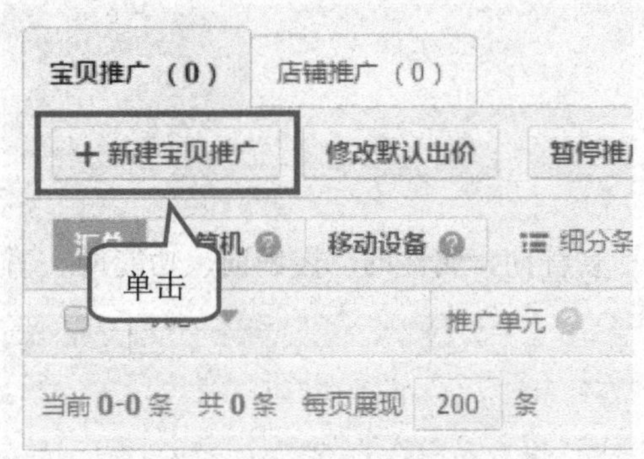

图 9-6　单击“新建宝贝推广”按钮

❷ 选择要推广的宝贝，并根据页面提示依次添加创意、设置关键词和出价，即可成功创建宝贝推广计划，如图 9-7 所示。

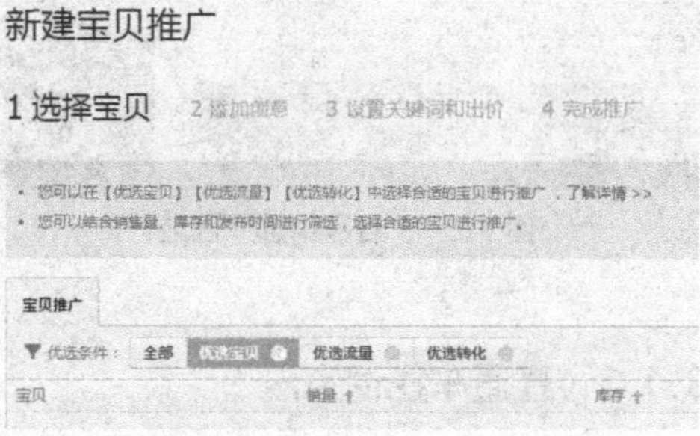

图 9-7　创建宝贝推广计划

**提示**

建议新手卖家有针对性地选择两三个产品进行直通车推广。

### 9.1.5　选择合适的地域投放直通车

开通直通车之后，卖家应根据实际需要选择合适的地域进行投放。具体操作步骤如下。

❶ 单击“设置投放地域”按钮（见图 9-8），进入“设置投放地域”页面。

图 9-8　单击“设置投放地域”按钮

❷ 卖家可以在该页面中设置投放地域（见图 9-9）。

图 9-9　设置投放地域

### 9.1.6　开通无线直通车

无线直通车是卖家获取无线端流量时最常使用的工具之一。下面介绍开通无线直通车的具体操作步骤。

❶ 在直通车推广计划列表中单击“投放平台”标签下的“计算机 移动设备”链接，如图 9-10 所示，进入“设置投放平台”页面。

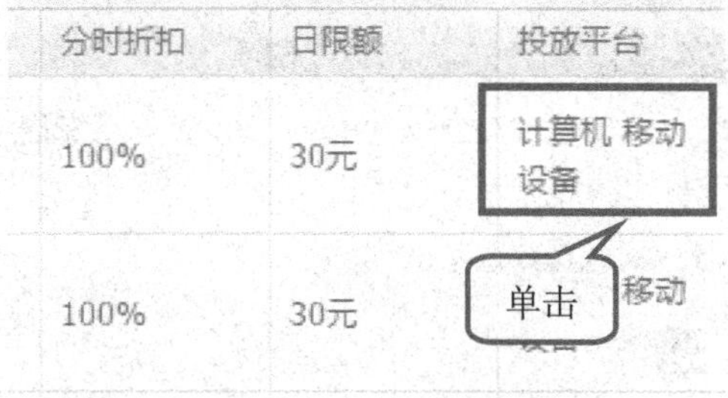

| 分时折扣 | 日限额 | 投放平台 |
| --- | --- | --- |
| 100% | 30元 | 计算机 移动设备 |
| 100% | 30元 | 移动 |

单击

图 9-10　单击“计算机 移动设备”链接

❷ 拖动移动设备淘宝站内投放方式右侧的滑块，单击“保存设置”按钮，如图 9-11 所示，即可成功设置无线端投放。

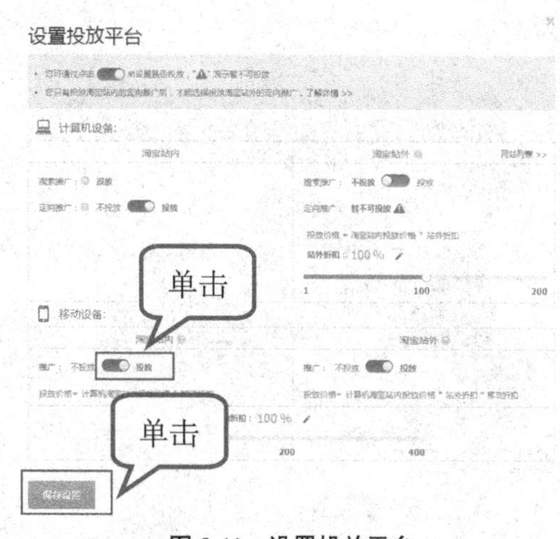


图 9-11　设置投放平台

## 9.2　淘宝客

淘宝客是一种按成交计费的推广方式。淘宝客从淘宝客专区获得商品代码，形成商品链接，只要买家点开此链接并下单，淘宝客就可以获得卖家支付的佣金。

### 9.2.1 淘宝客的推广优势

淘宝客的推广优势如表 9-2 所示。

表 9-2 淘宝客的推广优势

| 序号 | 优势 |
|---|---|
| 1 | 展示、点击和推广全部免费，有成交才会产生费用，便于卖家灵活控制成本 |
| 2 | 拥有互联网上更多的流量和推广人群 |
| 3 | 数百万的活跃推广者深入互联网的各个领域，他们能帮助卖家更好地推广店铺 |
| 4 | 巨大的投资回报吸引了众多淘宝客的加入 |
| 5 | 按成交支付费用，即使没有成交，也能提升商品和店铺的曝光量 |

### 9.2.2 在哪里寻找淘宝客

下面介绍聚集了很多淘宝客的三个网站，在这些网站上不仅可以找到可靠的淘宝客，还可以借鉴淘宝客的推广经验。

1. A5 论坛

A5 论坛是目前国内最大的站长创业论坛及淘宝客集散地，以网站交易为主要盈利点，吸引了众多淘宝客的加入，如图 9-12 所示。

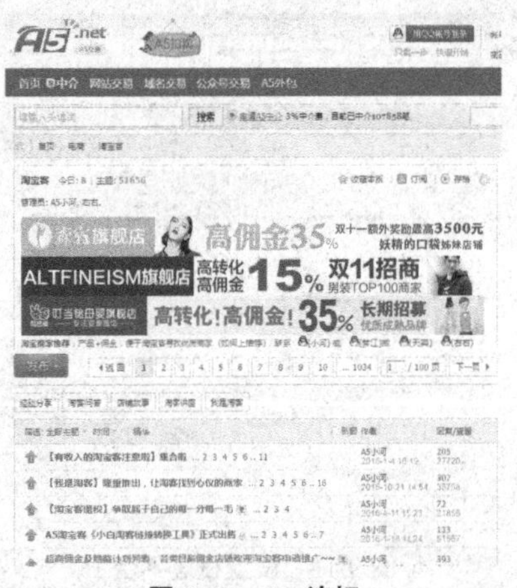


图 9-12 A5 论坛

2. 站长论坛

站长论坛是一个供广大站长交流网站建设经验、网站流量提升技巧、网站经营模式以及交换网站链接的网络平台。图 9-13 为站长论坛首页。

图 9-13 站长论坛首页

### 3. 阿里妈妈社区

目前，阿里妈妈社区招募淘宝客时主要采用论坛发帖的形式，没有单独的广告位用来招募淘宝客。卖家可以在阿里妈妈社区中发帖寻找淘宝客，如图 9-14 所示。

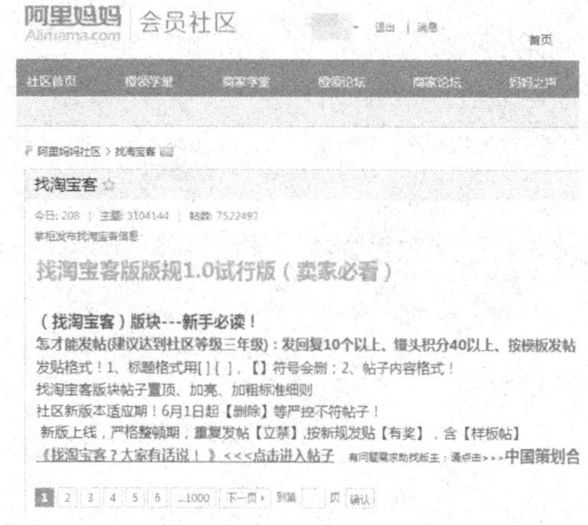

图 9-14　在阿里妈妈社区找淘宝客

## 9.2.3　创建淘宝客推广计划

找到可靠的淘宝客之后，接下来就可以创建淘宝客推广计划了。具体操作步骤如下。

❶ 在淘宝客卖家平台上单击“推广计划”标签下的“新建自选淘宝客计划”按钮，如图 9-15 所示，进入“新建推广计划”页面。

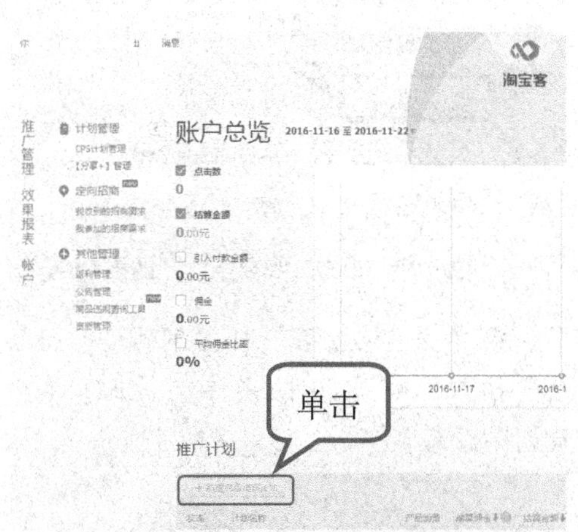


图 9-15　单击“新建自选淘宝客计划”按钮

❷ 填写计划名称、计划类型、审核方式、起止日期等信息，如图 9-16 所示。

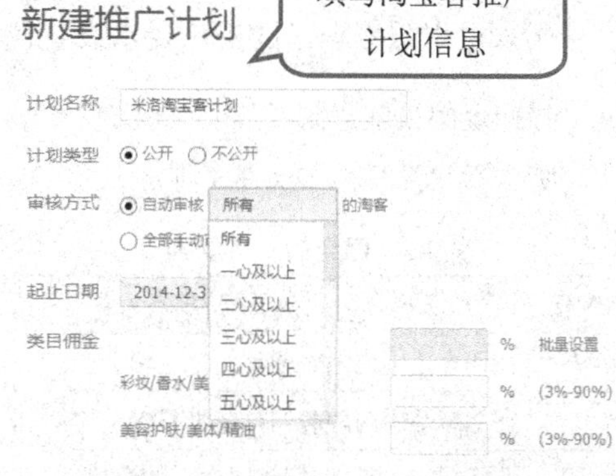


图 9-16　填写淘宝客推广计划信息

❸ 输入类目佣金比例并单击“创建完成”按钮（见图 9-17），即可成功创建淘宝客推广计划。

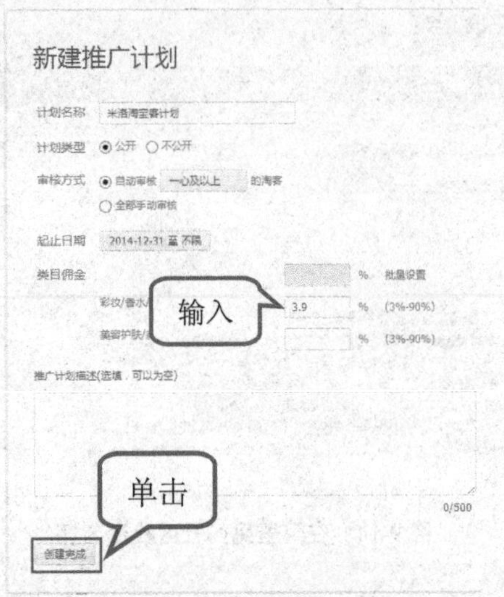


图 9-17　输入类目佣金比例并单击“创建完成”按钮

> **提示**
>
> 如果资金充足，卖家可以定期开展一些提供额外佣金的奖励活动，这样可以大大提高淘宝客提供额外的推广积极性，如单日完成一定量订单的淘宝客可获得经济或物质奖励等。

## 9.2.4　合理设置佣金比例

卖家可以根据自己的推广要求设置佣金比例。

### 1. 佣金的设置规则

佣金的设置规则如表 9-3 所示。

表 9-3　佣金的设置规则

| 序号 | 规则说明 |
| --- | --- |
| 1 | 在佣金范围内随时调整佣金比例 |
| 2 | 在佣金范围内随时调整各类目佣金比例 |
| 3 | 实际成交金额 × 佣金比例 = 佣金 |
| 4 | 买家经推广链接进入后，15 天内的成交均有效，即使卖家中途退出淘宝客推广，15 天内产生的佣金费用仍然有效 |
| 5 | 主推商品按佣金比例计算，非主推商品按店铺统一类目的统一类目佣金比例计算 |

### 2. 如何编辑佣金比例

编辑佣金比例的具体操作步骤如下。

❶ 在淘宝网卖家中心中单击“营销中心”标签下的“我要推广”链接，如图 10-18 所示，进入推广页面。

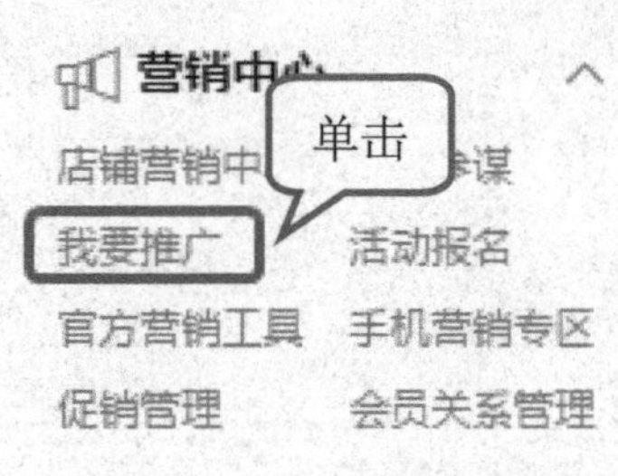


图 9-18　单击“我要推广”链接

❷ 单击“淘宝客”标签下的“开始拓展”按钮，如图 10-19 所示，进入“推广计划”页面。

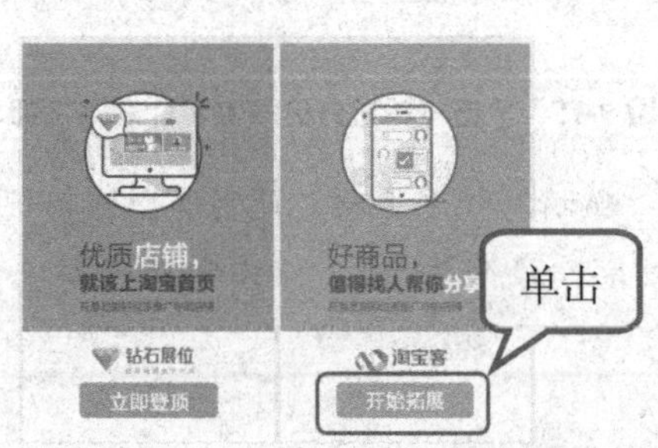


图 9-19　单击“开始拓展”按钮

❸ 在该页面中可以看到已经设置的所有淘宝客推广计划。选择需要设置佣金比例的计划后，单击左侧的“通用计划”链接，如图 9-20 所示，进入“佣金管理”页面。

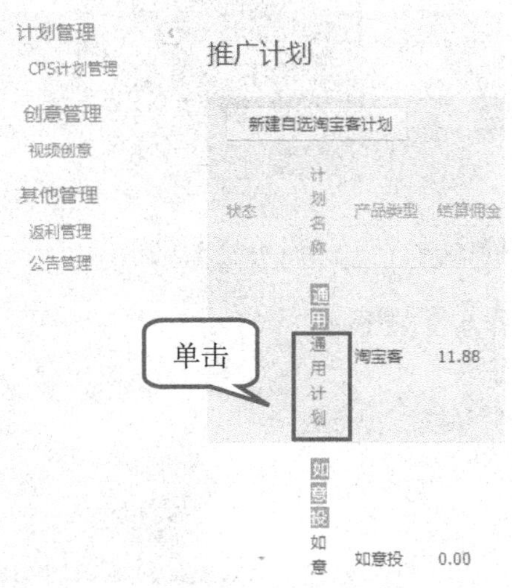


图 9-20　单击“通用计划”链接

❹ 该页面中有主推商品列表，单击商品右侧的“编辑佣金比”链接（见图 9-21），即可编辑佣金比例。

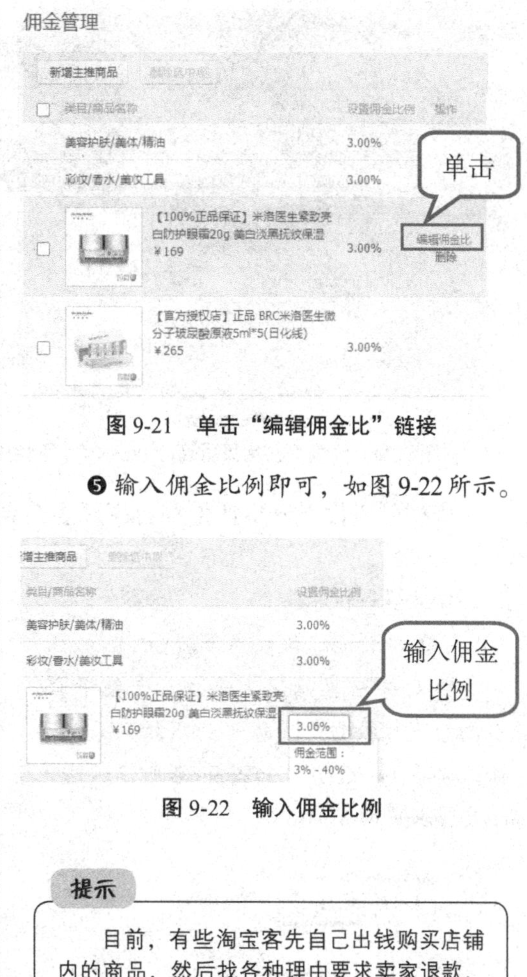


图 9-21　单击“编辑佣金比”链接

❺ 输入佣金比例即可，如图 9-22 所示。



图 9-22　输入佣金比例

**提示**

目前，有些淘宝客先自己出钱购买店铺内的商品，然后找各种理由要求卖家退款，以此获利。因此，卖家必须筛选出可靠的淘宝客为自己的店铺做推广。

# 9.3　通过“分享 +”获得更多流量

“分享 +”采用的是新型 CPA 计费模式，以利益刺激买家主动分享卖家店铺。图 9-23 为分享有礼宝贝页面。手机淘宝用户可以在“福利淘”中进行相关设置（见图 9-24），选择想要分享的店铺，如图 9-25 所示。

图 9-23 分享有礼宝贝页面

图 9-24 手机淘宝里的福利淘

图 9-25 分享店铺

用户可以设置分享评价和分享好店。具体操作步骤如下。

1. **分享评价**

分享评价的具体操作步骤如下。

❶ 打开阿里妈妈，单击“营销平台”右侧的下拉按钮，在弹出的下拉列表中选择“分享+”选项，如图 9-26 所示，进入账户登录页面。

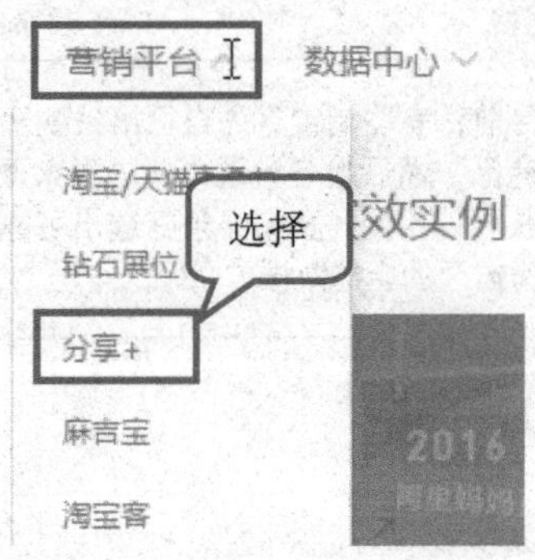


图 9-26 选择“分享+”选项

❷ 单击“进入我的分享+”按钮，如图 9-27 所示，进入“分享+设置”页面。

图 9-27 单击“进入我的分享+”按钮

❸ 单击“分享评价”按钮，如图 9-28 所示，进入“分享评价”页面。

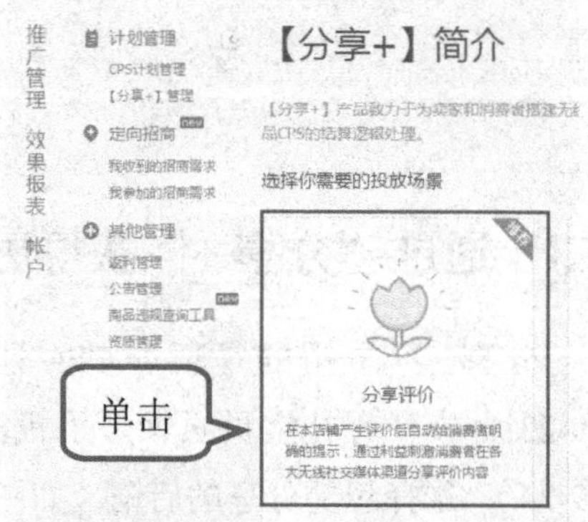


图 9-28 单击“分享评价”按钮

❹ 依次设置预算金额和奖励规则后，单击“立即开启”按钮，如图 9-29 所示，即可成功设置分享评价。

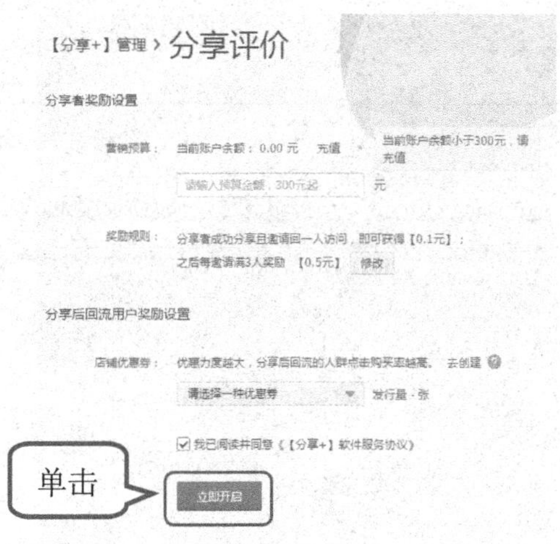


图 9-29　设置预算金额和奖励规则并单击“立即开启”按钮

**2. 分享好店**

分享好店的具体操作步骤如下。

❶ 在“分享 + 设置”页面中单击“分享好店”按钮，如图 9-30 所示，进入“分享好店”页面。

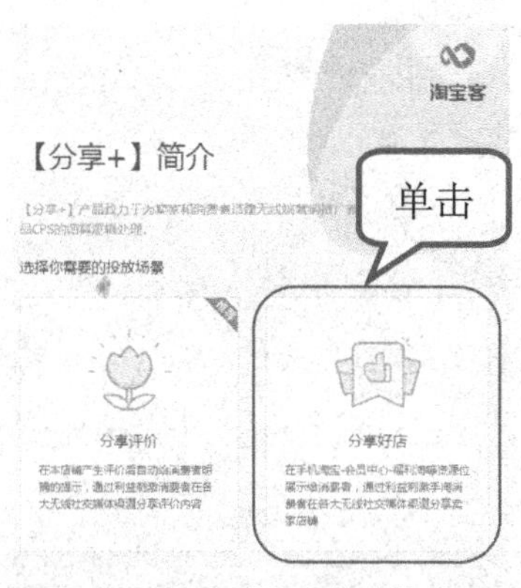


图 9-30　单击“分享好店”按钮

❷ 填写推广标题、分享理由、分享场景以及设置分享者奖励，如图 9-31 所示。填写完毕后，单击“立即开启”按钮，即可成功设置分享好店。

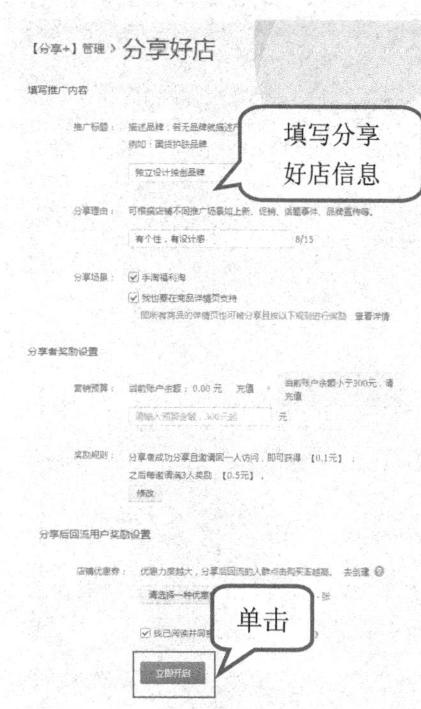


图 9-31　单击“立即开启”按钮

# 第 10 章

# 通过售后服务维护店铺信誉

成功完成一笔交易之后，卖家还需要做好售后服务，维护店铺的好口碑，这样才能留住老顾客，吸引新顾客，为店铺带来更多流量。

本章首先介绍了商品的包装技巧，包括如何节省包装费、如何利用商品包装为店铺带来好口碑等；然后介绍了商品的发货技巧，包括如何选择快递公司、如何处理物流纠纷等；最后介绍了售后服务的工作内容，包括如何有效预防中差评、如何提高店铺的信用等级等。

# 10.1 掌握商品的包装技巧

和顾客达成一笔交易之后，卖家就要及时发货，发货是非常重要的一个环节。买家在收到货物后，好的商品包装会给顾客留下好印象，促使顾客二次消费，无形中也给店铺带来了更多流量。

## 10.1.1 选择商品包装材料

美观、大方的包装不仅能保护商品安全到达目的地，还能帮助卖家赢得顾客的信任。下面介绍一些常见的商品包装材料。

**纸箱**：纸箱是最常使用的包装材料，无论是食品、服饰，还是数码产品、鞋靴，都可以使用纸箱包装，如图 10-1 所示。

图 10-1 纸箱

**泡沫塑料**：泡沫塑料重量轻，而且可以缓冲撞击，易碎怕挤压的物品都可以使用泡沫塑料包裹，如图 10-2 所示。

图 10-2 泡沫塑料

**气泡膜**：邮寄化妆品时，为了防止这些瓶瓶罐罐碎掉，可以使用气泡膜包裹化妆品，如图 10-3 所示。

图 10-3 气泡膜

**瓦楞纸**：商品在运输的过程中，边角部位容易受损，卖家可以使用瓦楞纸包装商品的边角或容易磨损的部位，如图 10-4 所示。

图 10-4 瓦楞纸

**海绵**：卖家可以使用海绵包装易碎物品，如图 10-5 所示。

图 10-5 海绵

### 10.1.2　在哪里找物美价廉的包装材料

有些快递公司会提供纸箱和快递袋，但是并非所有包装材料都是免费的。下面介绍在哪里可以找到物美价廉的包装材料。

**淘宝网：**淘宝网上有大量质量好、价格低的包装材料，如图 10-6 所示。

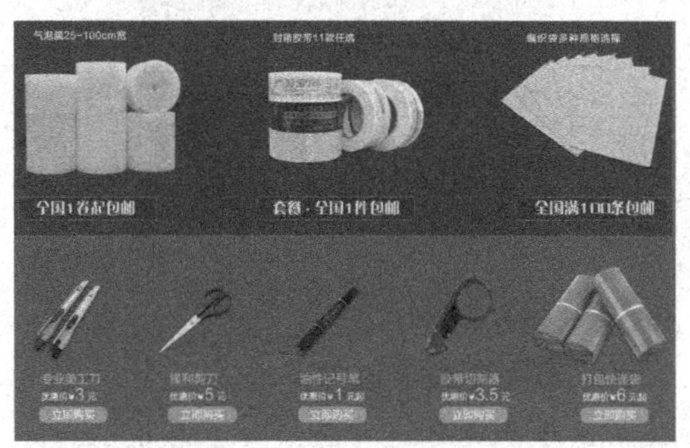


图 10-6　淘宝网上的包装材料

**阿里巴巴：**很多淘宝网店中的商品都是在阿里巴巴上批发采购的，当然也包括包装材料。图 10-7 为阿里巴巴上的包装材料批发页面，购买的数量越多，折扣力度就越大。

图 10-7　阿里巴巴上的包装材料

**超市、卖场回收：**有些快递箱子使用后并没有出现破损，一些大型超市和商场中也会有大量一次性使用的箱子，这些箱子都可以回收再利用，而且价格更低。无论是从节省成本还是从环保的角度来说，通过超市、卖场回收包装材料是一个不错的选择。

### 10.1.3　用包装赢得买家好感

商品的外包装上可以印上店铺的名称以及品牌 Logo，包装内部可以放产品的宣传册。表 10-1 为商品包装的两点注意要求。

表 10-1　商品包装的两点注意要求

| 要点 | 具体内容 |
| --- | --- |
| 包装牢固 | 发货前，卖家一定要将商品包装牢固，避免在运输过程中发生损坏 |
| 包装美观 | 美观的包装可以给买家留下好印象 |

**提示**

切忌将过多的成本花在华而不实的包装上，但是包装也不能太过于简陋，以免给买家留下不好的印象。

### 10.1.4　不同类目的商品应该如何包装

前面已经介绍了常见的商品包装材料，下面介绍如何包装不同类目的商品，防止运输过程中出现破损，保证买家收到完好无损的商品。

### 1. 珠宝首饰类商品包装

珠宝首饰类商品一定要用包装盒、包装袋或纸箱包装，如图 10-8 所示。纸箱里一定要放填充物，这样才能把首饰牢牢固定在纸箱里。卖家可以去当地的饰品批发市场看一看，这些地方一般会有专门出售饰品包装盒、包装袋的店铺。卖家还可以附上祝福卡以及关于此饰品的说明。

图 10-8　首饰类包装盒

### 2. 食品类商品包装

为了防止食品在运输过程中被压坏，卖家可以使用纸箱包装，并多放一些填充物。

**提示**

对于生鲜类食品，可以采用“次日达”航空快递，包装时可以放置冰袋和泡沫塑料来保护食品。

### 3. 电子数码类商品包装

这类商品需要多层严密保护，在包装时一定要用泡沫塑料包裹严实，再在外面多套几层纸箱或包装盒，多放填充物，如图 10-9 所示。

图 10-9　电子数码类包装

### 4. 易碎类商品包装

销售易碎类商品的卖家要多花些时间在包装上，多使用防震、防挤压的包装材料，还要在商品的外包装上印上“易碎品”标识，如图 10-10 所示。

图 10-10　易碎品标识

## 10.2　掌握发货技巧

包装好商品之后，接下来就要选择价格低、速度快、服务好的物流和快递公司。物流是保证商品完好到达客户手中的最后一个环节。本节将从运费设置、快递和物流公司的选择、降低物流费用以及妥善处理物流纠纷等几个方面为大家介绍商品的发货技巧。

## 10.2.1　选择合适的物流方式

### 1. 国内物流

**（1）快递公司**：常见的快递公司有圆通、申通、韵达、顺丰等，不同的快递公司，其价格和服务水平也不同。卖家不能单纯图便宜而选择服务差的快递公司。

图 10-11 展示了一些常见的快递公司。

图 10-11　常见的快递公司

**（2）物流托运**：如果要发的货物比较多，可以采用物流托运。

表 10-2 列出了物流托运的特点。

表 10-2　物流托运的特点

| 托运方式 | 具体说明 |
| --- | --- |
| 汽车 | 运费可以到付、现付，收取卸货费，可以选择保价 |
| 铁路 | 价格较便宜，运输速度较慢，不允许寄送液体物品，运费现付 |

**（3）邮政运输**：邮政发货的安全性比较高，但是其价格较高。由于运输速度慢，现在网店发货时基本已经不再使用平邮，而选择 EMS，如图 10-12 所示。

图 10-12　EMS

### 2. 国际物流

（1）DHL：DHL 的业务遍布全球，国际化程度很高，能够为各种物流需求提供解决方案。图 10-13 为 DHL 官方网站首页。

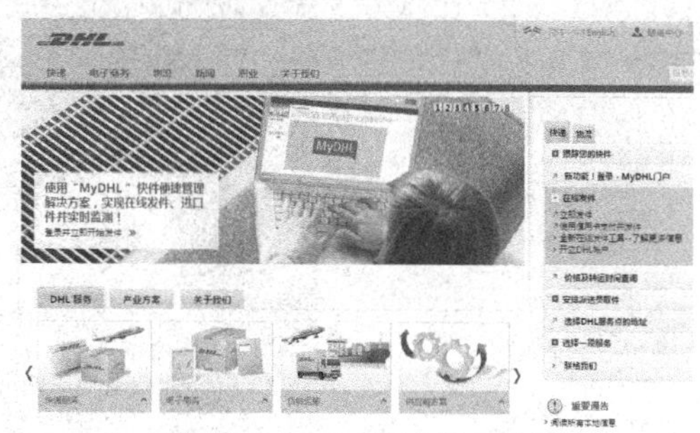


图 10-13　DHL 官方网站首页

（2）UPS：这是一家全球性的公司，也是世界上最大的快递承运商与包裹递送公司。图 10-14 为 UPS 官方网站首页。

图 10-14　UPS 官方网站首页

（3）TNT：这是全球最大的快递公司之一，每天递送数百万件包裹、文件和托盘货物，其总部位于荷兰。图 10-15 为 TNT 官方网站首页。

图 10-15　TNT 官方网站首页

### 10.2.2　降低快递费用省成本

很多人在网上买东西时很看重运费价格，如果物流费用过高，店铺就会失去竞争力。卖家要多方考虑，尽可能降低快递费。

#### 1. 选择可靠的快递公司

选择快递公司的要点如表 10-3 所示。

表 10-3　选择快递公司的要点

| 要点 | 具体内容 |
|---|---|
| 看规模 | 主要看该快递公司在全国各地的网点覆盖率 |
| 看特点 | 不同的快递公司都有其自身的优势，如申通的价格低、顺丰的速度快 |
| 看评价 | 在网上搜索用户对各个快递公司的评价，选择最合适的 |

#### 2. 节省快递费用的技巧

节省快递费用的技巧如表 10-4 所示。

表 10-4　节省快递费用的技巧

| 技巧 | 具体内容 |
|---|---|
| 多联系几家快递公司 | 多比较几家快递公司，选择运输速度快、价格低的快递公司 |
| 网购快递单 | 卖家可以在淘宝网上订购快递单 |
| 不贪便宜 | 对于快递费异常便宜，容易造成丢件、损坏包裹的快递公司，卖家应谨慎选择 |

### 10.2.3　实时了解物流进度

为了更好地为顾客提供服务，卖家可以在卖家中心后台或快递官网上查询订单物流进度，及时处理物流问题。

#### 1. 在卖家中心查询物流进度

❶ 打开淘宝网，在右上角的“卖家中心”列表中选择“已卖出的宝贝”选项，如图 10-16 所示，进入已卖出宝贝页面。

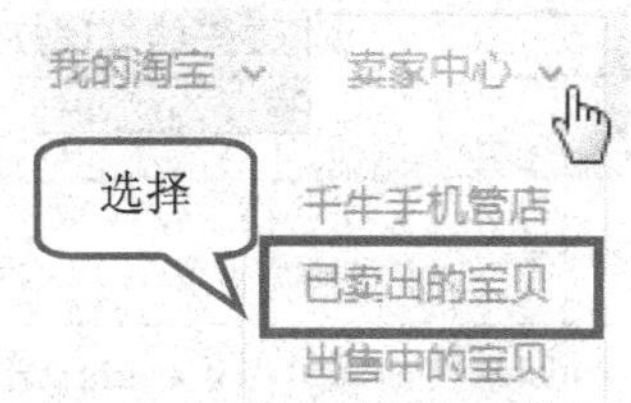


图 10-16　选择“已卖出的宝贝”选项

❷ 该页面中显示了所有订单，单击要跟踪的订单右侧的“查看物流”链接，如图 10-17 所示，即可查看物流进度。

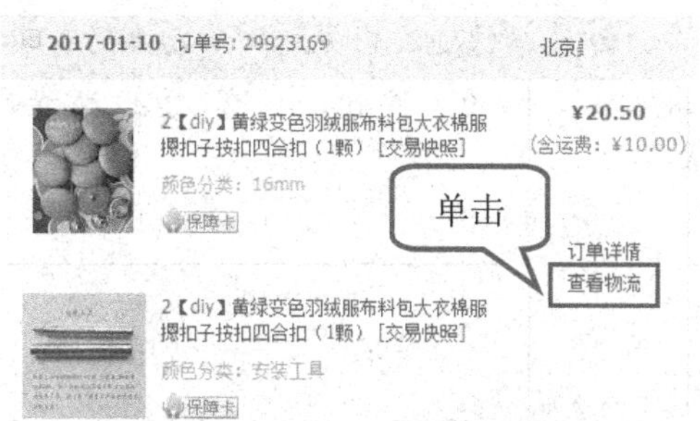


图 10-17　单击“查看物流”链接

2. 百度搜索快速查询单号

❶ 在百度的搜索框内输入“快递单号查询”并单击搜索按钮，返回的搜索结果页面最上方会显示常用快递公司。选择好快递公司并输入相应单号，如图 10-18 所示，单击“查询”按钮即可返回查询结果。

图 10-18　查询快递单号

❷ 查询结果会显示详细的订单物流进度，如图 10-19 所示。

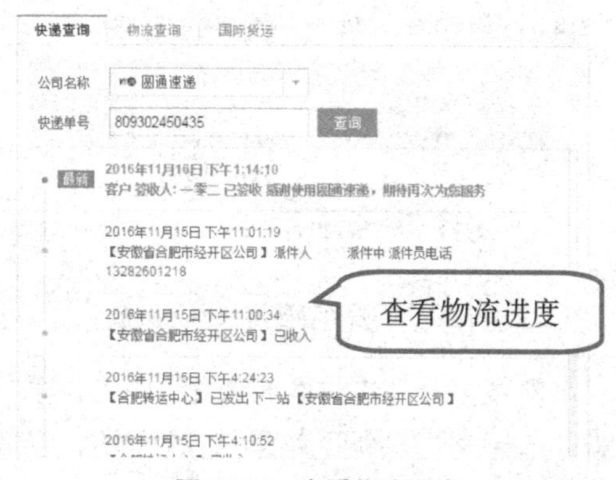


图 10-19　查看物流进度

## 10.2.4　如何妥善处理物流纠纷

物流纠纷主要包括包裹损坏和包裹丢失两种情况，下面介绍如何正确处理这两种物流纠纷。

### 1. 运输中包裹损坏的处理办法

运输中包裹损坏的处理办法如表 10-5 所示。

表 10-5　运输中包裹损坏的处理办法

| 处理办法 | 具体内容 |
| --- | --- |
| 提前告知 | 对于需要验货的商品，卖家要告知买家收货时须拆箱验货，确认无误后再收货 |

（续表）

| 处理办法 | 具体内容 |
| --- | --- |
| 仔细包装 | 卖家要仔细包装商品，防止货物在运输过程中损坏 |
| 保价 | 对于贵重物品，卖家要选择保价，尽量减少经济损失 |

### 2. 运输中包裹丢失的处理办法

运输中包裹丢失的处理办法如表10-6所示。

表10-6 运输中包裹丢失的处理办法

| 处理办法 | 具体内容 |
|---|---|
| 协商 | 与快递公司协商，给买家重新发货或提供其他解决方案 |
| 赔偿 | 如果商品已经保价，由快递公司赔偿；如果商品没有保价，按运费倍率或根据商品价值酌情估价赔偿 |

## 10.2.5 淘宝网也可以寄快递

卖家可以在卖家个人中心直接通过淘宝网提供的物流管理服务发货。

❶ 在淘宝网卖家个人中心里单击“物流管理”标签下的“我要寄快递”链接，如图10-20所示，进入“寄件”页面。

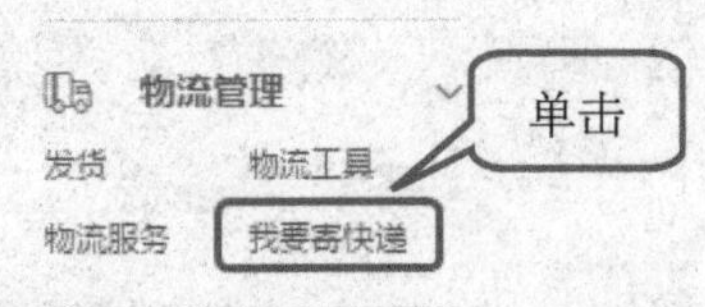


图10-20 单击“我要寄快递”链接

❷ 填写寄件人信息和收件人信息，单击“下一步”按钮，如图10-21所示，进入“选择快递公司”页面。

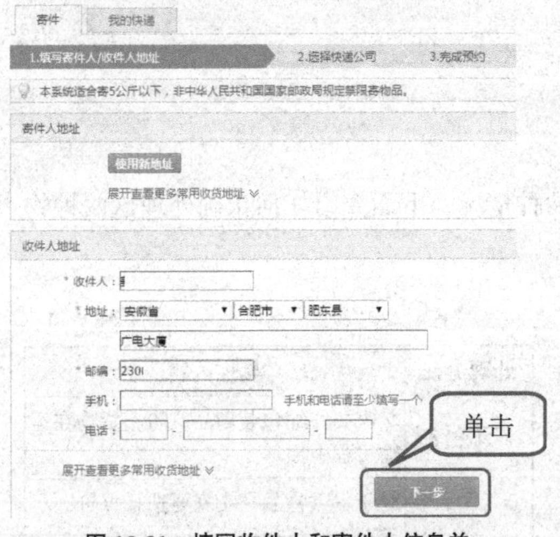


图10-21 填写收件人和寄件人信息并单击“下一步”按钮

❸ 选择快递公司并填写货物名称，单击“确认预约”按钮，如图10-22所示，即可成功预约快递。

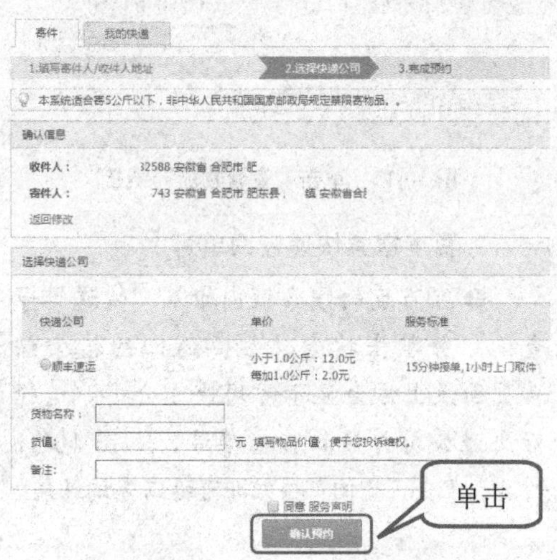


图10-22 选择快递公司并填写货物名称

### 10.2.6　设置运费模板

选择好快递公司之后，卖家可以在后台设置运费模板。具体操作步骤如下。

❶ 在淘宝网卖家个人中心里单击“物流管理”标签下的“物流工具”链接，如图 10-23 所示，进入“运费模板设置”页面。

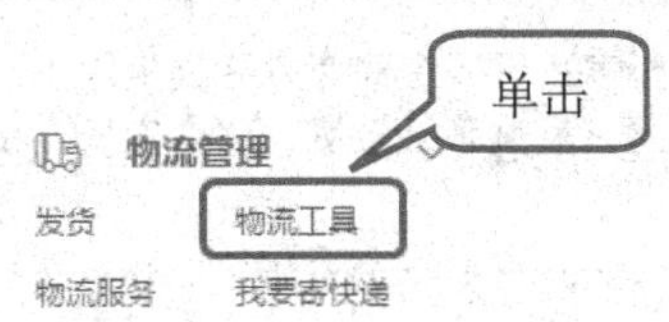


图 10-23　单击“物流工具”链接

❷ 在该页面中单击“新增运费模板”按钮，如图 10-24 所示，进入“新增运费模板”页面。

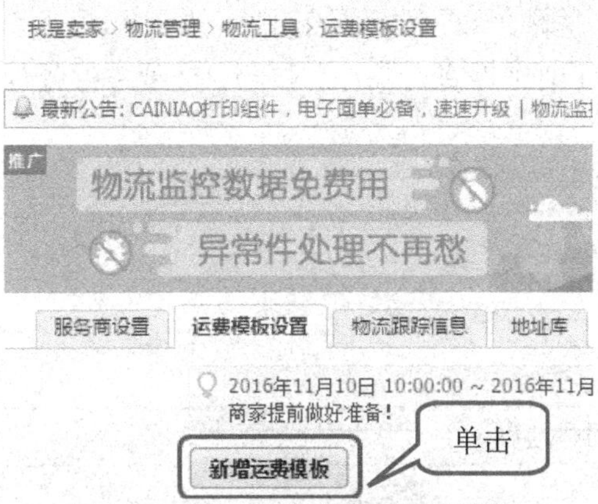

图 10-24　单击“新增运费模板”按钮

❸ 填写模板名称、宝贝地址、发货时间以及首重等信息后，单击“保存并返回”按钮，如图 10-25 所示，即可成功设置运费模板。

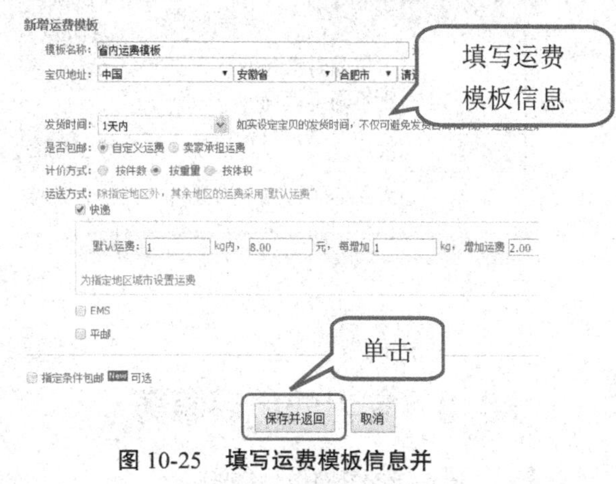


图 10-25　填写运费模板信息并单击“保存并返回”按钮

❹ 运费模板的设置效果如图 10-26 所示。

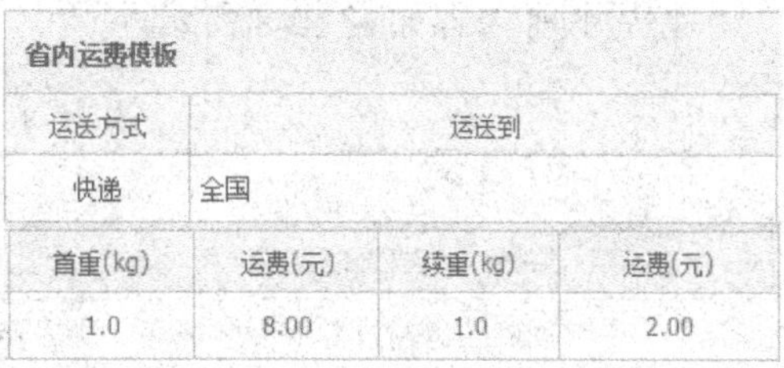

| 省内运费模板 | | | |
|---|---|---|---|
| 运送方式 | 运送到 | | |
| 快递 | 全国 | | |
| 首重(kg) | 运费(元) | 续重(kg) | 运费(元) |
| 1.0 | 8.00 | 1.0 | 2.00 |

图 10-26　运费模板的设置效果

### 10.2.7　大促期间如何合理安排发货

大促期间的发货量是巨大的，在备货充足的情况下，卖家要特别重视发货问题。

#### 1. 保证充足的库存

卖家既要保证库存充足以防断货，又要防止备货过多导致库存积压。准确的库存需求预测可以帮助店铺最大程度地减少对流动资金的需求。

2. 合理安排发货的技巧

为了保证商品能及时、安全地发出，卖家需要掌握一定的发货技巧，如表 10-7 所示。

表 10-7 合理安排发货的技巧

| 序号 | 具体内容 |
|---|---|
| 1 | 可以同时选择两三家快递公司，过多则不利于管理 |
| 2 | 使用合适的包装材料，加快打包速度 |
| 3 | 大促期间可以采用预售方式，事先将预售商品打包好，节省发货时间 |
| 4 | 合理分配打包、打单人员，提高工作效率 |

提示

卖家还可以主动为顾客提供服务，如超卖提醒、发货延迟致歉、爆仓安抚、收货关怀等。

# 10.3 完善的售后服务

售后服务做得好，回头客自然多。卖家除了要掌握售后服务的技巧，还要掌握处理售后纠纷的技巧。

## 10.3.1 售后服务内容

售后服务内容如表 10-8 所示。

表 10-8 售后服务内容

| 序号 | 具体内容 |
|---|---|
| 1 | 好评一定要及时回复 |
| 2 | 商品在运输过程中发生损坏，要先补偿顾客 |
| 3 | 适时的关心能够拉近卖家与顾客之间的距离 |
| 4 | 商品寄出前要认真检查。如果因运输不当导致货物损坏或产品本身有问题，顾客要求退换货，卖家应当及时与顾客沟通并做好理赔工作 |
| 5 | 处理售后纠纷时卖家要与顾客协商解决，既要保障顾客的合法权益，也要维护自己的利益 |

## 10.3.2 妥善处理顾客的退换货请求

大部分商家都提供退换货服务，这能够有效保障顾客的合法权益。图 10-27 为退换货流程。

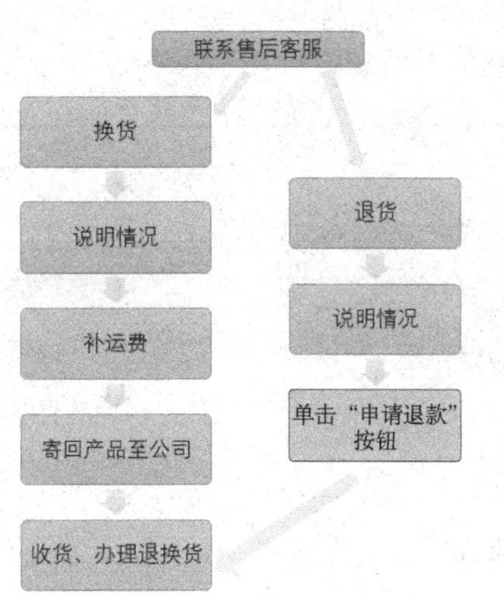


图 10-27 退换货流程

**提示**

在交易之前，卖家应对商品情况、交易过程进行详细、明确的阐述和约定，避免顾客在收到货物后提出退换货要求。

### 10.3.3 有效预防中差评

店铺的信誉和买家的评价有着密不可分的联系，如果中差评太多，势必会影响店铺的综合评分。

**1. 产生中差评的原因**

表 10-9 为产生中差评的原因，卖家需要充分重视。

表 10-9 产生中差评的原因

| 序号 | 产生原因 |
|---|---|
| 1 | 运输速度慢 |
| 2 | 对客服的态度不满意 |
| 3 | 对商品的质量和性能不满意 |

**2. 预防中差评的方法**

预防中差评的方法如表 10-10 所示。

表 10-10 预防中差评的方法

| 序号 | 预防方法 |
|---|---|
| 1 | 选择可靠的快递公司 |
| 2 | 礼貌回复买家的咨询 |
| 3 | 严把商品质量关 |

**提示**

在交易过程中，卖家要查看买家的信用等级。这是因为现在市面上有很多专门针对新手卖家和皇冠卖家的“中差评师”。

### 10.3.4 针对买家的中差评给予解释

交易笔数多了，中差评是不可避免的。针对这些评论，卖家要及时与买家沟通，了解买家给出中差评的原因，并做出合理解释。图 10-28 为卖家针对某条差评给出的解释。

商品详情　累计评价 67

小姜，质量没得说，版面有点小
2015.12.29

解释：亲，非常感谢您支持和关注……笔记本，您的微笑是我们努力的方向，您的满意是我们最大的动力，有什么问题和建议可以联系我们旺旺客服，期待您的再次光临！祝您生活愉快~！

图 10-28　卖家解释

## 10.3.5　设置自动评价

卖家可以在后台设置自动评价。具体操作步骤如下。

### 1. 订购自动评价

❶ 打开千牛工作台，单击常用列表中的“普云交易”按钮，如图 10-29 所示，进入“普云交易”页面。

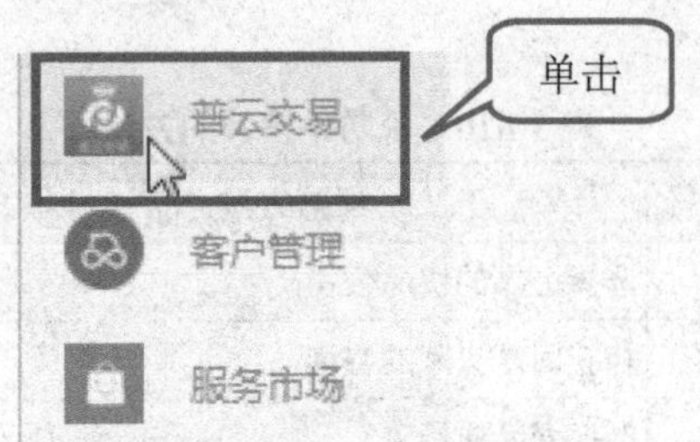


图 10-29　单击“普云交易”按钮

❷ 在“评价管理”下拉列表中选择“自动评价”选项，如图 10-30 所示，进入自动评价开启页面。

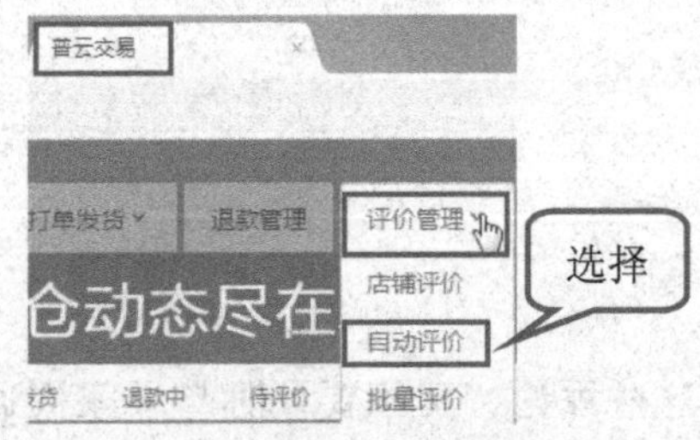


图 10-30　选择“自动评价”选项

❸ 拖动“开关状态”右侧的滑块，如图 10-31 所示，进入自动评价订购页面。

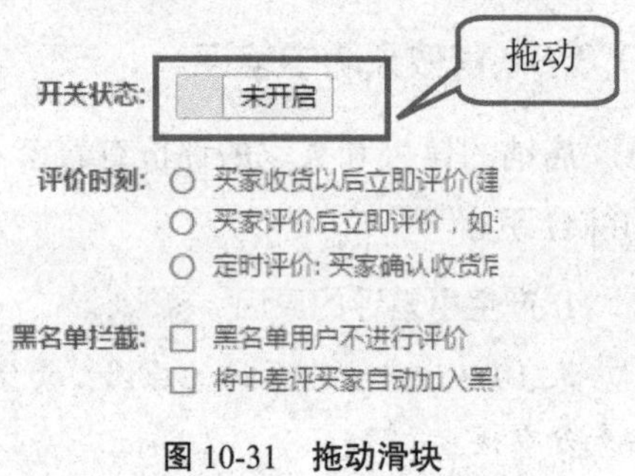


图 10-31　拖动滑块

❹ 单击订购图标，如图 10-32 所示，进入协议签署页面。

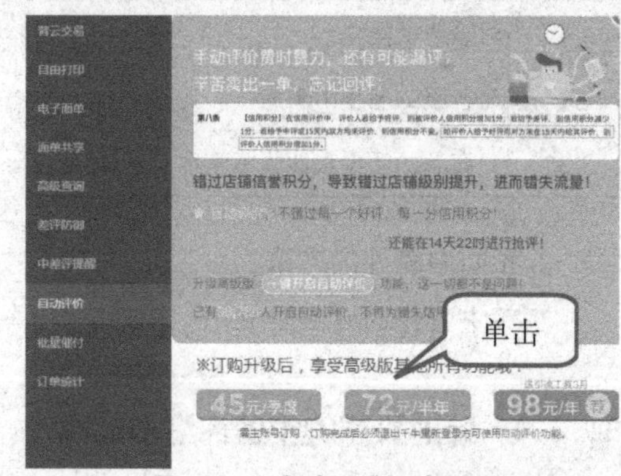


图 10-32　自动评价订购页面

❺ 单击“同意协议并付款”按钮，如图 10-33 所示，进入付款界面。付款后即

可成功订购自动评价。

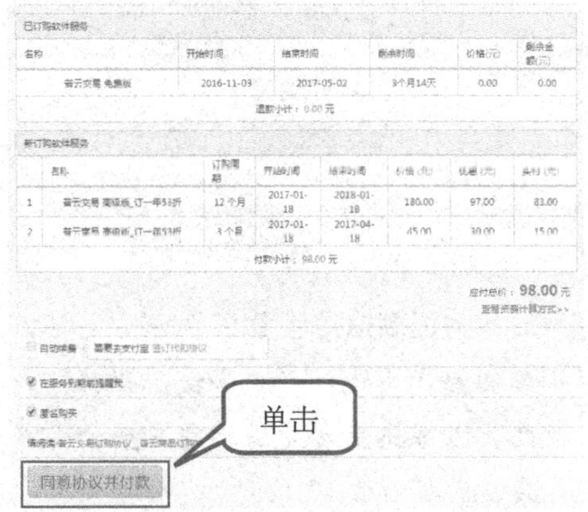


图 10-33　单击“同意协议并付款”按钮

2. 设置自动评价

❻ 订购成功之后，在“普云交易”页面中单击“设置”按钮，如图 10-34 所示，进入“设置”页面。

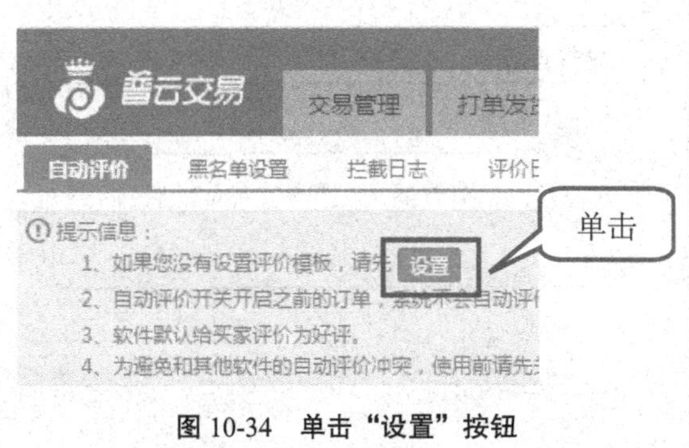


图 10-34　单击“设置”按钮

❼ 在该页面中单击“评价短语”选项卡中的“新增短语”按钮，如图 10-35 所示，再根据提示设置评价短语。

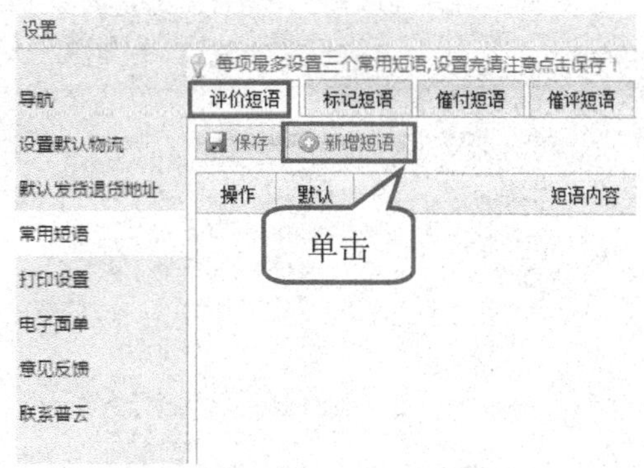


图 10-35　单击“新增短语”按钮

## 10.3.6　提高店铺信用等级的方法

顾客每在淘宝网上购物一次，就可以获得一次评分机会，评价分为“好评”“中评”和“差评”三类，每种评价对应一个信用积分。下面介绍新手卖家提高店铺信用等级的方法。

1. 了解淘宝信用体系

卖家每得到 1 个“好评”，就能得 1 分，中评不得分，差评扣 1 分。250 分以内的信用等级用红心表示，251 分～10 000 分的信用等级用金钻表示，10 001 分～500 000 分的信用等级用蓝色皇冠表示，500 001 分以上的信用等级用金色皇冠表示，如图 10-36 所示。

4分-10分
11分-40分
41分-90分
91分-150分
151分-250分
251分-500分
501分-1000分
1001分-2000分
2001分-5000分
5001分-10000分
10001分-20000分
20001分-50000分
50001分-100000分
100001分-200000分
200001分-500000分
500001分-1000000分
1000001分-2000000分
2000001分-5000000分
5000001分-10000000分
10000001分以上

**图 10-36　淘宝网店信用评价体系**

## 2. 店铺动态评分

用户在淘宝网交易成功之后，仅限使用买家身份的淘宝网会员对本次交易的使用卖家身份的淘宝网会员进行如下三项评分：宝贝与描述相符、卖家的服务态度、卖家发货的速度，如图 10-37 所示。

**图 10-37　店铺动态评分**

## 3. 如何提高信用等级

要想提高自己的信用等级，卖家可以从商品、服务态度和发货时间三个方面着手，具体内容如表 10-11 所示。

**表 10-11　提高信用等级的方法**

| 影响因素 | 具体说明 |
| --- | --- |
| 商品 | 商品的颜色、材质要与实物一致 |
| 服务态度 | 提供周到、热情的售前、售中和售后服务 |
| 收货时间 | 顾客下单后应尽快发货 |

**提示**

评价的有效期是在订单交易成功后的 15 天内。

## 好书推荐

**◈ 一本全面解读手机淘宝店铺运营管理推广的实战工具书！◈**

书名：《手机淘宝开店、装修、管理、无线运营与推广一本就够》

作者：张发凌

定价：39 元

书号：978-7-115-44529-2

**◈ 流量越来越贵，中小卖家怎么办？◈**

书名：《淘宝网店引流一本就够》

作者：张发凌　姜楠

定价：49 元

书号：978-7-115-43816-4

**◈ 优化内容、优化步骤、优化效果、优化工具，一网打尽！◈**

书名：《淘宝搜索优化、营销、推广与流量分析一本就够》

作者：张发凌

定价：49 元

书号：978-7-115-44044-0